书山有路勤为径，优质资源伴你行

注册世纪波学院会员，享精品图书增值服务

商业增长设计思维

如何设计和改善
商业模式与商业生态系统

[德] 迈克尔·勒威克（Michael Lewrick） 著
多尼卡·帕拉吉（Donika Palaj） 绘
黄巍锋 李志刚 译

DESIGN THINKING
FOR BUSINESS
GROWTH

HOW TO DESIGN AND
SCALE BUSINESS MODELS
AND *BUSINESS ECOSYSTEMS*

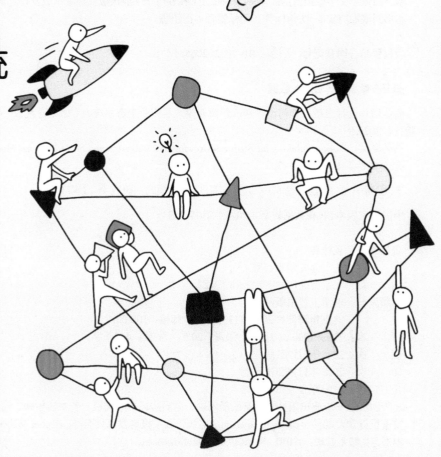

電子工業出版社·
Publishing House of Electronics Industry
北京·BEIJING

版权贸易合同登记号　图字：01-2022-2065

图书在版编目（CIP）数据

商业增长设计思维：如何设计和改善商业模式与商业生态系统 /（德）迈克尔·勒威克（Michael Lewrick）著；黄巍锋，李志刚译.—北京：电子工业出版社，2023.5

书名原文：Design Thinking for Business Growth: How to Design and Scale Business Models and Business Ecosystems

ISBN 978-7-121-45339-7

Ⅰ.①商… Ⅱ.①迈…②黄…③李… Ⅲ.①商业模式—研究 Ⅳ.①F71

中国国家版本馆CIP数据核字（2023）第055583号

责任编辑：袁桂春

印　　刷：北京建宏印刷有限公司
装　　订：北京建宏印刷有限公司
出版发行：电子工业出版社
　　　　　北京市海淀区万寿路173信箱　邮编：100036
开　　本：720×1000　1/16　印张：20.5　字数：443千字
版　　次：2023年5月第1版
印　　次：2025年1月第3次印刷
定　　价：129.00元

凡所购买电子工业出版社图书有缺损问题，请向购买书店调换。若书店售缺，请与本社发行部联系，联系及邮购电话：（010）88254888，88258888。

质量投诉请发邮件至zlts@phei.com.cn，盗版侵权举报请发邮件至dbqq@phei.com.cn。

本书咨询联系方式：（010）88254199，sjb@phei.com.cn。

战略与设计镜头工具速查	页码	战略	设计思维	精益创业	生态系统设计	规模化	反思
生态系统战略画布（页码106）							
设计原则	108						
举措／行业矩阵	113						
合作／行业矩阵	114						
生态系统主题域地图	116						
以客户为中心的生态系统主题域分析	118						
PESTLE	120						
生态系统运作架构	132						
生态系统配置框架	133						
设计思维画布（页码188）							
研究／趋势／远见	190						
问题陈述／HMW 问题	192						
同理心访谈	193						
极端用户／领先用户	194						
用户画像	195						
关键因素解构图	196						
头脑风暴	197						
测试原型	198						
探索地图	199						
愿景原型	200						
最终原型	201						
精益画布	202						
MVP 的要求	203						
精益创业画布（页码210）							
MVP	212						
构建—测量—学习	213						
创新核算	214						
用户故事／用户故事地图／验收标准	216						
Pivot	218						
可用性测试	219						
支付意愿分析	220						
MVP 产品组合和 MVP 产品组合计划	221						
从 MVP 转换到 MVE 的 MMF	223						
生态系统设计画布（页码246）							
核心价值主张陈述	248						
参与者识别和描述	250						
角色扮演：系统中的参与者	252						
设计生态系统地图的变体	253						
定义价值流	255						
生态系统收入模式的探索	258						
商业模式的多维视角	260						
生态系统（重新）设计中的共创	261						
MVE 原型、测试和提升	262						
最终 MVE	263						
将 MVE 嵌入生态系统战略	265						
指数级增长与规模化画布（页码272）							
解决多重问题	274						
价值主张扩展	275						
构建客户群和社区	276						
可扩展的进程、IT 和数据分析	277						
利用数字化、物理和混合接触点	278						
网络化效应和生态系统文化	280						
生态系统中不同参与者的杠杆效应	281						
优化成本结构和扩展价值流	282						
商业增长设计思维反思画布	290						

扫码获取免费学习视频

"迈克尔·勒威克是一位思想领袖,他将全部心血倾注在设计范例的开发上。在我读过的所有书中，他的书最富有时代精神，且对商业生态系统设计进行了最佳定义。"

拉里·利弗
斯坦福大学机械工程设计教授

"许多人在谈论商业生态系统设计。这本书生动地描述了如何去实现它。"

阿什·莫瑞亚
畅销书作者和精益画布发明者

"商业增长设计思维，尤其是商业生态系统设计，是我们这个时代的制胜法宝。"

getAbstract 书评

迈克尔·勒威克关于商业环境、个人生涯和职业规划等设计主题的著作：

勒威克、林克、利弗
《设计思维手册》
团队、产品、服务、商业和生态系统的数字化转型设计思考

勒威克、林克、利弗
《设计思维工具箱》
掌握最流行以及最有效的创新方法的指南

勒威克、索门、利弗
《人生设计思维手册》
赋能自身，拥抱变化，视觉化展现一个有趣的人生

增长和规模化框架问题

1 设计思维

- 确定你的潜在用户、客户和利益相关者
- 通过设计思维识别真正的客户需求
- 找到简洁明了的解决方案
- 运用系统思维和数据分析

3 共创

- 留住更多客户、用户和领先用户
- 从外部获得必要的帮助
- 跨越部门和组织边界的团队工作
- 开发 MVP[1]，建立对团队成员、客户的信任

5 商业生态系统设计和敏捷产品及客户的开发

- 从解决问题和发现解决方案的行动转换到用商业生态系统设计寻找正确的商业模式
- 进一步敏捷开发产品和商业模式，如使用 Scrum 方法等
- 开发商业模式时思考不同变体
- 多维度检视生态系统中商业模式各要素并创建 MVE[2]

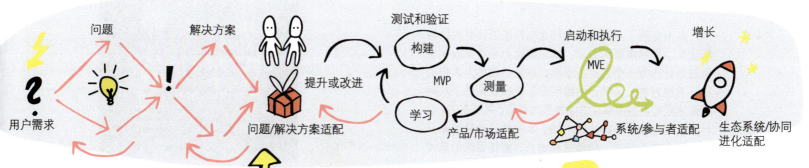

2 调查

- 从整体上理解问题和场景
- 利用市场调查工具
- 验证和补充你的结论

4 精益创业

- 使用精益创业方法，以低成本进一步开发产品
- 逐步构建解决方案
- 通过快速迭代改进并验证商业模式
- 通过实践使最大的不确定因素清晰化

6 规模化

- 为组织的发展和规模化做好准备
- 构建可扩展的进程、结构和平台
- 检查组织中的思维方式和技能，不囿于一个蓝图
- 让整个组织向前迈进一步，开创新的局面

1 MVP—Minimum Viable Product，最小可行产品
2 MVE—Minimum Viable Ecosystem，最小可行生态系统

本书提供了一个思维体系，能给我们正确的工具、方法和程序模型，从识别客户需求到构建初始原型，再到解决方案规模化。

本书介绍了与商业模式和生态系统设计有关的最新定义、程序模型和方法。其主要致力于将商业生态系统设计作为一个独立的学科，从而扩展广为人知的设计思维方法。《设计思维手册》让读者熟悉了从问题陈述到可扩展的解决方案的整体背景，并补充了《设计思维工具箱》中描述的方法。本书关注的是未来几年公司在商业模式、价值流和增长方面将面临的范式转换。

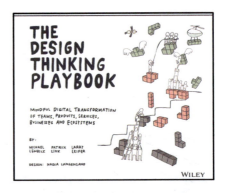

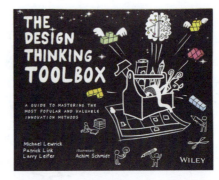

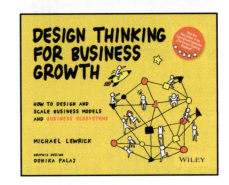

在数字化世界，不只客户需求发生了变化，产业之间的边界也需要重新定义。传统产业边界一旦消失，未来就会在很大程度上由商业生态系统重塑。

序

帕特里克·范德皮尔
Business Model 股份有限公司 CEO，畅销书《商业模式新生代》和《商业模式革新》作者

我们这些商业用户，长期以来认同一个事实，那就是成功的公司在两个层面上运作：探索和开发。

对于大部分公司来说，提升现有能力和改进商业模式相对容易，但利用新产品和新目标客户来开拓新的市场是一个巨大的挑战。

探索的一种可能性是商业生态系统的初始化。在这样的系统中，

不同的公司跨越以往的产业边界进行合作。商业生态系统中各参与者的共同目标是为客户提供独特的价值主张。

这种生态系统的架构是动态的，所有的参与者被鼓励与系统一同不断进化。客户需求、令人信服的价值主张和经过深思熟虑的能够使系统呈指数级增长的商业模式，构成了商业生态系统的基础。新的使能技术也促进了商业生态系统的落地。

> 价值主张的各个要素在价值主张设计中已经广为人知。原型的验证、最小可行产品和生态系统对于未来的成功至关重要。另外，新的商业模式的转变应当与"创造、交付和捕获价值"的理念保持一致。

在这本书中，迈克尔·勒威克在商业生态系统的初始化和调整中缩小了产品/市场适配和系统/参与者适配之间的差距。

依我来看，如下四个方面使这本书对于读者是不可或缺的：

- 对商业生态系统设计原则的介绍
- 对商业生态系统设计、开发和实施的程序模型的描述
- 对最重要的设计方法和工具的介绍
- 对公司持续思考商业生态系统的倡导和示例的描述

设计商业生态系统的能力将成为下个十年公司的关键能力之一。这本书开创性地阐述了增长、创新和新商业模式设计的转换。

愿你在应用商业生态系统设计的道路上取得成功，祝好运！

为什么商业增长设计思维和商业生态系统中的敏捷思考的重要性日益增加

商业生态系统的时代正在不断拓展对商业模式和商业增长的传统看法。到 2030 年，全球 30% 以上的收入将来自商业生态系统。尤其是亚洲，将因其所具备的数字商业模式而成为潜在的领航者。大量的研究显示，除了已知的超级平台，新的正在形成的生态系统将为这一发展做出巨大的贡献。在全球范围内，15 ～ 20 个占主导地位的商业生态系统可能会引领这一步伐。此外，今天我们观察到，在标准普尔 500 指数覆盖的快速增长的公司中，商业生态系统设计发挥了极其重要的作用。这些公司包括 Alphabet、亚马逊（Amazon）、苹果（Apple）、脸书（Facebook）、微软（Microsoft）、阿里巴巴和腾讯。众多国家和地区的生态系统将形成，为利基市场或特定地区的客户提供独特的价值主张。

本书中介绍的模式、程序和思维方式是我过去 20 年来在设计思维工作和研究中所运用的。我有幸在创新和技术管理、高科技集群动态和商业生态系统设计方面进行了深度的探索。特别是，我能够深入了解采购计划，观察数据生态系统的演变，并通过新的关键技术和去中心化的生态系统引导端到端自动化的新维度计划。

在我作为解决复杂问题的专家的日常工作中，我有意识地以设计思维促进商业增长。作为一名商业和生态系统设计者，它为我提供了既定的思维模式，帮助我基于客户需求解决复杂问题。由于商业生态系统往往非常复杂，我还采用系统思维来构建内部框架，并运用 MVE 方法来控制风险。对于许多了解精益创业和 MVP 的人来说，这种思维方式和验证形式并不陌生。

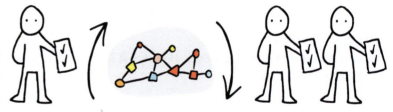

因此，设计思维、系统思维、精益创业、商业生态系统设计和规模化方法构成了这本书中商业增长设计思维的基础。我已经能够在众多提案中应用并迭代改进所有项目的程序模型。

尤其是在我担任首席创新官和后来担任四大创新实验室之一的负责人的活动中，以及在我目前的咨询工作中，商业生态系统设计的应用成为银行、保险、医药、科技和工业领域客户实现跨行业转型的一个关键方法。其中，很多公司将设计、初始化或协调生态系统定为自己的目标。此外，我也接触了大量公司，它们有志于在现有系统中承担新的市场角色或者提升自身能力并成为商业生态系统中的相关参与者。

本书提出的设计思维主要专注于商业生态系统设计的程序模型，帮助生态系统倡议的参与团队成员和系统中的相应参与者获得方向。它还提供了在处理过程中应强调哪些方面以及哪些因素会促使成功的指导。本书同时旨在让人们意识到这些系统是动态的，这就是为什么在能力、市场角色和价值主张方面需要不断反思和调整，以确保为自己的公司和系统中的其他参与者创造价值。

本书所描述的塑造商业增长的方式并非僵化的框架。应用的深度和广度，因项目不同而进行相应调整。因此，对于复杂的项目，建议请一位熟练并且拥有所需方法和专业知识的引导者参与项目，以确保系统中相关参与者的适度参与。

我欢迎您对设计思维促进商业增长的应用提供反馈，并祝愿您在探索新形式的合作、价值流、商业模式、市场角色及构建适当的技能和能力方面取得巨大成功。

迈克尔·勒威克

运用不同的"设计镜头"

- 在对商业生态系统思考的基础上运用合适的设计镜头
- 在初期阶段关注客户需求和相关的体验及功能
- 用 MVP 验证解决方案，以价值主张为起点思考商业生态系统
- 跨多个循环设计商业生态系统并让组织做好应对指数级增长的准备

商业增长的设计思维模式

利用市场动力和速度

- 新的工作方法：使用敏捷工作方法
- 运用短设计周期、原型和迭代开展工作
- 将"快速失败"作为 MVP 和 MVE 设计的原则

跨学科团队协作

- 将组织文化转变为协作文化
- 对共同创造方法持开放态度，利用现有的资产和技能
- 根据实际情况运用团队的设计思维和系统思维技能

放弃现有架构的艺术

- 将生态系统中的其他参与者作为平等的伙伴。他们是与你一同向客户传递独特价值主张的一部分
- 在价值流中思考，而非在风险中思考
- 转换视角，从"是的，但是……"到"是的！……并且……"

新思维、新范式，更好的解决方案。

心跳加快

- "做比说重要"应成为一项原则
- 与生态系统中的潜在参与者分享初步结果，即使这些结果不是最终结果
- 始终专注于产品和生态系统的"最小可行性"

选择具有前瞻性的团队成员、组织和公司

- 不拘泥于公司的范围，与愿意学习并具有乐观心态的人共同工作
- 向自己所在组织和其他组织中的 T 型人才学习
- 愿意接受错误，把每次失败视为反思和学习的机会

如何充分利用本书

下列元素能帮助你在书中轻松找到所需要的方法：

练习　本书包含一些简单的练习，能够帮你更好地理解商业生态系统设计的程序和原则。

示例　描述和展示了公司、生态系统及商业增长计划的相关示例。

工具　展示了已知和全新的方法、工具和程序模型。你将在书中找到工具、方法和框架的概览。

要点　在每个逻辑模块的结尾，都会对内容进行反思和总结。

下载模板　用于设计和记录商业增长计划设计思维的精选工具可作为 PDF 模板下载。高级模板可在网上商店购买。

调整

僵化的管理框架在世纪之交业已过时。因此需要根据具体情况对书中的程序模型做出调整。

特别是对于复杂的项目，例如，作为商业增长项目设计思维一部分的商业生态系统的设计，有许多参数可以实现跨越或走捷径。

对于所有使用新的敏捷工具并深入内化设计思维的人来说，这里所说的一切他们或许早已熟稔。但在实践操作中，我一次又一次地体会到，行动建议是如何像烹饪书中的说明一样被应用于实现目标的。

更重要的是，要敏锐地感知客户需求，确定商业生态系统中符合预期价值主张的参与者，并决定通往成功的道路。所有的方法、工具和程序模型都是达到目的的手段。它们为商业生态系统设计团队提供框架，并指出团队已经到达的流程节点，这样，团队成员就可以快速找到与不同参与者进行重点合作的坚实基础。

再次强调，给出的工具、方法和程序模型应始终根据具体情况做出调整。

本书写作动机

迈克尔·勒威克博士，在过去几年深入探索使我们能够解决不同类型问题的思维方式。此外，他还是全球畅销书《设计思维手册》和《设计思维工具箱》的作者，在书中，他描述了个人、团队和组织的思维转换。他与大学和公司展开广泛的合作，个人和组织变革中人们的自我效能始终是其思考的重点。近年来，他用商业增长设计思维的广阔视角扩展了商业生态系统设计的工具箱，这些也都在他的书中做了相应的描述。他是国际公认的数字化转型和创新管理专家，大量公司在他的帮助下开发、完善或扩展了创新、增长和生态系统战略。

核心声明

针对商业增长与商业生态系统的设计思维带来了新的增长机会，使公司对客户更有意义。

解决整个价值链中实际的客户问题需要系统中不同参与者之间的协作。

具有高资本市场回报的生态系统在很大程度上依赖于增长计划的扩展、智力资本和生态系统资本，这些资本主要通过结构和与相关参与者的联系来实现货币化。

生态系统一词原本只用于自然科学范畴，指相互作用的生物及其物理环境构成的生物群落。从 20 世纪 90 年代开始，它被更广泛地用于表示复杂的网络或互联系统。

生态系统中的交互是大量的、多样的和多维度的，涉及成熟公司、初创企业、投资者、服务提供商、技术提供商、数据代理公司、支付系统、大学，以及政府机构和其他组织。

为了在生态系统中取得成功，公司必须重新思考它们的传统参与者和商业模式，并且与其他行业的参与者一起合作，寻找市场机会。

特定决策者需要具备了解设计生态系统、实现新的价值流和评估风险所需的能力。

商业生态系统不会无故产生。系统的参与者也不会自动连接并开始进行协作。现实是，必须了解潜在的生态系统伙伴究竟是谁，它们的角色是什么，它们会带来什么样的技能，以及如何处理任何潜在的合作竞争。

要点！

商业增长设计思维是实现生态系统中的不同参与者为客户提供新的、独特的产品。

使用可变思维状态……
能让你结合设计思维和系统思维，通过一个 MVP/MVE 从问题陈述中获得可扩展的产品。

运用"设计"思维……
以功能与用户体验为中心，加速迭代工作。

应对尚未可知的市场机会……
根据客户需求进行探索，并通过与其他参与者的共创进行开发。

实现"黑海战略"的雄心……
为系统中的参与者提供了实现价值主张和使竞争对手产品难以持续竞争的最佳框架。

目录

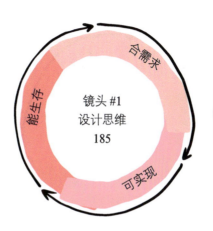

能适应

价值可提高

可实现

镜头 #3
生态系统设计
227

有吸引力

有节奏

可实现

镜头 #4
规模化
269

当前全球案例

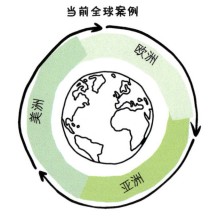

欧洲

美洲

亚洲

思维转换

思维转换：
10 种转换快速掌握主题

商业增长设计思维和商业生态系统相关设计基于商业模式和增长的思维转换。其中，最重要的是 10 种思维转换，它们同时构成本书和成功的商业生态系统设计的基础。

由于数字化转型，已经经历了重大变革过程的公司此时处于更优的位置，因为它们经历了思维转换。实践表明，战略或生态系统设计团队常常一次又一次地回到旧的思考方式中。当他们开始收集有关商业生态系统的想法时，这种情况经常发生。遗憾的是，讨论的重点往往是团队自己的公司及其产品和服务，而不是客户当前和未来的需求（思维转换 #1）。当情况变得非常糟糕时，客户只是系统中的一个参与者，而非占据舞台中央的主角。当开发生态系统的初始解决方案和原型时，情况也类似。原型、MVP 和 MVE 的设计是一个迭代过程，旨在从潜在客户那里获得 MVP 的验证。其次，MVE 和相关的价值主张应该在系统中的潜在参与者花费很少的努力的情况下进行验证。与线性过程不同，迭代过程可以逐步改进原型、拒绝原型或进一步开发原型（思维转换 #2）。在商业生态系统的设计中，不要忽略其他参与者及其优势，这也十分重要。传统分析在此的作用有限，因为它的目的不是更多地了解竞争对手，而是在最佳情况下创造参与者之间的共生关系。系统内不同参与者的共同工作构成实现独特价值主张和创新的基础（思维转换 #3）。由于商业

生态系统面临着不可避免的动态变化，并且系统中的参与者持续共同前进，因此与其他公司共同进化是一个自然的过程。任何固守竖井思维和坚持现有结构的人在短期及长期内都不会取得成功（思维转换 #4）。在此之前，公司专注于自己的核心竞争力及能力，以便将价值主张带到市场上；在商业生态系统的实现中，有必要摆脱对单个要素的考虑，以便能够利用系统中的整合能力和专业知识生成独特的价值主张（思维转换 #5）。

此外，必须承认网络结构具有一定的复杂性。必须加深对那些希望通过合适的渠道获取服务的客户的理解。比起解耦交互，商业生态系统设计需要网络化思维（思维转换 #6）。商业生态系统的发起者必须了解网络中的价值流和关系。这意味着关注点不再是孤立的资金流，而是系统中的关系和价值流（思维转换 #7）。相应的商业模式必须以新的方式运作。与其关注自己的商业模式，不如以多维视角看待商业模式。发起者或协调者还必须定义系统中其他参与者的潜在商业模式，并使之具有相应的吸引力（思维转换 #8）。精心思考的商业生态系统的目标是获得支配市场的力量和实现市场渗透。这种观点百分百地超越了差异化战略，被称为"黑海战略"（思维转换 #9）。毕竟，由于其配置，商业生态系统及其参与者旨在优于其他系统和公司。为了使系统在长期内呈指数级增长，就需要完善的治理、适当的生态系统，以及不是为了"命令和控制"而是为了"启动和协调"的领导力（思维转换 #10）。

接下来的几页将详细描述这 10 种思维转换。它们为潜在的设计原则奠定了良好的基础，决策者和商业生态系统团队应将这些原则置于其工作的中心，为商业增长设计思维奠定坚实的基础，从而获得成功。

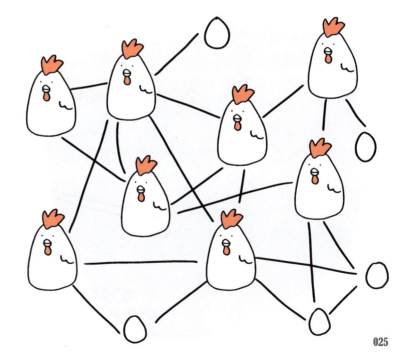

1 转换 1：从以产品 / 公司为中心到以客户为中心

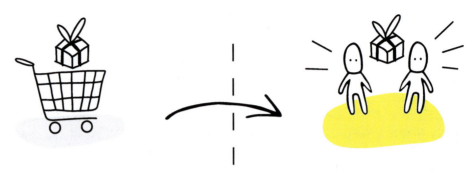

主要关注的不是自己的公司、现有的产品或服务，而是具有当前和未来需求的客户以及他们想要执行的任务。

2 转换 2：从线性到迭代

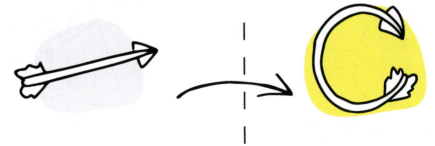

整个过程是迭代的。例如，从探索客户需求到初始原型、MVP，一直到 MVE 框架内的初始功能系统。

3 转换 3：从分析到共生

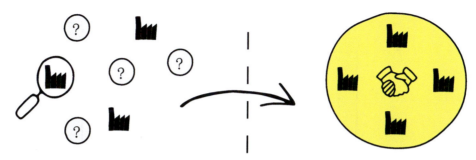

　　传统战略定义的程序模型通常仅限于有关行业、部门和竞争对手的现有的思维模式所提供的可能性。精心设计的商业生态系统将竞争对手在内的其他参与者视为向客户提供独特价值主张不可或缺的合作伙伴。

4 转换 4：从竖井到共同进化

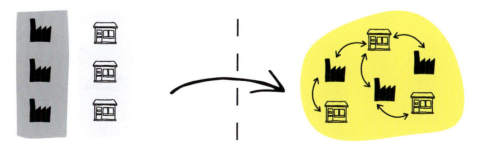

　　在产品种类、传统细分和核心竞争力方面的思考被商业生态系统的持续共同进化所取代，这使不同参与者共享新的市场、地区和客户细分。

5 转换 5：从要素到独特价值主张

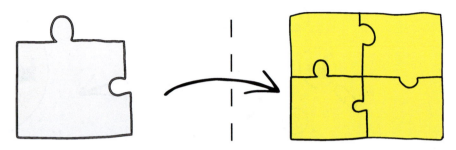

商业生态系统中价值主张的独特性是通过不同技能、产品和平台之间有意义的连接而显现的。单个的市场参与者通常无法实现和扩展此类价值主张。

6 转换 6：从解耦到联网

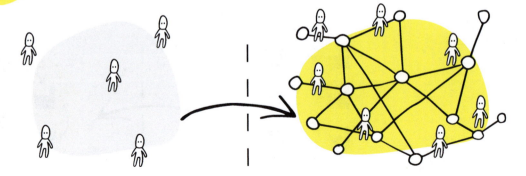

商业生态系统基于敏捷的网络结构，以合作和网络的方式运行。这种系统的首要目标是通过适合客户的各种渠道，以高效的方式满足客户需求。

7 转换 7：从孤立到关系和价值流

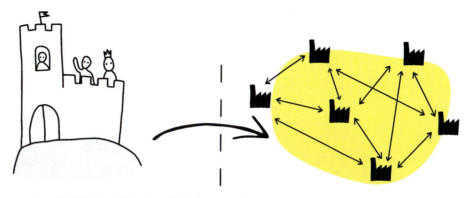

　　公司的思维方式从内部观点转换为对具有不同价值流和关系的系统进行整体理解，这些价值流和关系在不断变化，需要根据客户和市场需求进行调整与重构。

8 转换 8：从对个体的思考到对商业模式的多维视角

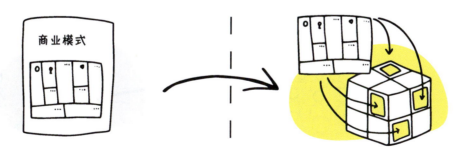

　　除了自己的商业模式，通过开发商业模式的多维视角来探索系统中其他参与者的可能性和优势也很重要。参与者在系统中获利的机会越有吸引力，它们往往越愿意共同实施所提出的价值主张并将其进一步发展。

9 转换 9：从红 / 蓝海到黑海

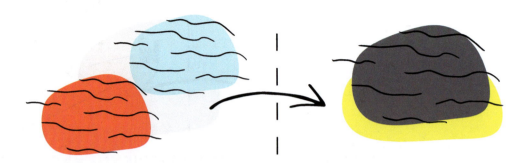

精心设计的商业生态系统的配置方式使其他系统或单个公司无法与相同或类似的价值主张竞争。这种战略也被称为黑海战略。

10 转换 10：从命令和控制到启动和协调

商业生态系统中的领导力基于启动和协调机制。当涉及快速增长的商业生态系统的动态性和复杂性时，传统的命令和控制机制就会失效。

要点！

遵循思维转换而非只是数字化转型的公司越来越关注商业生态系统中数字化颠覆和创新的可能性。

生态系统中的参与者依赖共同进化、共生和网络，并在传统的客户体验链之外运作。它们创造了具有独特价值主张的系统。

成功的商业生态系统发起者和协调者不追求稳定的、线性的增长模式，而追求指数级增长的敏捷实施。

商业增长设计思维

为什么需要商业增长设计思维

与其他知识领域一样，设计思维领域也在不断发展和成熟。一些细分的专业领域，如商业生态系统设计出现了，最佳实践、不同的方法和新的工具也被定义和产生。在过去几年中，商业增长设计思维应用了很多新的发展。这些发展带来了更广阔的视野和更大的吸引力，并为增长设计者、商业生态系统设计者和战略设计者所用。商业生态系统设计在许多公司中还没有成为正式的领域，因此在制定这种增长战略时仍然存在一定程度的不解和误解。要想实现指数级增长，快速增加特定客户/用户数量并应用快速失败—快速学习的思维方式至关重要。但是，商业增长设计思维远不只实现快速增长这么简单。其目标是为客户/用户创造持久的体验，进一步开发和优化这种体验，创造网络效应，造福生态资本。在这种情况下，数据及设计思维和大数据分析模型的应用非常有用。商业增长设计思维同样需要新的模型，以确定团队的组成方式以及团队应该如何接近客户/市场。成功的增长战略并非源于草率的决定和产品的快速投放，而是通过关注问题空间，这使深入了解客户需求并分析所有可用数据成为可能。一个好的商业增长设计思维团队拥有这些技能并采用综合的思维方式，最终为客户/用户提供最佳体验和功能。简而言之，商业增长设计思维定义了单个公司或商业生态系统中所有公司如何共同创造、交付和捕捉市场价值。

"创造""交付"和"捕捉"之间的相互关系，以及适时将关注点集中于其中每个方面，都会影响价值增长的速度，并且为以后的扩展和实现指数级增长提供选择。

在商业增长设计思维中，团队的目标在于将设计思维和系统思维的优势结合在一起，实现商业的指数级增长。

将设计思维流程应用于价值创造阶段，并通过设计出客户真正想要的产品、服务和流程来建立长期价值创造的基础。商业增长设计思维超越了人们熟知的、传统的看待产品模型、服务模型和商业模型的方式。除了考虑众所周知的合作伙伴和供应商因素，一个完整的由系统各参与者构成的生态系统被整合到增长战略的定义中，并且在商业生态系统设计的背景下通过特别的视角解决特定的问题。

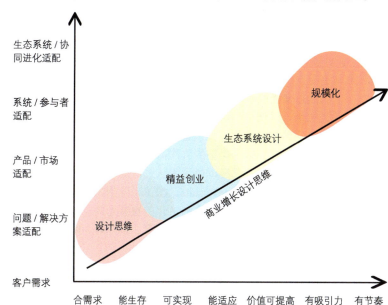

商业增长设计思维是商业背景下设计演变的下一个逻辑阶段。扩展主要涉及商业模式的形成和多维思考，以及完整商业生态系统的设计。它对设计思维的开发范围和战略焦点均已产生影响。在商业生态系统中，思考并努力实现指数级增长的公司会调整它们的工作方式和组织模式。它们往往是系统的协调者。同时，商业增长设计思维也对公司战略产生影响。公司可能会扮演新的市场角色并重新定义竞争者和合作者。众所周知的设计思维要素，以及设计思维作为文化、思维方式或工具箱的进一步发展，支撑了设计思维在商业增长中的成功运用。

对于商业增长，设计思维工具箱已经通过精益创业方法中已知的方法和工具得到了扩展；此外，一些与生态系统相关的新的工具和方法塑造了形成 MVE 的方式。框架在问题和驱动指数级增长方面可以帮助系统实现规模化。在"增长方法"中，设计思维方式通过 3 个设计镜头得到了扩展。此外，选择面向未来的团队成员、组织和参与者是交付独特价值主张至关重要的因素。设计思维作为一种文化，仍然是最大的挑战，因为商业增长设计思维使相关的设计团队更贴近市场，以便它们可以感受到客户的"脉搏"；同时，它将商业系统中的参与者转化为共创者，在原则、指南和既定目标的框架内推进价值主张。这种类型的协作需要允许跨公司和行业边界的激进协作的组织形式。已经以灵活团队进行运作的公司和在关键绩效指标（Objectives and Key Results，OKR）范围内定义单位、团队和个人目标的公司已经确定了这种文化的重要元素。所有这些以及其他方面将促进商业生态系统中的协调者、参与者、团队和员工的未来互动。

商业增长设计思维中的关键问题是，客户的需求是**什么**，**如何**构建和测试核心价值主张的体验和功能，**谁**是提出共同主张的合适

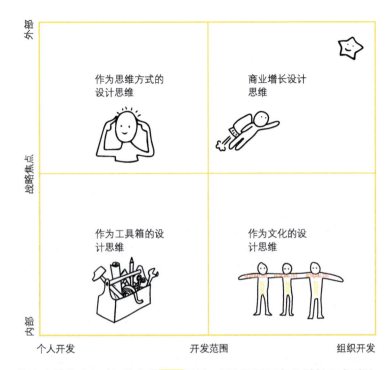

的生态系统参与者。其次是**如何**设计、实施和利用商业增长生态系统。我们回顾以往，需要反思**为什么**一些生态系统会随时间的推移"蓬勃发展"，另一些却"不知去向"，这是很有趣的事情。

接下来的几页提供了对商业生态系统的定义和简要介绍，以及在商业增长设计思维背景下，这种方法和思维方式如何预示着范式转换。

设计思维是商业增长的基石

商业增长设计思维意味着使用设计思维、系统思维和多维商业模式开发的方法和工具。它涉及价值创造、价值交付和价值捕获的所有领域。商业生态系统的塑造已经成为越来越多的企业的战略增长新路径。此时的目标是将核心价值主张转化为生态系统中所有参与者的真正商业价值。对于具有指数级增长目标的项目，成功的关键是通过更高层次的系统思考来创造有意义的新价值。

我们在迭代中制定增长战略。它由客户需求驱动，设计应确保以尽可能少的资源实现各自的最低生存能力。但是，主要目标依然是让客户／用户成功。商业增长设计思维工具箱不只是建立对客户的同理心，长期来看，它包括从大处开始思考并为系统及其参与者构建长期的生态系统资本。

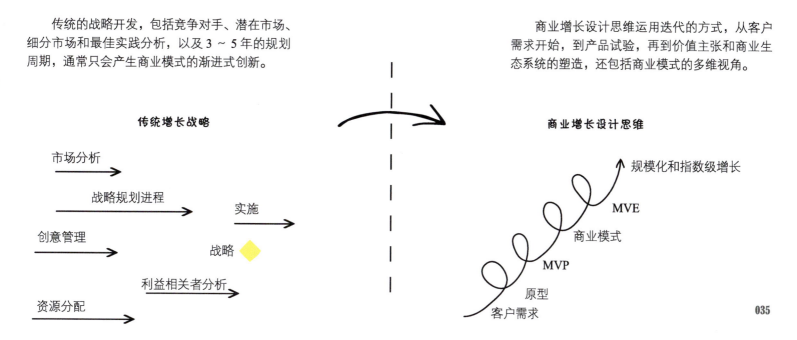

设计思维是商业增长的基石

传统的战略开发，包括竞争对手、潜在市场、细分市场和最佳实践分析，以及 3 ~ 5 年的规划周期，通常只会产生商业模式的渐进式创新。

商业增长设计思维运用迭代的方式，从客户需求开始，到产品试验，再到价值主张和商业生态系统的塑造，还包括商业模式的多维视角。

传统增长战略

市场分析

战略规划进程　　　　　实施

创意管理

战略

利益相关者分析

资源分配

商业增长设计思维

规模化和指数级增长

MVE

商业模式

MVP

原型

客户需求

专注新增长的"甜区"

对商业模式的思考一直是对市场条件和客户期待做出反应的关键因素。但如今变化的速度很快，必须快速、频繁地适应新环境。新一代决策者应当意识到，客户需求可能在没有太多预兆的情况下产生变化，即使在困难的市场情况下，技术也可以在某种程度上对向客户提出有说服力的价值主张起到帮助作用。商业生态系统的塑造及参与使得每家公司都有机会开发创新的商业模式，并反思传统的模式。商业生态系统的目标不是提高现有产品和服务的销量，而是关注客户及其需求。长期存在的不良状况缩短了旧有商业模式和市场参与者能够存续的周期。此外，技术可能性从未像现在这样成熟和复杂。一方面，技术允许商业模式的精益实施；另一方面，技术为收集和共享数据并从中获得收益的最佳方式提供了基础。商业增长设计思维所提供的工具和方法，不仅可以开发一种商业模式，还可以开发一套完整的价值流和商业模式系统。参与商业生态系统不仅可以让单个参与者参与塑造商业模式，还可以在多个层面参与价值创造。

商业增长设计思维为企业家、决策者和在公司里负责增长设计和实施的业务部门提供了一个全新的视角——创造性思考商业模式，以及设计如何参与商业生态系统并迭代推进增长路径的选项。设计思维和系统思维的方法，再加上相关的概念，能让我们以很少的资源测试新想法的可持续性。在未来，这将成为决定在加速变化的市场中取得成功的关键能力之一。

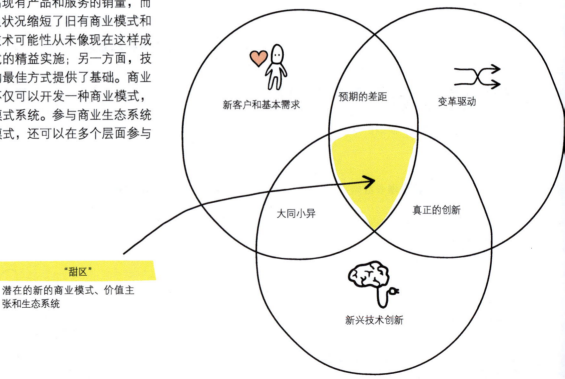

新客户和基本需求

预期的差距

变革驱动

大同小异

真正的创新

新兴技术创新

"甜区"

潜在的新的商业模式、价值主张和生态系统

商业模式设计思维所扮演的角色

设计思维方式以及"发散和收敛"的理念帮助参与商业生态系统的参与者设计商业模式，特别是商业模式的多维视角。重要的是，商业模式要满足特定目的，如希望有一个负责任的增长战略。首先需要提出关于客户及其需求的主要问题。在价值主张设计的背景下，这意味着我们应向客户提供**什么**的问题。客户问题/生态系统主题域在**何处**，以及**如何**提供和配置渠道与生态系统是重要的因素；价值流设计中的**为什么**问题，即为什么系统在特定配置下可以盈利，对以上问题进行了补充。

商业模式设计的这些问题在个人设计镜头和"在哪里实施"及"如何取胜及配置"框架的部分进行详细阐述。在为商业生态系统设计价值主张时，往往会处理多个客户问题。毕竟，通常需要多种产品、服务、功能和体验来确保满足客户需求。现有的、经过调整的和新的商业模式可以为设计、应用和实施做出贡献。

商业增长设计思维提供了超越现有商业模式的正确工具和方法。

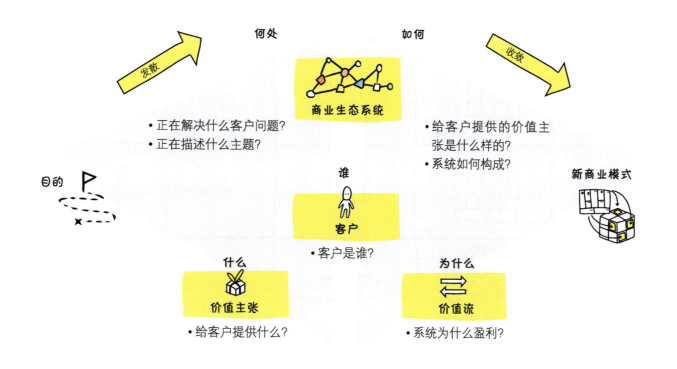

发散　何处　如何　收敛

商业生态系统
- 正在解决什么客户问题?
- 正在描述什么主题?

- 给客户提供的价值主张是什么样的?
- 系统如何构成?

新商业模式

目的

谁

客户
- 客户是谁?

什么

价值主张
- 给客户提供什么?

为什么

价值流
- 系统为什么盈利?

对于商业模式的形成有很多不同的观点。大多数方法，如奥斯特瓦尔德的商业模式画布、莫里亚的精益画布，在整个方法中都使用了设计思维的原则。在精益创业的背景下，本书采用了精益画布，并用"问题""解决方案""已有选项""不公平优势"特别强调了"为什么"的问题。商业模式的多维视角对设计和配置商业生态系统尤为重要，并构成了定义指数级增长的系统的基础。所有这 3 个方面，即商业模式画布、精益创业原则中的 MVP 概念，以及商业生态系统设计，鼓励团队快速创建粗略的原型，以便在商业生态系统中与客户或客户和潜在参与者一起测试，促进快速反馈和快速学习。

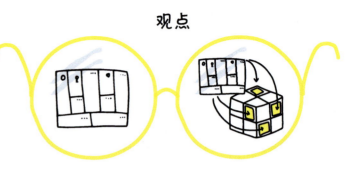

观点

商业模式样例	方法论	思维模式	目标
商业模式开发		• 设计思维 • 价值主张设计	优化现有商业模式，重点关注方法
精益画布		• 设计思维 • 精益	创建新的商业模式，重点关注原因
商业模式多维创造		• 设计思维 • 系统思维 • 生态系统设计	颠覆整个行业，为生态系统中所有的参与者创建多种商业模式，重点关注实施的地点和如何取胜及配置

商业生态系统的推广

在当前的商业环境中，生态系统是最常用的词语。在过去十年间，许多由数字化推动的公司已经开始尝试并建立跨公司边界的协作方式。以商业生态系统的方式进行思考也是需要做出更多改变的结果。框架条件的变化越来越快，结果是新技能和能力的构建速度也越来越快；否则，新技能和能力的构建必须通过内部变化以及商业生态系统中其他参与者的互补技能和能力来实现。

许多公司还发现，新技术使为客户实现创新价值主张成为可能。但是，通常会缺乏确保成功实施的各种要素，如技能、分销渠道、数据或客户访问。因此，数字化转型计划中定义的大多数目标至今都收效甚微，这不足为奇。如果你想在商业生态系统中运营，必须从根本上重新思考问题！

对很多公司来说，问题出现了——无论是设计还是实施——它们究竟是应当自行创建一个合适的生态系统，还是应当成为现有生态系统的一部分。在这两种情况下，公司都将参与价值创造，并与生态系统里的其他参与者一起实现价值主张。此外，商业生态系统方法的优势在于能通过参与不同的生态系统来测试不同的新市场机会。在传统的中心化的方法中，通常没有足够的资源和能力来支撑。

对系统中其他参与者的高度信任，以及参与公司的共同价值观、想法和抱负，构成了进入生态系统的基本先决条件。另外，生态系统的初始化，从基本概念到系统的规模化，都需要财务资金来源。除了用于技术和接口的资金，成本主要包括搭建和协调所产生的费用。

最大的挑战是将公司文化塑造成一种有参与感的思维方式。公司应该学会与生态系统中其他的参与者接触，以促进共同创造。它们必须不再片面地思考所有权主张。客户并不属于某个特定的公司，而是在生态系统中自由移动，且往往在相关的合作伙伴的单独服务之间做出选择。

推广！

数字化带来的透明度也对未来的商业生态系统将如何设计产生了颠覆性的影响。

商业生态系统既存在于区域提案中，也存在于全球背景下。区域提案通常是在现有联系和伙伴关系的基础上发起的。譬如，创建全球生态系统是为了颠覆整个行业、创造新的价值主张或实施端到端自动化。

过去二十年中，互联网、大数据分析、云计算和区块链等新技术以多元的表现形式为生态系统创造了新的机会。后面将简要介绍创新生态系统、知识和信息生态系统、交易和数据生态系统。

商业生态系统有一个特殊的特征：形态各异、大小不一。对于商业生态系统的初步定位，将商业生态系统和其他极端表现并列似乎是合适的。

非常稳定的系统：垂直整合公司，通常有稳定的客户/供应链。

非常敏捷的系统：开放资本—经济市场，没有政府的监管，客户根据需要获得和消费大量产品与服务。

垂直整合公司　　　　商业生态系统　　　　开放资本—经济市场

非常稳定　　　　　　　　　　　　　　　　　非常敏捷

垂直整合公司与商业生态系统

从具有更中心化和更整合的方法的传统思维模式来看，生态系统方法包含了公司所不具备的各种要素。最重要的是，生态系统的运作跨越了现有的行业和公司边界，这意味着它们在价值创造方面具有外部焦点。此外，思维方式和网络效应与网络的整体结构保持一致，而非百分百地专注于线性价值创造。因此，生态系统更易受到当前市场动态和技术变化的影响。这意味着可预测性下降，不确定性增加，永久性调整成为一项重要能力。传统的线性融资模式和商业模式思考将让位于商业模式的多维视角及间接货币化的投资。

与传统模式的完全所有权和管理相反，生态系统的治理和管控正在持续去中心化。在与其他参与者的协作中，不同的产品、技能和服务被结合在一起，使客户享受到产品和服务的独特体验。这就是为什么这样的系统更加有活力，并且有必要与其他参与者一起螺旋式发展。

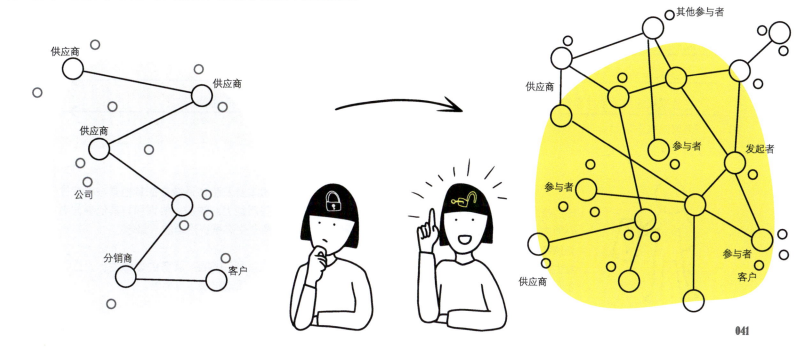

在文化、IT、流程和能力方面，传统公司在商业生态系统中运用设计思维的十大挑战

	从……	到……
1	内部聚焦	外部聚焦
2	线性价值创造	网络导向价值创造
3	长期和硬性规划	迭代程序和敏捷调试
4	商业模式的传统视角	商业模式的多维视角
5	直接价值与资金流	间接货币化与资金流
6	完全控制与所有权	共享控制与"成员资格"
7	以产品为中心	配套产品或服务
8	静态视图	动态/共同进化的视图
9	在数据和客户关系方面实施保护主义	在数据和客户关系方面保持透明开放
10	考虑已有市场的平台、功能、产品	考虑 MVP/MVE

不可低估这些需要掌握的新能力、思维方式和技术。一条经验法则是，公司约 20% 的核心能力贡献了约 70% 的附加价值。反过来看，这意味着公司需要调整多达 20% 的能力，以开发生态系统中 70% 的首次创造的新价值。这种变化甚至比公司的数字化转型还复杂。尤其是因为公司本身及生态系统中的其他参与者往往欠缺这些新能力。说服、协调和与其他参与者协作是商业生态系统治理的一部分。

所需技能和产品/服务的多样性也为众多参与者参与活动提供了可能性。

为什么以及在什么时候公司应该参与商业生态系统

有许多垂直整合的公司，其当前的商业模式和价值链处于有利地位，商业生态系统中的思维对这些公司来说似乎没有太大的意义。对于那些感觉到新市场参与者的干扰、在新技术预示着巨大变化的动态环境中行动的公司来说，情况看上去有所不同，它们或者只能通过消耗大量资源来实现增长和多样化。商业生态系统也为小型公司提供机会，因为类似的资源、经验和技能往往只有大型集团公司才能获得。生态系统方法让应对新的和未来的客户需求成为可能。

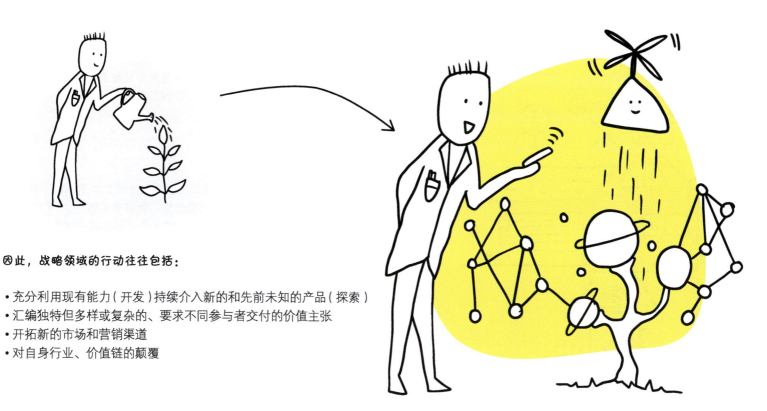

因此，战略领域的行动往往包括：

- 充分利用现有能力（开发）持续介入新的和先前未知的产品（探索）
- 汇编独特但多样或复杂的、要求不同参与者交付的价值主张
- 开拓新的市场和营销渠道
- 对自身行业、价值链的颠覆

从客户的角度来看，体验如何

通过服务、信息或交易的完全自动化处理，客户可以从大量参与者那里获得综合体验。因此，商业生态系统由一组网络化服务构成，以确保客户的多种需求得到满足。

由生态系统创造的价值主张可以成为客户使用多种服务和产品的途径——重要的是这种体验应当尽量为客户提供免费的界面。

 示例

譬如，通过微信，用户不仅可以给朋友发送信息，还能使用数字货币进行支付——所有功能都在一个简单的平台上。智能家居领域的 NEST 解决方案把每月的能源消耗情况整合到一起供客户使用，以便客户有机会将账单与邻居的账单进行比较。

720°

生态系统运用网络效应，为生态系统本身以及系统中所有的参与者带来战略规模优势。但只有对客户进行 720° 的观察，才能为客户提供独特的体验。目标客户交互的下一个阶段是创建客户的整体和智能视图。

因此，生态系统整合了各个参与者提供的数据。如今，这些数据往往被集中评估并用于参与者开发独特的产品。分布式数据库、分类账和区块链是以去中心化的方式执行这项任务的关键技术，并将以新的视角看待未来的数据主权。获得的大量数据还允许对产品和服务进行大规模定制，为每个客户创造个性化的体验和产品，或者设计吸引大众的产品和服务。这让生态系统及其中的参与者能够逐步扩展客户关系并提高客户的忠诚度。

当今的科技使满足不断变化的客户需求成为可能

从许多方面来看，新技术是商业生态系统保持更新和可扩展的推动者。过去的二十年中，只有借助互联网和云计算等技术，才可能实现数字化的市场和平台。大而强的商业生态系统有赖于大数据分析和自动化，并且通过最适合的渠道为客户提供服务。一些生态系统已经可以完全通过语音控制或在传统人机交互中通过文本输入来为客户提供服务。

技术得以让客户在平台上进行交互并联络服务供应商。在商业生态系统中，可以在不同层面使用客户及交易数据。这里主要关注专有数据的获取和运用。

交互的基础是新设计的客户体验链（所谓的"生态系统旅程"），它整合了多家公司的服务，并实现了一种新的服务交付形式，能够为客户完成多项任务。技术有助于组合产品并以透明的方式或为客户量身定制的方式提供。机器人 / 自动化被用于实现简单的功能，更复杂的过程需要人工智能或机器学习和深度学习的方法。接下来的十年，其他"改变游戏规则的技术"将以前所未有的速度加快这一进程。

神经科学　互联　自动化　实时数据接口　人工智能　风险检测　云计算　网络安全

技术赋能

＋

改变游戏规则的未来技术

"在 21 世纪，我们不是体验 100 年的进程——我们体验超过 20000 年的进程。"
——雷·库兹韦尔，Google 未来学家和工程总监

精心设计和自动化的商业生态系统降低了客户获取成本。此外，在交易中，客户会获得由不同参与者共同提供的广泛的产品和服务。大量交易为生态系统及其参与者提供了对数据的访问权限，然后可以将数据用于设计新产品和服务或以其他方式进行货币化。很多情况下，关于位置、发票、运动和健康的精准数据是生态系统进一步发展的"燃料"。

此外，在过去几年，利用网络效应的公司在资本市场上的估值明显高于传统的制造工厂、服务供应商或百分百的科技公司。正如前面提到的，考虑商业生态系统的公司比传统公司享有更高的收入增长。波士顿咨询集团亨德森研究所在2012—2017年进行的一项研究发现，相比传统公司，考虑商业生态系统的公司的收入增长率每年要高出 1% ~ 4%。

未来，商业生态系统的发起者和参与创新系统的参与者都将在资本市场上取得估值优势，赢得潜在投资者并确保其竞争力。在网络效应和数据领域，公司估值主要基于用户忠诚度，它越来越多地取代了人们熟悉的顶层指标。譬如，对于基于区块链技术的生态系统，系统自创的"货币"在生态系统的覆盖范围可能成为未来的参照基准。

目前，跨区域的商业生态系统的成功发起者是那些已经拥有数字化品牌或平台的公司，它们可以在网络效应和规模化方面发展思考能力。另外，这些发起者对于未来有多种可行的愿景。它们已经认识到，有机会通过 MVP 和商业生态系统的设计，在精益创业模式下迭代实现目标。

收入乘数

乘数	参与者	评价指标
8x	网络协调者	网络规模和配置
4x	技术创造者	代码和知识产权
2x	服务提供者	计费工时、服务费
1x	资产构建者	生产

"倾向于关注内部技能的传统商业模式在高度互联的生态系统世界中已不再适用。今天，成功的公司利用合作伙伴网络的共享技能来获得竞争优势。"

——马可·伊安西提博士，哈佛商学院教授

如今在数字化转型中投入大量精力的公司已经在敏捷结构中和跨越公司边界进行合作。但是对于参与商业生态系统来说，另两个范式转换也非常重要：商业模式视角和此类系统指数级增长的杠杆。

传统公司必须跨越某种意义上的数字化鸿沟。以往有效的假设不再适用，譬如：以产品为中心的开发、传统的等级组织结构，以及强烈关注市场份额和与中介机构的实物交易链。

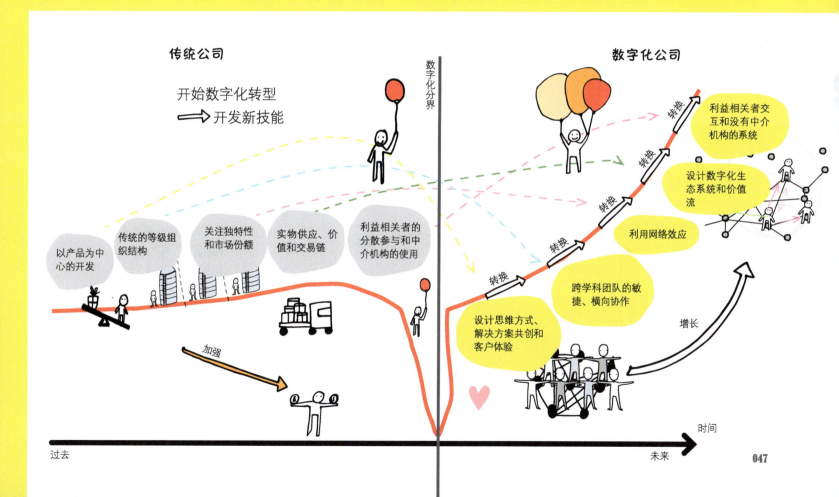

传统公司

数字化公司

开始数字化转型
开发新技能

数字化分界

以产品为中心的开发

传统的等级组织结构

关注独特性和市场份额

实物供应、价值和交易链

利益相关者的分散参与和中介机构的使用

加强

转换

转换

转换

转换

转换

转换

利益相关者交互和没有中介机构的系统

设计数字化生态系统和价值流

利用网络效应

跨学科团队的敏捷、横向协作

设计思维方式、解决方案共创和客户体验

增长

时间

过去

未来

047

商业模式设计和特定阶段增长的范式转换是什么

在众所周知的商业模式视角中，相关维度是针对单个公司或集中式平台的：收入和成本视角；公司的能力和技能；要解决的客户和客户细分问题，包括公司产品范围的明显差异化。这些维度没有错，但是需要通过多维视角来扩展。这意味着商业生态系统的商业模式是由参与者的多个机会构成的。这甚至意味着商业生态系统的发起者的唯一目的是增加自身在系统中的市场机会，并从与生态系统的紧密（财务）关系中获取优势，譬如，访问交易和客户数据，进而得到关于客户行为或需求的结论。由此，可以在各个方向上实现由数据驱动的创新。

商业模式视角的范式转换

公司通过差异化在市场上取得成功的商业模式是什么？

公司的商业模式传统视角

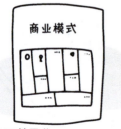

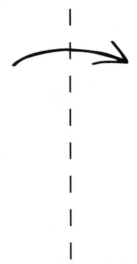

- 公司差异化
- 营收模式
- 价值链中的个体能力
- 拥有客户界面

每个为创造独特的价值主张贡献自己力量的参与者如何以多种方式获利？

生态系统的商业模式多维视角

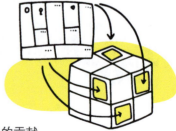

- 对共同价值主张的贡献
- 参与的各种可能性
- 实现价值主张的共享能力
- 拥有正确技能并进行参与

第二种增长的范式转换需要重新思考如何应对公司的现有商业模式。通常，以现有的商业模式为起点，检查它们是否可以优化以提高收益。但如果把这种思维方式运用在生态系统中，人们往往只会思考如何通过生态系统方法扩展已有商业模式。这样就只能实现线性增长。范式转换视角从百分百优化转变为设计卓有成效的商业生态系统，以实现生态系统资本追求指数级增长的战略。然后必须评估现有能力或客户访问是否允许在特定的商业生态系统中变得更为活跃。

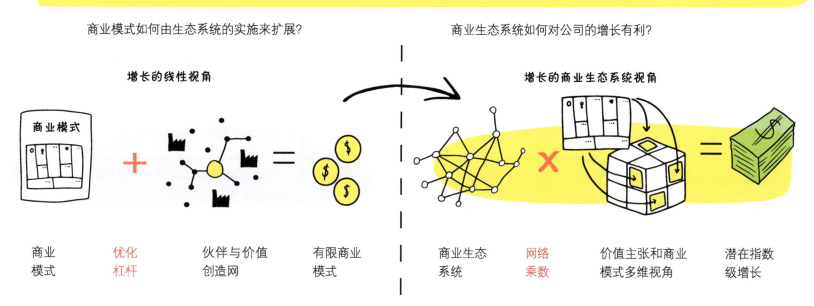

增长的范式转换

商业模式如何由生态系统的实施来扩展？

商业生态系统如何对公司的增长有利？

增长的线性视角

增长的商业生态系统视角

商业模式	优化杠杆	伙伴与价值创造网	有限商业模式

商业生态系统	网络乘数	价值主张和商业模式多维视角	潜在指数级增长

新商业模式和数字化或混合模式的增长要求复杂的商业生态系统，以简单高效的方式为客户提供附加价值。公司往往倾向于与知名商业合作伙伴在生态系统规划中增强现有的且主要是线性的商业模式。关于合作伙伴管理的通常想法往往更多地基于这些模式对于采购战略的选择，而非基于数字时代所需的源于投资组合的商业模式视角：一种与核心业务有所区分并同时产生协同效应的视角。在许多情况下，高层管理人员往往没有做出改变的意愿，因此不可避免地要保护现有的商业模式，短期财务优化优先于开发可行的系统和创新的商业模式。

亚历山大·奥斯特瓦尔德将掌握了这种平衡的公司描述为不可战胜的公司，即不断重塑自己以免过时的组织。不可战胜的公司在探索未来（探索）的同时，利用其在现有市场上的市场地位，实现收益最大化（开发）。根据奥斯特瓦尔德的说法，这些公司拥有基于创新和落地能力的平衡文化。竞争力是以经过深思熟虑的商业模式的形式实现的，这种商业模式跨越传统行业边界。基于客户需求和现有行业边界，不断探索新的市场机会，成为未来增长的最强大的设计原则之一。

维度	开发	探索
聚焦	效率和增长	新事物的探索和极端性
不确定性	低	高
财务视角	固定回报和股息带来的安全	具有指数级收益预期的风险投资风格
文化和流程	线性、可控制、可预测；低失败风险	拥有快速的学习周期和在失败中进行调整的快速迭代程序
领导力、工作流和技能	管理重点放在组织和规划、高效流程上，以节省时间和资源	能够识别模式，在整体与细节方面引导团队，并将不确定性视为机遇，专注于好奇心的管理

为什么需要设计商业生态系统

许多生态系统是在人们没有规划意识的情况下创建的。典型的例子是由于市场需求和技术变化而出现的初创生态系统（创新生态系统）。类似的初创企业往往会提供最佳框架条件：新加坡的金融科技集群和特拉维夫的 IT 安全公司是众所周知的例子。一旦出现这种系统的初步迹象，大学和成熟的公司就会进行知识迁移。地区或国家往往会提供相关条件。

本书所聚焦的商业生态系统是在商业增长设计思维框架中有意识地设计的，并根据定义的规则进行动态开发。参与者的挑选和它们之间的合作有助于实现共同目标或创新。许多商业生态系统整合了来自自身行业的公司、非行业内的公司，以及具有不同特征和参与者的初创企业与技术伙伴。主要目标是共创卓越的价值主张，并且为客户设计独特的体验。已有生态系统中的参与者和平台也包括在实施框架之中。

商业生态系统的有效设计需要所有相关的参与者有开放、重视合作、透明的心态。商业增长设计思维需要新的思考方式、新的方法、模式和程序，尽可能以最佳方式促进目标的实现。技能和思考方式相比于掌握新技术来说更为重要。

生态系统领导力、敏捷团队和跨组织边界的共同协作有助于成功。对于传统行业和公司来说，无论是在初始化还是在参与商业生态系统方面，这通常都是一个挑战。在治理方面，这意味着不仅仅整合了有助于真正满足潜在客户需求的参与者。另外，技术供应商也很重要，以便通过不同的渠道和接口顺利满足客户需求。

要点！

对外开放

在与其他参与者的交互中，必须打破"城堡的墙"。这也是确保交互和协作真正有效的唯一途径。

构建技能和价值的透明度

一个良好运作的生态系统知道其他参与者在创新及实现价值主张的可持续性方面的作用。

在已有或新系统中接受新市场参与者

在大多数场景中，个体难以成为系统的发起者。特别是在去中心化的商业生态系统中，于生态系统中承担不同市场角色变得越发重要。主要目标是用独特的价值主张为客户带来惊喜。

为什么商业生态系统的发起者有追求黑海战略的雄心

差异化是好的——独特的价值主张和商业生态系统配置是其他系统或公司难以复制和超越的。这就是实施黑海战略的关键目标：以公司或其他商业生态系统的形式设计一个不超过三个（或更少）竞争对手的系统。处于这个系统的公司有电商领域的亚马逊和阿里巴巴；出行领域的优步和滴滴；移动设备操作系统领域的谷歌和苹果。后面将描述具有"黑海"特征的先进系统支付宝和微信支付。

但是，随着时间的推移，这些公司的发展表明，要想长期填补特定价值主张的"黑海"位置非常困难。譬如，优步有时拥有超过80%的市场份额。然而，该公司在主要细分市场大幅亏损，导致其2020年的市场份额约为50%。这表明，随着时间的推移，协调价值主张的持续发展，并把正确的路线作为商业生态系统领导力的一部分是多么重要。优步在市场上推出了许多新的细分市场，旨在以多种方式开发新的客户需求，如在过去10年中其增加了UberX、UberPool、UberEats、UberMoto等服务。在新技术领域进行的一些大规模投资已经彻底颠覆了当前的商业模式，如自动驾驶汽车。

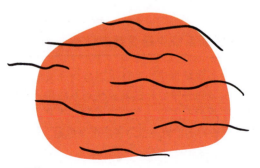

红海

已存在的市场、竞争激烈

蓝海

尚未存在或关注度低的市场，低竞争度

黑海

生态系统驱动的市场，无法竞争

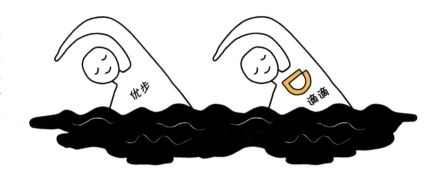

就优步而言，它以共创的形式产生，通过来自系统中参与者的创新和想法，以及与汽车制造商、其他技术平台的密切合作得以实现目标。另外，黑海战略需要深思熟虑，给予各种参与者与商业生态系统合作的多重激励。譬如，来自中国的竞争者滴滴作为一家移动服务提供商，它为系统的不同参与者提供了许多与汽车相关的服务，包括加油折扣、新车购买折扣。

黑海战略通过为以往未觉察的客户需求实现独特价值主张，创建全新的市场领域来实现目标。

下面将红海战略、蓝海战略、黑海战略［由 W. 钱·金（W. Chan Kim）和勒妮·莫博涅（Renée Mauborgne）提出］进行比较。

红海战略	蓝海战略	黑海战略
已有市场中的竞争	创造新市场	创造全新市场领域
打败竞争者	避免竞争者	与其他参与者（包括竞争对手）共同实现独特的价值主张
在已有需求中进行开发	开发新需求	解决之前未察觉的客户问题和需求
收益和成本直接关联	消除收益和成本的直接关联	获取新的价值流、商业模式和增长机会
使公司活动的整体系统与有利于差异化或低成本的战略决策保持一致	根据差异化和低成本调整公司活动的整体系统	使整个系统与商业生态系统中所有参与者的共创、共同进化和双赢局面保持一致

什么不是商业生态系统

生态系统的概念已经呈现出某种扩大化的特征，似乎任何两家公司的合作都可被称为商业生态系统。这对于过去二十年来涌现的无数平台和市场来说同样适用。在很多情况下，它们是由一家公司即发起者进行控制的中心化体系。如上所述，下一代的商业生态系统需要保持开放，对技能和价值观保持透明，最重要的是，接受现有或新的系统中的新市场参与者。

各种研究表明，大多数寻求新增长路径的公司都愿意承担发起者和协调者的角色。在保险公司和银行的一些案例中，可以清楚地观察到这种现象，几乎所有这些公司，都以"家"作为初始生态系统的主题，包括租赁、购物和生活。银行还喜欢通过围绕"财富与安全"为主题的生态系统方法为有"财富管理"方面需求的客户提供服务，以免失去客户。所有这些主题都是完全有效的，并且具有使生态系统成功的潜力：共同进化、共生和共同竞争，以最好的方式为客户提供最好的产品、最好的体验和最简单的互动为目标。

生态系统设计不仅基于与潜在客户的共创，还基于与系统中其他参与者的共创。这意味着根据系统中参与者的能力分配角色，为创新和增长进行治理，最重要的是，不要忽视客户及其需求。

商业生态系统最初的考虑往往来自在设计思维框架内解决客户的问题。在寻找解决方案和实施 MVP 的过程中，设计团队常常意识到它们需要更多的参与者来实现理想的愿景。通过观察不难发现，公司在共创阶段就已认识到合作的潜力——它能帮助找到最初的解决方案。但是，作为战略抉择和开发的一部分，对商业生态系统的

常规思考和竞争分析仍然占主导地位。第一阶段，项目仅限于自身企业的一个小圈子。开放只在后期阶段出现，如商业生态系统的实际设计。

先进的商业生态系统协调者甚至通过关注更具情感和影响力的主张隐藏销售，如销售与客户真实需求毫无关联的、旨在"推动"客户养成更好金融习惯的金融产品。

> 并非所有的合作、伙伴关系和部分服务的采购都应被称为生态系统，即使它听起来是新潮的和开创性的！

生态系统
大爆炸理论

管理	艺术 / 文化
自动化	市场 / 广告 / 公关
银行	市场调查
建造 / 建筑	机械工程
咨询	媒体
教育	医疗 / 制药
化工	医疗技术
服务	食品 / 农业
印刷 / 包装	人力资源和招聘
IT	法律
采购	研讨会 / 交易会
电气 / 电子	其他行业
能源	体育 / 美容
财务	税务顾问 / 审计
研究 / 开发	电信
健康 / 社交 / 关怀	纺织
商业	旅游 / 餐饮
工艺品和贸易	俱乐部
房地产	运输 / 交通 / 物流
工业	保险
互联网	公共管理

传统行业和产品被吸收到新的客户价值主张中

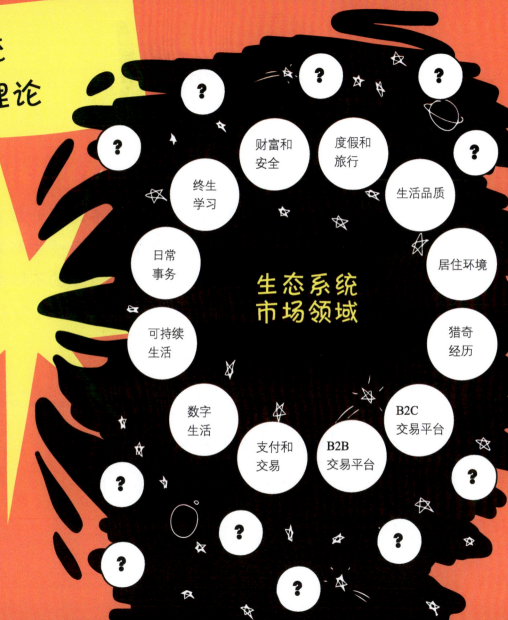

生态系统
市场领域

财富和安全　度假和旅行　生活品质　终生学习　居住环境　日常事务　猎奇经历　可持续生活　数字生活　支付和交易　B2B交易平台　B2C交易平台

要点！

　　新一代商业领袖的终极挑战不是设计单独的产品，而是在商业增长设计思维的框架中为商业生态系统的塑造做出贡献，在这个生态系统中，现有行业的不同参与者、能力、技术和平台以简单、高效和整体的方式为客户创造独特体验。

　　新一代商业增长设计思维已应用新的思维方式并改变商业模式，使用杠杆实现指数级增长。

定义

商业环境中的设计演变

在认真研究不同类型的生态系统之前，时间线展示了设计在商业环境中的演变。以商业生态系统设计为重点的商业增长设计思维，是设计思维、系统思维和商业模式形成过程中的下一个合乎逻辑的阶段。这主要是因为商业生态系统不会自然产生。

商业生态系统中的参与者不会自动连接，只是从根本上开始进行合作。事实上，重要的是要准确了解潜在生态系统的合作伙伴是谁、它们要承担的角色、贡献的技能和如何应对潜在的竞争。

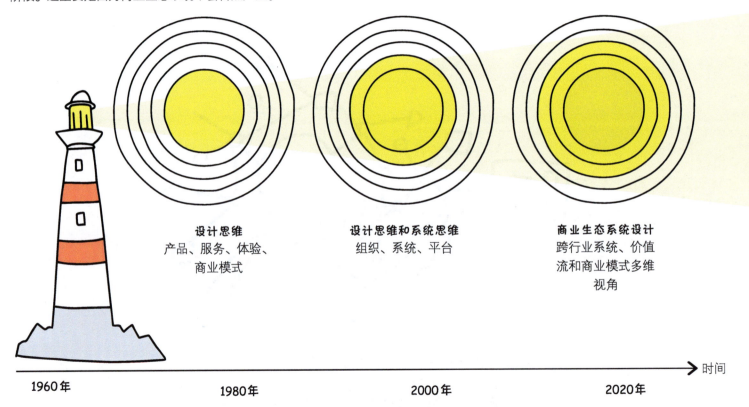

设计思维
产品、服务、体验、商业模式

设计思维和系统思维
组织、系统、平台

商业生态系统设计
跨行业系统、价值流和商业模式多维视角

时间

1960 年　　1980 年　　2000 年　　2020 年

战略定义和技术决策的基础

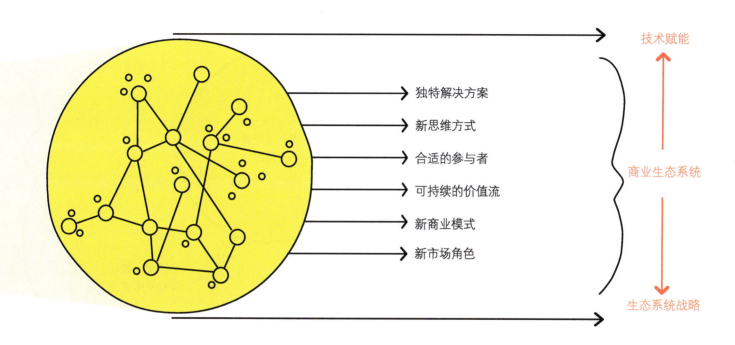

- 独特解决方案
- 新思维方式
- 合适的参与者
- 可持续的价值流
- 新商业模式
- 新市场角色

技术赋能

商业生态系统

生态系统战略

商业增长设计思维和商业生态系统的检验往往对合作战略和当前及未来的技术决策有影响。

商业增长设计思维背景下的商业生态系统设计扩展了在当今设计思维和系统思维背景下应用的已知方法、工具和思维方式。商业生态系统设计和许多其他设计思想反映了将思维方式不单用于产品和服务设计，还应用于解决影响现有系统的问题的意图。譬如，旨在将设计思维应用于政治体系和社区并解决困扰世界的问题的方案。商业生态系统设计审查现有的系统，并且通过多个设计循环创建超越现有和已知边界的系统。这里最重要的是"设计镜头"，它体现在设计思维、系统思维，以及对客户及其需求的关注之中。即使设计循环的视角有变化，与系统中其他参与者的交互在生态系统设计中更加明显，客户也始终处在中心位置。除了增加客户交互的频率，关注网络效应的开发对扩展来说也至关重要。

后面详细介绍了三个不同的"设计镜头"，从问题解决方案到商业生态系统设计，再到实现指数级增长的方法。

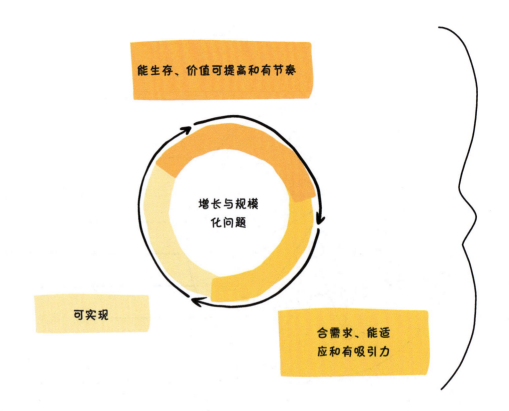

 必须指出的是，设计镜头之间的过渡是流畅的，没有清晰的边界。根据原型、MVP 和 MVE 的分辨率级别，可以加快或跳过一些步骤。

开始 ↘

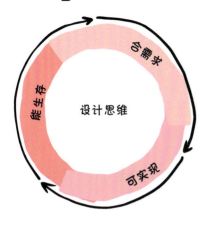

设计思维
合需求
能生存
可实现

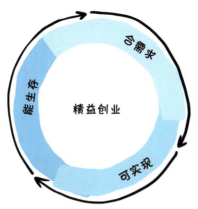

精益创业
合需求
能生存
可实现

生态系统设计
能适应
价值可提高
可实现

规模化
有吸引力
有节奏
可实现

- 合需求——专注于客户及其需求
- 能生存——创造创新的和可持续的商业模式
- 可实现——使用最新的、有效的和可用的技术组件

- 合需求——根据功能和经验验证客户需求
- 能生存——验证商业模式和产品价值
- 可实现——测试和验证选定的技术组件

- 能适应——专注于系统中各参与者的需求及其共同创造价值主张的能力
- 价值可提高——塑造可持续的价值流并为系统中所有参与者带来收益
- 可实现——实现生态系统方法的技术组件和接口规范

- 有吸引力——专注于客户交互频率、钱包份额和系统留存率的增长
- 有节奏——网络效应和规模化效应的开发
- 可实现——技术组件的构建、专业化和杠杆作用

愿景／最终原型

MVP

MVE

黑海

商业增长设计思维解决方案的完善

在不同设计镜头中践行"可实现"时，"合需求＋能生存"扩展到商业生态系统设计镜头中的"价值可提高＋能适应"。对于指数级增长来说，"有节奏＋有吸引力"是关键。然后，动态系统又回到了设计思维的原点，因为客户需求对于价值主张的扩展是具有决定性的。

技术可行性如今往往已不再是问题。障碍可能是与新技术不兼容的法律法规或过时的核心应用程序。

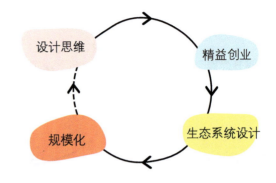

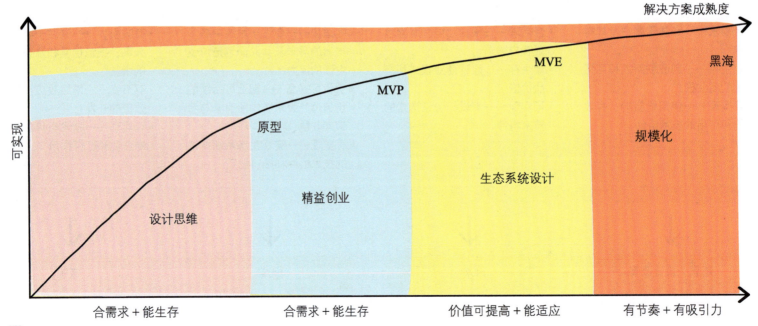

生态系统有哪些类型

生态系统这个词在很多方面都有使用，遗憾的是，并没有基于当今知识的统一定义。我们将描述三种类型的生态系统，它们是商业生态系统设计的一部分。对于（商业）生态系统的著名定义，通常基于 20 世纪 90 年代（如 1996 年摩尔）的想法或 2000 年后对于互联网经济的反思（如 2002 年斯塔勒、2001 年泽尔迪克等）。其中一些人的方法在当前对平台经济的调查中被重新运用，如卡普尔和阿加瓦尔（2017）或阿德内尔（2017）。

这里提出的三重划分应当被理解成解决生态系统概念混乱的第一步。它还有助于与其他参与者沟通交流，因为系统有了清晰的名称。在本书中，我们将生态系统分为创新生态系统、知识和信息生态系统、交易和数据生态系统。书中的一个关键词是"商业生态系统设计"，它可以指生态系统的一种或多种类型。

创新生态系统 这类生态系统的目的是通过所有参与者之间的共创来开发新的产品、服务或流程。这往往发生在产业集群中，如新加坡的金融科技集群或特拉维夫的 IT 安全集群。其他例子还有瑞士的加密谷和美国的硅谷。这些生态系统有的获得了政府的支持，有的获得了天使投资和风险投资（在不同阶段为项目提供资金）。

知识和信息生态系统 这类生态系统利用知识和信息资源来创造价值。知识和信息来源往往是分散的，并通过交换价值产生协同。这个庞大群体包括科研机构、大学和信息服务供应商，以及为自动化活动链提供信息的可靠、安全来源。

交易和数据生态系统 交易生态系统基于协调不同产品、技术接口和技术的技术平台。基于这类技术堆栈的数据生态系统，其追求的目标是将客户的不同数据整合到集中或分散的系统中，以和每个客户保持同步。这种全面的数据视角，有利于在价格、运营和营销方面做出更好的决策。它往往会生成新的商业模式，即便在与竞争对手和行业外公司的合作中，也能产生协同效应。

一个良好的商业生态系统利用每个可用的和合适的系统以及所有参与者的资源，来为客户和生态系统合作伙伴创造附加价值。

商业增长设计思维背景下的商业生态系统设计，其主要特征是，与系统中其他参与者一同开发价值主张，并将客户需求作为所有活动的中心。商业生态系统利用所有可访问的生态系统或单个参与者的资源，而这些资源有助于实现价值主张，创造附加价值。

商业生态系统涵盖已知的创新生态系统、知识和信息生态系统、交易和数据生态系统中的参与者，以及已有的供应商、竞争对手和非行业内公司。通常来说，公司是系统的发起者，这些系统后来根据具体的设计，以传统合作伙伴网络、集中式生态系统或分散式生态系统的形式存在，最终形成财团、社群、合作组织或者其他形式的商业团体。

商业生态系统旨在以最佳方式整合不同的参与者，以便大家都能从中获益。合作并不排除参与者之间在特定领域的竞争。可持续的商业生态系统是灵活的、可控的、协调的市场结构。这是通过定期调整价值流和组成要素，以及逐步扩大产品范围来实现的。

商业生态系统设计

商业生态系统设计处于创新生态系统、知识和信息生态系统、交易和数据生态系统的交汇之处。本书特别关注商业生态系统设计，并把其他生态系统要素作为构建模块。

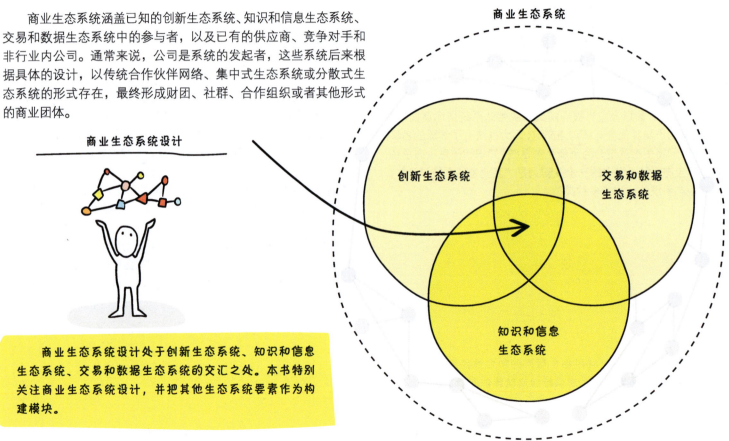

商业生态系统

创新生态系统

交易和数据生态系统

知识和信息生态系统

商业生态系统设计的目标是成为一门综合性的学科，让系统适应客户需求。商业生态系统中的合作与协调旨在实现指数级增长和动态增长。商业生态系统可被视为合作的、更去中心化的系统。

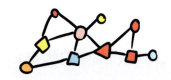

	程序说明	管理、组织目标	输出
作为综合性学科的商业生态系统	合作与去中心化	**启动和协调** 目标：指数级增长	生态系统的价值主张针对特定的目标群体及其需求。系统是动态的，对变化反应灵敏
交易和数据生态系统	价值驱动和数据驱动	**创建和货币化** 目标：网络效应和规模化	自动化和标准化能够扩展一般价值主张，并收集新产品、服务和价值主张的数据
创新生态系统	开放创新和商业模式创新	**发明和规模化** 目标：差异化和技术领先	通常以商业模式创新或新技术驱动的形式，有时围绕关键技术进行集群
知识和信息生态系统	与合格组织和研究机构合作	**投资和执行** 目标：知识产权（IP）和谈判力	通过研究或基于可信实体的有效信息而产生新知识

在生态系统中可以扮演哪些角色

生态系统中有很多不同的参与者，它们有相应的名称。因此，作为生态系统定义的一部分，在顶层对参与者进行粗略和易于理解的分类就显得必要。关键要素是客户及其需求。在多数场景中，商业生态系统的发起者观察到市场机会，或者由于新的或变化的客户需求希望开发市场机会。这种想法往往由诸如云计算、物联网和区块链这种新技术所激发。协调者的角色在很多生态系统中处于中心的位置。根据系统类型，协调者也可能处于非中心的位置。发起者通常也是协调者；有时系统中的其他参与者由于在资本和能力水平方面的优势，会成为协调者。系统中的其他参与者为客户提供价值主张，根据既定规则推进价值主张，并通过直接或间接的客户访问使其可用。系统中所有的参与者能从为系统工作和贡献之中获益很重要。供应商的能力在系统的实施和运行方面也同样重要。它们对价值主张的产出没有直接影响。不过，它们是生态系统、必要的技术平台或去中心化系统中的赋能者。根据不同的生态系统，其他参与者可以执行不同的任务。有些参与者可能是接收信息或验证交易的公共实体。

相应的参与者从参与生态系统之中直接或间接获益。它们要么直接负责创造价值主张，要么为系统提供赋能技术。

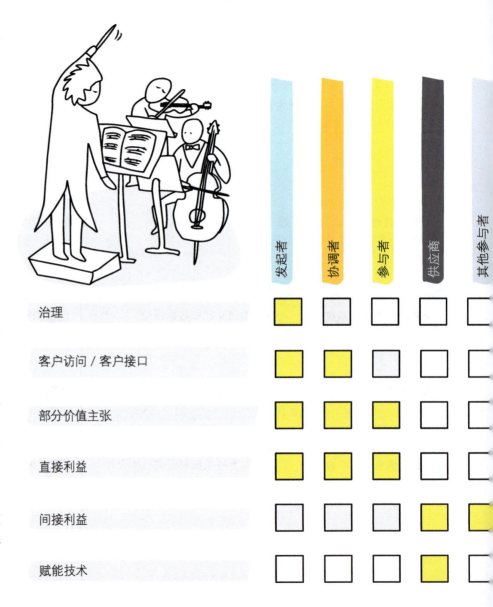

	发起者	协调者	参与者	供应商	其他参与者
治理	■	■			
客户访问 / 客户接口	■	■	■		
部分价值主张	■	■	■		
直接利益	■	■	■		
间接利益	■			■	■
赋能技术				■	

066

客户
- 获得服务
- 定期与生态系统互动
- 分享关于行为和交易的数据
- 获得间接附加价值

发起者
- 识别客户需求和市场机会
- 开始初始化活动
- 为初始原型和 MVP 提供预算
- 转换到协调者的角色，或者成为系统中的参与者

协调者
- 协调活动
- 定义原则和规则
- 定义增长的框架条件
- 实现可持续治理

参与者
- 拥有整合的技能或产品
- 提供价值主张中的服务或部分服务
- 基于原则和规则创新
- 在项目进程中连接自身活动

供应商
- 交付技术或技术组件
- 提供软件或整合层
- 供应基础设施和保障连接
- 无客户关系

其他参与者
- 时常接收信息
- 在自动化进程中进行数据验证
- 通常没有直接的客户界面

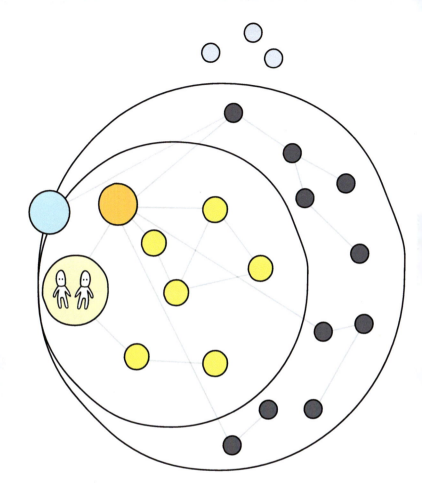

5~6个参与者通常足以定义一个商业生态系统。这些参与者往往负责不同的任务，有不同的职能，它们与要提供的价值主张的接近程度各不相同。

价值主张如何运作

　　商业生态系统的关键因素是价值主张。它是有价值的客户交互的先决条件，必须由系统中的参与者共同支持和发展。价值主张存在于对产品或服务的供应做出重大贡献的价值流中，同时存在于单个参与者的价值创造和价值收益的交换中。在复杂和动态的系统中，整个生态系统会承担各种风险，每个参与者只要成为系统的一部分，就会承担不同风险。

风险

风险由整个生态系统或负责特定价值主张的参与者承担。譬如，履约担保风险、外包和合规的风险。风险类型：经营风险、绩效相关风险、财务风险、与由于激励或系统本身或其动态性导致的其他参与者的活动有关的风险。

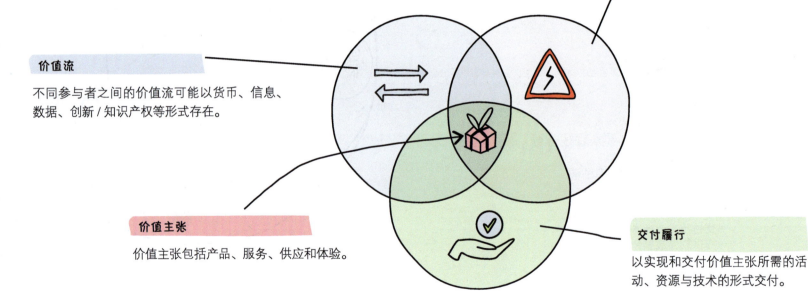

价值流

不同参与者之间的价值流可能以货币、信息、数据、创新／知识产权等形式存在。

价值主张

价值主张包括产品、服务、供应和体验。

交付履行

以实现和交付价值主张所需的活动、资源与技术的形式交付。

价值流、价值创造和价值收益的相互作用

商业生态系统中的价值创造网络包括所有参与者。它们往往在范围上有所互补或存在竞争关系。它们共同为所描述的价值主张进行交付。

了解各个参与者之间的关系和它们的价值流对于系统的设计来说相当重要。只有那些为参与者创造可重复或可持续的价值的商业生态系统才能生存和发展。这种"价值设计"是 MVE 定义的一部分，也是商业生态系统设计中最复杂的任务之一。

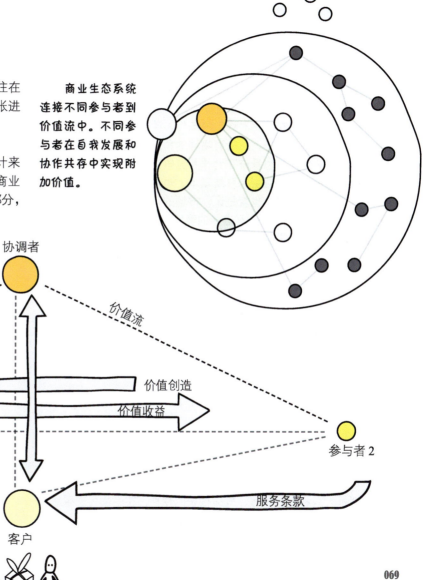

商业生态系统连接不同参与者到价值流中。不同参与者在自我发展和协作共存中实现附加价值。

协调者

价值流

价值流

价值收益

价值创造

价值创造

价值收益

参与者 1

参与者 2

服务条款

服务条款

客户

生物生态系统与商业生态系统

商业生态系统和生物生态系统有很多相同之处（共生、共同进化、合作），但它们在特性上有很多不同。生物生态系统具有一种或几种平衡状态，其中存在着相对稳定的条件，种群和营养物质的交换保持在一定的水平。但是，从所有物种的角度来看，这种平衡极少是理想状态的。生物生态系统在合作和竞争中运行。物种必须适应系统才能长期生存。商业生态系统基本上也是一样的。但是，参与商业生态系统是自愿的，也就是说，市场的参与者只有在商业生态系统中有所收获，或者处于别无选择的境地，才会参与商业生态系统。商业生态系统的设计遵循以下积极原则：共同创造，为所有参与者创造价值及努力实现大家支持的价值主张。如今，很多供应链僵化的整合型公司还没看到做出变革的必要性。它们在特别的市场之中运作，没有感受到来自新技术和颠覆性产品的任何威胁。你可以将它与孤岛上的生物生态系统进行比较。由于不必担忧捕食者，物种可以在这里以自己方式生存（如不再飞行的鸟）。与生物生态系统相仿，变化和适应的速度在很大程度上由公司的规模决定。一些生物能更快适应新环境，如全球变暖，而有些则更慢些。

对于生物和公司来说，问题是一样的：转型能够以什么样的速度进行？是否有足够的时间求生？

特别是大型和生长缓慢、寿命很长的物种，在生物生态系统中需要更长的时间才能适应新的环境。显然，公司也是类似的。

作为蓝图的生态学和生物学

很多人难以在商业生态系统中思考和行动，因为——在参与或构建商业生态系统的初始想法中——运用了过往的旧模式。在过去，公司不可避免地具有管理中心化的特征和分层制度。而今天，由于新技术和网络通信，新的和更多的去中心化系统已经可以实现。

因此，生态学和生物学展现出的对商业生态系统设计有帮助的各种"蓝图"，也触发了上述的一些思维转换。共生和共同进化等关键概念需要更多地在公司的运营和管理中被运用。

共创意味着在"潮间带"参与资源的共同开发和相互"交流"思想。不同的参与者在系统中的共同工作构成了实现独特价值主张和创新的基础。

共生和共同进化的一个例子是苹果与高盛的合作。两家公司都逐步扩大了在"富裕"市场的活动。"富裕"市场的目标群体当然是特别吸引人的，根据美国国家和银行的统计，这一群体拥有 25 万 ~ 100 万美元的可支配收入。这种合作可以构成为富裕阶层和其他目标群体服务的更大生态系统的基础。可以想象，随着时间的推移，苹果和高盛将在一个生态系统中形成共生的关系，为富有的银行客户提供独特的客户体验。

像生物生态系统中的生物一样，公司也可以共同进化。

苹果和高盛的共同进化

新商业生态系统往往出现在那些初看不相关但又能够彼此成就和共同发展的参与者中。由此，我们可以说它们是共同进化的。

高盛代表私人银行和华尔街大宗交易的处理市场；苹果则代表智能手机、平板电脑和计算机市场，包括由苹果自有的应用程序、音乐和其他数字内容组成的商业生态系统。数字内容是苹果商业生态系统中的一个重要的未来的价值流。苹果一步步构建了这些服务，以迎合客户需求，持续地将客户锚定在苹果的系统中，并且这使客户离开苹果的系统越来越难。另一个锚点则是整合了数字支付选项（苹果支付）的苹果卡。

高盛在华尔街扮演着重要角色，但在几年前，其在信用卡业务上还不怎么活跃。高盛信托和苹果科技生活方式的连接，使低风险地征服新市场成为可能。虽然高盛负责在后台处理进程，但高盛的马库斯银行有了新的客户联系人。苹果的客户得到了额外的收益，譬如，在苹果商店购买数字和实体产品或服务时可获得高达交易金额 3% 的返现。苹果称，到目前为止，这些数据还没被用于广告目的的分析。

大卫·所罗门，高盛 CEO，将银行推出苹果卡称为"至今最成功的信用卡项目"。

一个传统的投资银行机构

高盛是一家总部位于纽约的投资银行和证券交易公司。高盛的客户包括大型公司和政府机构，以及高净值个人（他们以往主要利用银行的咨询服务进行并购、资产管理和经纪业务）。自 2018 年以来，高盛旗下的马库斯银行一直在提供免手续费的私人贷款、在线计息储蓄账户和存款凭证业务。

+

一个科技集团

苹果是一个拥有硬件部门和软件部门的科技集团，开发计算机、智能手机和消费电子产品，以及专有操作系统和应用程序软件，并提供自己的生态系统。此外，苹果还处理音乐、电影和其他数字内容。2019 年推出的苹果卡已经能在 iPhone、iPad 和苹果手表、苹果电脑等苹果设备上进行苹果支付。

＝　共同进化

共同进化的示例

苹果支付——2014
- 移动接触支付系统和数字钱包服务
- 通过 POS 机近场通信（个人通过 iOS 应用程序或互联网）支付产品和服务费用

苹果登录——2019
- 网络服务安全认证
- 一次性电子邮件地址可防止第三方读取苹果账户
- 保护用户数据
- 匿名上网选项

苹果加密工具——2019
- Swift API，加密开发工具，用于为应用程序创建更多安全功能，具有支持升级和用户友好的特性
- 用于散列、公钥和私钥生成与密钥交换，以及在 iOS 应用程序中集成加密

苹果卡——2019
- 实体信用卡，同时集成于苹果钱包应用程序中
- 没有使用费
- 消费金额 1% ~ 3% 的每日返现，返到苹果现金卡（在钱包应用程序中）
- 实时利息估算
- 实时欺诈防范
- 交互功能，譬如钱包应用程序中用不同颜色编码的费用概览

马库斯——2016
- 为私人客户开设信用和储蓄账户的线上平台
- 免手续费、固定收益的私人贷款，高收益的在线储蓄账户和存款凭证
- 马库斯是完整的数字财富产品的一个组成部分，目前正被整合到投资管理中

面向"富裕"市场的美国资产管理——2019
- 收购 United Capital Financial Advisors, LLC
- 开发投资平台，通过马库斯实现与客户交互

入股 ELINVAR——2019
- 德国初创企业，由德意志银行的银行家创办
- 帮助传统贷款人提供线上服务的数字平台
- 高盛拥有这家初创企业 13.9% 的股权

入股 NUTMEG——2019
- 网络服务安全验证
- 一次性电子邮件地址可防止第三方读取苹果账户
- 保护用户数据
- 匿名上网选项

我们了解的商业生态系统的复杂程度

我们已经对稳定系统和敏捷系统进行了区分。稳定系统可以在大部分具有静态客户的供应链的整合公司中找到。敏捷系统是没有政府监管的更加开放的资本经济市场，客户可以根据自己的需要收集信息和消费各种产品与服务。介于稳定系统和敏捷系统之间的是各种合作伙伴和业务网络，以及去中心化的商业生态系统。

这些商业生态系统有不同的表现形式，也具有不同的复杂程度。启动和参与需要新的技能。在过去几十年中，商业生态系统的变革主要由新技术驱动。关键技术包括互联网、区块链、大数据分析，反映了从简单结构到复杂结构的转变。根据复杂程度，商业生态系

统可以分为"重点合作伙伴网络""中心化商业网络"和"去中心化的商业生态系统"。

重点合作伙伴网络应当被归入伙伴关系和价值链类别，因为它们不具有真正商业生态系统的特征。我们仍会简要描述它们，以展示区别。

商业生态系统超越了传统的客户—供应商的关系。它包含了可能对战略、规模、产品或能力有直接或间接影响的所有参与者。

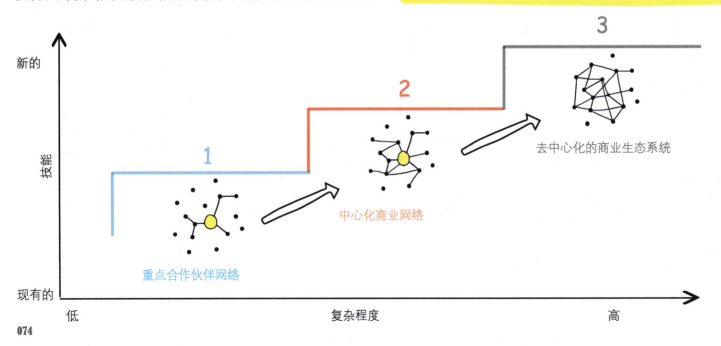

074

1 ━━━━━━━━ 重点合作伙伴网络

　　商业系统最基本的形式是价值链，它在第二次工业革命期间达到了顶峰。个体市场参与者关注自身的核心能力，以及通过价值链生产更多的产品。后来（在工业革命的第三阶段），活动扩展到了公司的其他关键领域。一个典型的例子是外包 IT 基础设施的运营。这导致了标准化的基础设施即服务（IaaS）产品或软件即服务（SaaS）产品。通常，协作基于服务等级协议（SLAs）。服务价格基于采购合作伙伴的权力关系。

2 ━━━━━━━━ 中心化商业网络

　　在网络时代，中心化商业网络的重要性日益增加。平台经济的显著特点是网络效应、规模化和应用程序接口（API）。新的商业模式，如基于数据的商业模式，由市场参与者在平台上的互动中实现并货币化。这种形式的复杂程度居中，大多数公司了解它们可以加入的常见市场或计划。最常见的情况是，这些中心化商业网络基于现有的权力关系和熟悉的商业模式运作。中心化商业网络的发起者还需要考虑如何让其他参与者参与其中，它们具有什么优势，以及允许参与者在系统中赚到钱。换句话说，在平台经济下，商业模式的多维视角已经成为各个系统成功的关键因素。成功的平台经济公司依赖这些杠杆，如亚马逊、苹果、优步和 Spotify。另外，基于设计思维的思维方式和工作方法在这种公司占据主导地位。

3 ━━━━━━━━ 去中心化的商业生态系统

　　目前，可以观察到越来越多的向去中心化转变的系统。这些系统通常有一个协调者，满足变化的客户需求。系统相当复杂，需要新的商业生态系统设计、协调、管理的能力，包括新的领导技能。商业模式的多维视角成为取得成功的关键设计因素，它使实现为系统中所有参与者提供必要利益的生态系统成为可能。此外，这种视角也能探寻到指数级增长的潜力。

　　商业生态系统通过系统中的参与者进行扩张，为客户扩展了产品的范围和灵活性。服务的提供往往是分布式的。客户可以自由移动，系统保持开放。这并不排斥两个参与者在生态系统中提供相同的服务。参与者可以通过服务范围、质量和定价进行区分。

向新商业模式和增长潜力转换与进化

除了系统能力和复杂程度不同，还可以在时间线上比较不同的系统。目前，向日益分散的生态系统的过渡可以在众多行动计划中看到，这些计划要么已经实现，要么正在为新的价值主张进行测试。

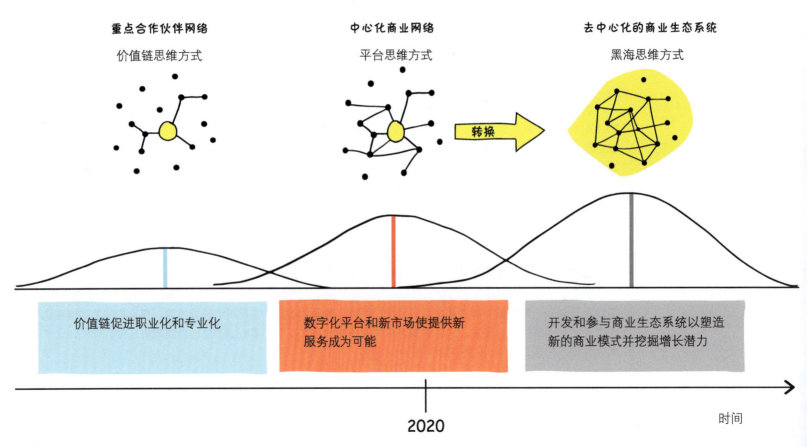

战略中的整合

对于许多公司来说，只有当这种雄心壮志成为公司战略的一部分，并且与核心业务相关联时，对商业生态系统的承诺才有价值。通常，这是一种均衡的行为，因为商业生态系统战略与传统战略的观点有本质上的不同。成功的商业生态系统战略试图将公司价值观联系起来，而非保护它们；成功的商业生态系统战略降低了其他参与者进入系统的门槛；最后，公司与其他参与者一起创造价值主张，以把它们的服务和产品与其他公司区分开。

合作的加速及技术为卓越的商业生态系统开拓了新的机遇。商业生态系统的目标不是提高现有产品和服务的销售额，而是关注客户及其需求。

在这个背景下，后面将更为详细地讨论战略和商业生态系统，并且与促进商业增长的设计思维联系起来。

关键问题

- 你希望通过参与或启动商业生态系统获得什么？
- 如何用"开发"和"探索"实现均衡的投资组合？
- 如何将已有的技能和能力、合作伙伴、客户访问纳入商业生态系统？
- 为了在商业生态系统中扮演不同角色，什么技能和领导力需要重塑？
- 治理应如何组织？
- 实现规模化和指数级增长有哪些选择？

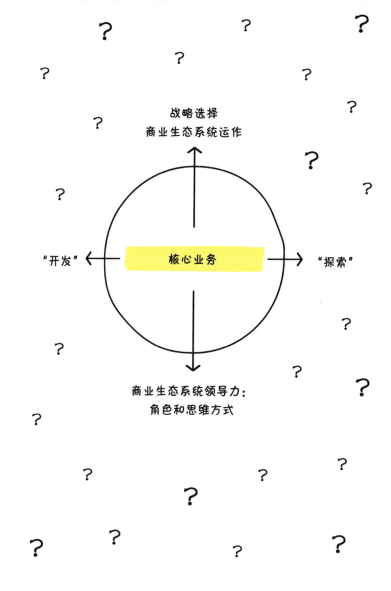

向成功的公司学习

在平台经济阶段，已将设计思维应用于商业增长的公司，利用了有助于其在当前和未来获得成功的原则。价值观和领导力原则在苹果、亚马逊、谷歌、腾讯和阿里巴巴的案例中反复出现。许多陈述类似于设计思维和系统思维的方式，它们是商业生态系统设计的基础。

在这些公司的案例中，最重要的因素是客户导向。对于亚马逊来说，客户具有最高优先——"100%客户导向"。谷歌的价值观也把用户放在第一位。

像腾讯这样的公司明确聚焦于商业生态系统的初始化。首先，与其他参与者开放合作是关键；其次，基于商业模式多维视角，实现系统中不同参与者的共赢。腾讯注意到，在与其他参与者于项目合作中实现商业生态系统的基础是实现共赢和指数级增长。阿里巴巴的"102年"使命意味着更长远的思考，以及与商业生态系统其他参与者建立持久的关系。阿里巴巴支持无法独自在全球范围内供应产品的竞争者和市场中其他的创新者的加入。

苹果的7条领导力原则

- **伟大产品**：设计改变世界的伟大产品
- **简单，不复杂**：简单比复杂更好
- **卓越**：参与到可能产生重要贡献的市场
- **说"不"**：对千万个项目说"不"，同时专注于少数几个对我们真正重要和有意义的项目
- **协作**：紧密协作，异花授粉（相互启发），以独特的方式创新
- **接受错误**：全公司追求卓越，诚实处理错误，勇于改变
- **生态系统**：产品和服务背后关键技术的所有权和控制权

亚马逊的 16 条领导力原则

- 客户至上
- 主人翁精神
- 创新和简化
- 正确决策
- 持续学习和保持好奇
- 选贤育能
- 最高标准
- 远见卓识
- 积极行动
- 勤俭节约

- 赢得信任
- 刨根问底
- 敢于谏言；服从大局
- 达成业绩
- 努力成为最佳雇主
- 成就越大，责任越大

谷歌价值观

- 以用户为中心，其他一切水到渠成
- 心无旁骛，精益求精
- 快比慢好
- 网络的民主作风
- 获取信息的方式多种多样，不必非要坐在电脑前
- 不做坏事也能赚钱
- 信息永无止境
- 信息需求没有国界
- 没有西装革履也能很正经
- 没有最好，只有更好

Tencent 腾讯

- **以用户为中心**：倾听用户，满足需求，超越期待
- **鼓励所有员工不断提高公司声誉**：员工以被腾讯雇用而自豪
- **持续发展，成为数字经济的重要一员**：与商业生态系统中的其他参与者合作，实现共赢，是我们成功的基础
- **作为负责的企业公民**：为全社会的发展积极贡献自己的力量
- **互联网就像电力**：提供使客户／用户生活更简单、更愉快的基本服务
- **满足不同地区不同用户的不同需求**：提供量身定制的独特产品和服务

- **与伙伴开放合作，构建完整的商业生态系统**：始终以所有参与者的共赢为基本理念
- **商业哲学**：用户的需要是我们的第一目标

阿里巴巴愿景、使命和价值观

- 让天下没有难做的生意
- 成为共享数据平台的首选
- 成为拥有最快乐员工的公司
- 活 102 年

- **客户第一**：用户和付费客户的利益至上
- **团队协作**：员工在团队中工作，参与决策并致力于团队目标
- **拥抱变化**：行业在动态发展。员工要具有灵活性、创新性和适应性
- **诚信**：诚信是生态系统中的基本要素，员工遵守最高诚信准则并履行所有义务
- **激情**：无论是为客户服务还是开发新的服务和产品——我们鼓励员工满怀激情地工作
- **敬业**：致力于理解和满足中国与全球客户及中小企业的需求

要点！

与生物学相比，生态系统是具有适应性、灵活性和普遍性的生物网络。系统中的"生物"之间存在各种相互关系——从共生到合作，再到竞争。

在商业环境中，商业生态系统是几个公司参与者的相对自由的合作项目，它们跨越行业的边界进行协作。网络可以是实体和真实的，也可以是虚拟的。

在设计这种系统时，来自商业增长设计思维的"设计镜头"很有帮助。它们基于设计思维、精益创业、系统思维和规模化思维。

来自平台经济和现有市场的公司提供了价值观、领导力原则和愿景，有助于复杂系统的成功。

练习

现在，开始在生态系统中思考！

生态系统设计的 *60* 分钟介绍

理解商业增长设计思维基本原则的最好方式是通过经验。接下来的练习展现了商业生态系统设计的重要步骤。将这个练习作为起点再好不过了，因为专家团队已经完成了良好的基础工作，解决了客户的问题，从众多选项中选择了解决方案，并且通过 **MVP** 测试了问题与市场的适配。这时你可以开始利用商业增长设计思维了。你的任务是设计合适的生态系统，在市场上用 **MVE** 进行测试。正如你在《当代医药》杂志的一篇文章中看到的，选定的设计挑战来自医疗保健行业。当然，挑战也可能来自媒体、金融服务、农业或制药领域，因为当前许多行业都需要商业生态系统设计来解决客户问题和开发高效系统。

这个练习让你对商业生态系统设计有所了解。它展示了如何在 60 分钟内开发出一个简单的商业生态系统。练习中的步骤有时间指示——时间框，因此你可以在指定的时间完成练习。书上可能没有太多书写空间，所以最好准备笔记本、铅笔和几张便利贴来开始练习。空白处下面概述了解决方案。它们不是解决方案范本，有无数种方法来解决生态系统挑战。

练习

尽管在全国范围内推广电子处方还没有确定的时间，但电子处方已在酝酿之中。药房需要新的硬件和软件，患者端应用市场已经得到发展，软件公司和数据中心需要调整它们的流程和产品。

商业生态系统超越了传统的客户—供应商关系。它包括可能对战略、销售、产品或能力有直接或间接影响的所有参与者。

初始设计挑战

"如何为患者设计更好的数字化医疗保健体验，同时降低医疗保健系统的成本？"

在经过多次迭代、深度访问和与用户互动后，很明显，患者想要一种简单的方法处理处方。用户画像（用户档案）提供关于痛点、收获和待完成工作的信息。患者的需求构成了开发不同原型和构建MVP的基础。

6分钟
开始：阅读
这两页

用户画像：典型患者的当前状态（用户档案）

待完成工作

当患者在医生办公室时，他想知道处方药的活性成分是否相冲突，以便他可以安心服药。

当患者离开医生办公室时，他想从最近的药房获得药物，以便他的病痛可以尽早得到缓解。

如果患者有年度处方，他希望在度假和外出时收到药物。

患者

痛点
• 纸质处方
• 不同的医生，不同的治疗方案
• 外出或度假时收到药物
• 订购和收取药物

收获
• 拥有智能手机
• 与保健专员通过数字渠道沟通

关键因素解构图： 基于患者 / 用户关键体验和功能的电子处方愿景原型和经过测试的 MVP。

练习

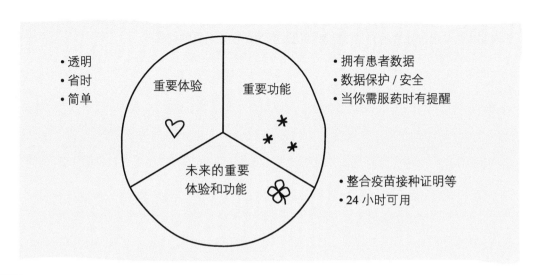

- 透明
- 省时
- 简单

重要体验

重要功能

- 拥有患者数据
- 数据保护 / 安全
- 当你需服药时有提醒

未来的重要体验和功能

- 整合疫苗接种证明等
- 24 小时可用

价值主张： 电子处方能让患者在任意药房提交所需药物的处方，并收到正确服用剂量的提示。另外，这些信息有助于避免与其他药物的活性成分相冲突。

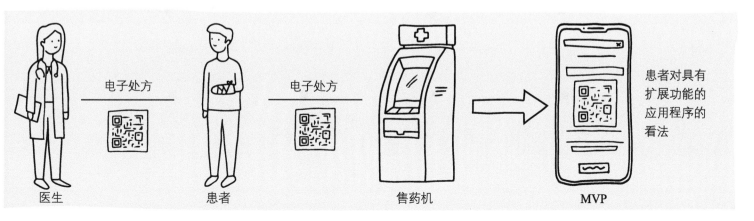

电子处方

电子处方

患者对具有扩展功能的应用程序的看法

医生

患者

售药机

MVP

1. 头脑风暴：从头脑风暴开始你的商业生态系统思考，哪些是与目前纸质处方有关的参与者？

查看患者的整个生态系统旅程，思考哪些参与者与处方的开具、结算和记账有关，包括明显的交互和在后台运行的交互。

5 分钟 🕐

解决方案的构思

医生	患者	药房	线上药房	制药公司
结算中心、药房、健康保险公司	健康保险公司、药房，避免支付诈骗	意外保险公司	健康保险公司	……

2. 视觉化：绘制当前系统（真实状况）的草图

展现处方如何在不同参与者之间传递。标注当前系统中有问题的地方。

练习

8 分钟

解决方案的构思

- 易受诈骗和高交易成本影响
- 结算中心导致的处理时间过长
- 数据不一致和数据差异，孤立的技术平台
- 没有患者信息或无效的患者信息
- ……

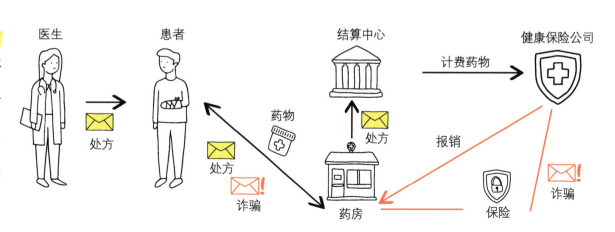

3. （重新）设计：商业生态系统

比当前系统更优越且允许实现特定 MVP 的商业生态系统是什么样的？

3.1 设计 1~2 个商业生态系统的变体，并输入各自的价值流（数据、资金、信息）。

设计

重新设计

6 分钟

- 缺失了哪些参与者？
- 哪些参与者可能被新技术淘汰？
- 系统可持续吗？
- 所有的参与者都有优势吗？
- 哪些参与者的参与是强制性的？
- 它们可能担心什么？

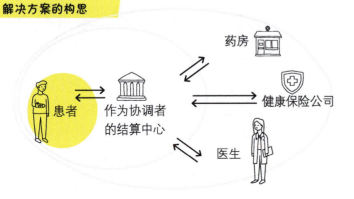

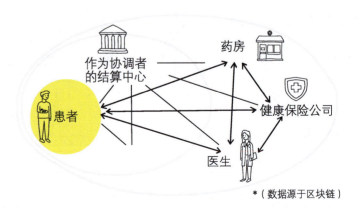

*（数据源于区块链）

3.2 思考生态系统中每个参与者的收益（首选变体），以及是什么驱动它们成为系统中一部分。

优势：

6 分钟

患者
- 随时获取最新的处方
- 在药房快速预购
- 快速查找药房
- 显示库存药物和可用药物
- 更易用

健康保险公司
- 防止多次计费→节约

医生
- 无纸化处方
- 处方防伪
- 带有大量分析选项的药物概览

药房
- 没有账单支出
- 没有费用核算
- 提升流动性
- 整合到患者应用程序中的忠诚度项目与药房查找器

医生办公室反诈
- 譬如，通过双重身份验证，防止第三方开具处方（如医生的助理）
- 未经授权开具的处方可通过医生识别和分析（日期、患者、药物）

医生 / 药房反诈
- 欺诈主要集中于昂贵的药物，尤其是化疗药物、止痛药物和其他成瘾药物
- 无法对处方多次计费
- 医生 / 药房 / 医药行业反诈
- 可检测和分析在处方中优先使用某些药物的秘密协议

练习

4.1 核心：整个系统的商业模式是什么？设置成本和运营资金如何筹措？

整个系统的商业模式

8分钟

解决方案的构思

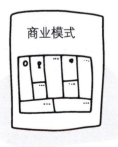
商业模式

潜在收入
- 药房广告收入
- 健康和意外保险公司的资金投入
- 制药公司的整合（法律问题）
- 药房销售药物的收入

潜在支出
- 激励医生参与系统
- 区块链和患者应用程序的运作
- 与医生办公室的软件集成
- 提高参与者意识的营销成本
- 终端客户（患者）营销
- 为患者进一步开发新的附加价值

4.2 参与者：哪些额外的商业模式可被系统中哪个参与者实施？系统中哪些参与者可能由于它们对系统成功必不可少而需要用到其他激励措施？

参与者的商业模式和其他激励措施

8 分钟

解决方案的构思

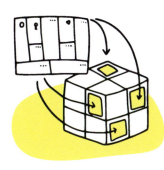

对医生的激励措施
- 医生办公室的免费网络软件，能够方便快捷地输入处方、治疗建议和不耐受信息
- 实时查看不同药物的成本估算

对健康保险公司、健康和意外保险公司的激励措施
- 优化处方，更好地治疗患者，使其更快康复
- 通过对账单的成本验算与检查节约成本
- 为患者提供进一步服务的潜力

对医院的激励措施
- 处方和剂量的更新观点
- ……

5. MVE 要求：考虑"最小版本"中的参与者如何交互，以及可以使用哪些技术

实施 MVE 的要求是什么？哪些技术可以实现所期望的生态系统？

6 分钟

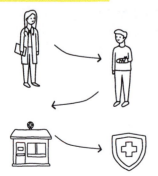

解决方案的构思

- **医生**用患者的身份信息在区块链上开具处方 / 提供相关诊治方案。
- **患者**在手机应用程序上收到二维码，去药房购买药物。
- **药房**在验证患者身份信息和扫描二维码后为患者提供药物。
- **健康保险公司、健康和意外保险公司:** 处方发票直接被传送和支付，或者成本估算信息被直接储存在区块链中。

➡ 中心化的计费和结算办公室通常可以被区块链代替。

6. 讲故事：为什么参与者应该成为生态系统的一部分

如何使系统中的参与者相信它们应当参与并成为所提供价值主张的一部分？

- 应该强调的每个参与者的利益是什么？
- 满足客户 / 用户的哪些需求？

6 分钟

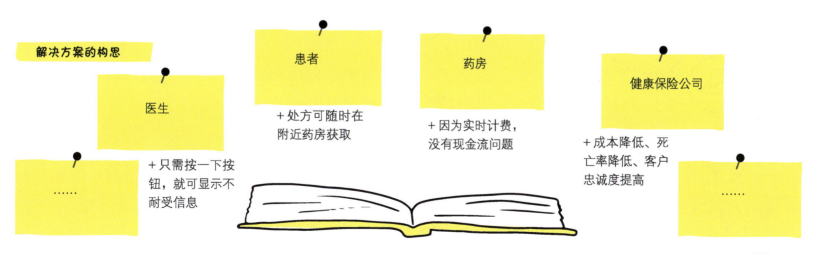

解决方案的构思

医生

……

+ 只需按一下按钮，就可显示不耐受信息

患者

+ 处方可随时在附近药房获取

药房

+ 因为实时计费，没有现金流问题

健康保险公司

+ 成本降低、死亡率降低、客户忠诚度提高

……

后续的反思有助于从"演练"中获得具体的经验，并将它们用于考虑类似的商业生态系统挑战。

从商业生态系统设计的"演练"中获得的典型经验

5 分钟

 目标图景? _____

 利益相关者 / 管理层? _____

 价值流? _____

 启动? _____

 操作? _____

 思维方式? _____

 资金? _____

 规模? _____

 客户的关键体验 / 功能? _____

 系统中的参与者的能力? _____

 新技术? _____

 协作? _____

解决方案的构思

 一个清晰的生态系统目标图景有助于与系统的潜在参与者进行交流。

 只有系统中的全部参与者都能从中受益，生态系统才能发挥作用。

 厘清价值流有助于理解整体系统。

 所有参与者的支持对于构建生态系统非常重要。

 尝试，快速失败和学习——从最初原型到 MVP 再到 MVE——是工作座右铭。

 商业生态系统设计需要一个新的思维方式，以有意识地摆脱传统思维方式。

 构建和协调生态系统需要资金。

 精心设计的生态系统可以更快规模化。

 基于客户需求，专注于每个关键体验和功能，有助于提高成功概率。

 一旦你了解了参与者的能力并开始对话时，新的想法和方法就会出现。

 新技术（如云计算、人工智能和区块链）使系统更高效。

 商业和技术之间的协作是必要的。

在培训设计思维、战略设计和生态系统设计的背景下，使用"演练"练习"商业增长设计思维"。

作为 MVE 的商业生态系统的实现遵循 MVP 的基本思想，即系统以较少的预算和非常有限的参与者（例如，每个角色一个名额）进行测试，然后进行优化，直到最有前途的系统得到验证。

以上练习对培训商业生态系统设计非常有效，也能作为从 MVP 转换到 MVE 的一个极好例子。

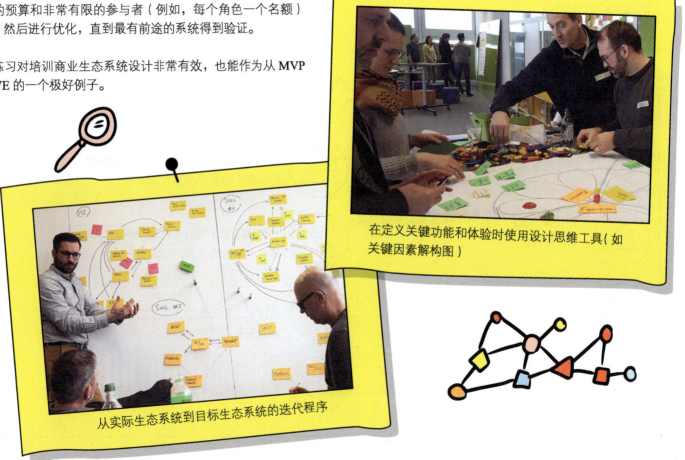

在定义关键功能和体验时使用设计思维工具（如关键因素解构图）

从实际生态系统到目标生态系统的迭代程序

通过商业模式多维视角讨论系统的优化

价值流和网络结构的视觉化

不同生态系统变体的开发

商业增长设计思维作为战略选项开发的基础

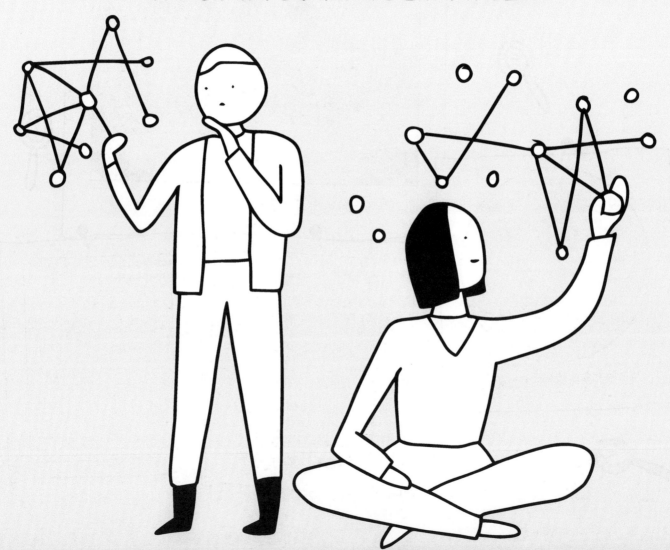

生态系统战略

战略选项

许多了解商业生态系统运作机制的公司都将注意力集中在为客户设计独特的价值主张，以及思考能够打破传统行业竖井的增长战略上。

在生态系统的运作中，公司在其领域之外的范围进行渗透从未如此容易。现在比过去更容易的原因很明显：云计算和相关的技术可以整合大量交互平台，让全面地解决客户问题成为可能。大数据分析、人工智能和分布式账簿技术还可以实现端到端自动化，并作为大规模定制的一部分，为客户量身定制产品。

另外，目前已经存在一种集成的能力，可以轻松获得外部资源和力量。简单地讲，行业之间的传统界限正在消失，这标志着以前互不相关的行业和产品范畴的融合。

所以，以前孤立的服务、产品和品牌被相关商业生态系统的参与者整合其中。许多公司，包括行业领先的公司早晚会面对这一全球现象。它们届时无从选择，只能尝试适应上面的范式转换的新方法。不然，它们将面对的风险是，即便是核心的业务也会被"新"竞争对手打败。

参与或开发商业生态系统的机会往往大过风险。但要在这样的增长道路上取得成功，需要投资、良好的管理结构和新的思维方式。

许多决策者因此自问：

公司拥有哪些能力、产品和客户界面，并且如何在已知的行业边界和结构之外使用它们？

简而言之：我们是谁？公司在生态系统运作中可以扮演什么角色？

在生态系统中思考对大多数决策者而言是陌生的。目前来看，他们过于关注自己过去的成就，而非他们所服务的客户真正的需求，客户体验仅限于产品功能。

如今，产品和整个平台都融入了更大的生态系统。支付解决方案的数字化供应商提供了汽车共享；百货商店开启了它们和电子商务巨头合作的大门；保险公司不再只看到人们的财务和身体健康，而是进入不同的领域，包括心理健康；汽车制造商成为共享汽车领域的协调者和微型交通的供应商。所有这些都清楚地表明，参与者越来越多地寻求跨行业的市场机会，以满足新的或者变化中的客户需求。

市场中进步的参与者已经意识到，这需要巨大的机会和增长选择，同时需要协调和合作，来为客户创造新的价值。

将商业生态系统举措整合到公司战略中

过去的 70 年中，公司战略的定义经历了多个阶段，反映了从传统的"计划和执行"方法到"蓝海"和"价值迁移"运动的影响。它们的共同点是战略的线性发展。基于远大目标和全面的市场竞争分析，各个业务部门从中得到详细的实施计划和衡量标准。将这个过程和规划周期用于商业生态系统战略定义的人将很快触及其极限，因为速度、共同进化和框架条件更加动态。我们根据经验已知，这些因素致使传统的计划变得多余。

生态系统目标图景的开发需要一个实验程序，以使价值主张能够与生态系统中的其他参与者一同被推进，同时根据参与者的需求调整价值链，追求数据驱动的创新。

初始的来自迭代和敏捷方法的高保真原型构成了商业生态系统的基础。从客户需求开始，开发、测试初始原型，并通过迭代逐步改进。譬如，愿景原型旨在发挥商业生态系统设计团队的想象力，在定义 MVP 要求之前，实现服务、产品或商业模式的愿景。

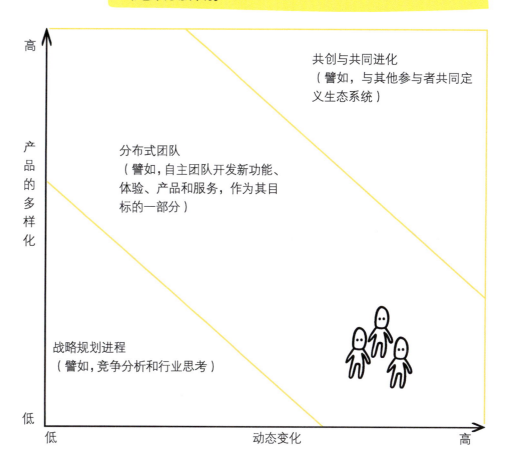

相比于传统方法，不可避免的是，生态系统方法的活动领域是从竞争对手分析中获得的。然而，由于没有考虑客户需求，也没有与系统中其他参与者一起制定共同支持的价值主张，因此成功通常无法实现。

高

产品的多样化

低

共创与共同进化
（譬如，与其他参与者共同定义生态系统）

分布式团队
（譬如，自主团队开发新功能、体验、产品和服务，作为其目标的一部分）

战略规划进程
（譬如，竞争分析和行业思考）

低　　　　　动态变化　　　　　高

由于在商业生态系统中增长战略定义的起点都是不同的，因此主要的假设应当是：

客户想要什么

- 客户的深层需求和愿望是什么？
- 客户想要解决的问题是什么？
- 客户想要完成的任务是什么？

如果"战略工作"以客户为起点，必须先深度理解潜在客户，再开始思考商业生态系统。设计思维方式在这里十分有用，因为它帮助我们在开发满足客户需求的解决方案的过程中通过迭代的方法实现成功。

设计思维中的最终原型和关键因素满足MVP的要求。一个或多个MVP构成了设计商业生态系统的基础。根据问题陈述，有必要考虑是否应该与潜在合作伙伴一起开发初始原型，或者是否只有确定MVP的要求后才能对外开放，又或者基于生态系统考虑，是否应该在项目后期使用初始MVP并让其他参与者参与其中。

在公司的实践中，往往只有精挑细选的合作伙伴才能参与第一阶段。在MVP完成之后开放系统，这是因为更高的成熟度为决策者和设计团队提供了更多关于潜在解决方案的确定性。

后面会更加深入地研究通过"设计镜头"和每个阶段的典型任务的迭代过程。

这种对公司战略整合的尝试是有意义的，因为在选择战略选项时出现的问题十分典型。另外，"生态系统运作"选项与其他战略选项之间相互竞争。应用"增长与规模化问题框架"产生了"生态系统运作与取胜配置框架"的内容。目标是将大家都知道的战略工具与迭代方法结合起来。对生态系统设计的专家来说，使用设计镜头就足够了，因为他们的目标是设计一个超越熟知目标市场概念的卓越系统。

从客户角度思考

增长与规模化问题框架

新的思维方式、工作方法和敏捷工具有助于实现初始原型和MVP，以使我们在开始设计生态系统时能够为客户带来独特的价值主张。

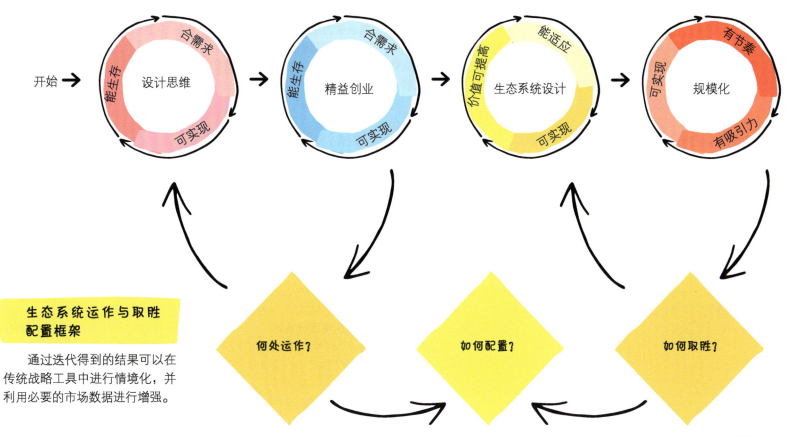

生态系统运作与取胜配置框架

通过迭代得到的结果可以在传统战略工具中进行情境化，并利用必要的市场数据进行增强。

战略文档

为了持续记录设计镜头和一般战略问题的结果，建议使用"生态系统战略画布"，它处理"何处运作""如何配置""如何取胜"的问题。从客户需求到治理，再到规模化活动，画布帮助捕捉所有必要的元素。

一个好的出发点是运用现有资源和工具进行内外部分析。此处的重点是在 PESTLE 分析中进行实际分析、初步拟定主题及抓取更广泛的背景。虽然这些前期工作都很有价值，但它们不能取代第一个设计镜头，即设计思维。应将进行的研究视为一个补充元素；它可以帮助全面理解问题和情况，以及验证尚不明晰的初步假设。在初期与项目发起人一同准备和创建设计原则，这有利于战略和设计工作。设计原则是团队的纲领，它可以提供有关待解决问题的快速引导，以及帮助进行下一步的决策。这些原则可在特定的生态系统发起中制定，或者被定义为生态系统项目的标准内容。

"生态系统战略画布"的首要任务是记录不同设计镜头所引导的活动。每个设计镜头中的迭代，都会带来对客户需求、功能、商业模式和价值流的新洞察。通过这种方式，战略画布将以动态和进化的方式发展。在实现之后，因素也会发生变化，因此更重要的是不要忽略生态系统更大的目标图景。

典型活动

何处运作？　　如何配置？　　如何取胜？

战略设计关键问题

价值主张

- 提供什么产品、服务或体验?
- 谁是目标客户?
- 客户如何从产品、服务或体验中获益?
- 是什么使我们的产品 / 服务与众不同?

如何配置?

- 在商业生态系统中扮演什么角色?
- 在信息技术、数据、基础设施、人工智能和应用程序界面等方面需要什么能力?
- 要验证的 MVP、MMF 有哪些?
- 产品和服务的待办事项有哪些?
- 治理是如何组织的?
- 基于商业生态系统构建及其增长的考虑,应选择什么样的组织架构?

运作

配置

取胜

何处运作?

- 待解决的客户问题是什么? 生态系统覆盖了哪些主题域?
- 目标生态系统有哪些影响 (地区、国家、国际) ?
- 哪些已有技能、技术、产品和服务被用于商业生态系统?

如何取胜?

- 生态系统的愿景是什么?
- 生态系统的商业模式是什么?
- 其他参与者有什么机会实施他们所熟悉的或新的商业模式?
- 系统如何呈指数级增长?
- 未来的增长需要哪些技能、技术、产品和服务?

生态系统战略画布

何处运作?	如何配置?		如何取胜?

主题域及环境分析

如何描述主题域?

影响主题域的环境因素有什么?

价值主张

交付物对客户有什么价值?

客户得到了什么产品、服务或体验?

其他参与者可以交付什么价值主张?

生态系统愿景

愿景是什么?

目标是什么?

客户需求 / 客户问题

问题在哪?

现在怎么解决的?

谁有需求?

信息技术、数据、基础设施、人工智能能力

已有什么技能和能力?

需要扩展什么技能和能力?

其他参与者和供应商的什么技能和能力对商业生态系统有利?

在商业生态系统中的参与者

系统中有哪些参与者?

参与者在其中扮演什么角色?

生态系统的商业模式

生态系统如何赚钱?

商业模式的多维视角

生态系统中的其他参与者如何赚钱?

客户界面、客户关系

客户通过什么渠道获得服务?

与客户的关系是什么?

MVP、MMF、产品和服务待办事项

应优先处理什么功能和体验?

什么产品、服务和体验会随着时间推移而完善并补充价值主张?

组织设计治理

应如何进行组织设置、运营和增长?

如何进行治理?谁来负责?

增长与规模化

如何实现规模化?

需要什么新技能?

如何为增长融资?

现有伙伴关系、技术与战略

可以使用哪些现有的伙伴关系?

可以使用哪些现有技术?

已知和可见的市场机会有哪些?

开发

探索

新伙伴关系、技术与战略

所需的新伙伴关系有哪些?

所需的新技术有哪些?

可探索的未知市场机会有哪些?

生态系统设计画布

第 246 页

模板下载

从设计镜头中输入

设计思维画布

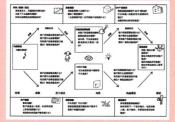

第 188 页

指数级增长和规模化画布

第 272 页

何处运作？	如何配置？		如何取胜？
主题域及环境分析	价值主张		生态系统愿景
客户需求 / 客户问题	信息技术、数据、基础设施、人工智能能力	在商业生态系统中的参与者	生态系统的商业模式
			商业模式的多维视角
客户界面、客户关系	MVP、MMF、产品和服务待办事项	组织设计治理	增长与规模化
现有伙伴关系、技术与战略	开发 探索		新伙伴关系、技术与战略

精益创业画布

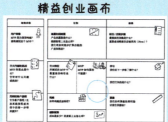

第 210 页

生态系统战略画布有助于捕捉单个战略分析文档中设计镜头的结果。

工具下载

设计原则

　　设计原则帮助商业生态系统设计团队获得陈述清晰的特定生态设计系统的指南。特别是在跨公司边界（共创）的合作中，共同开发这些原则以及让跨公司团队一起接受这些原则是有意义的。应针对特定目的制定原则，并根据项目进行调整。这些原则对跨边界、复杂和网络化系统的战略有很大帮助。

能帮到商业生态系统设计团队的设计原则：

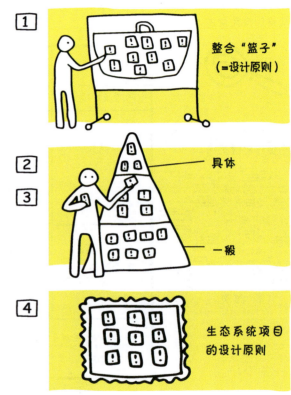

- 在项目开始时尽早聚焦在特定的思维方式或生态系统需求或主题域上。
- 为团队提供对任务的统一理解，以便成员同步工作。
- 提供指导，让商业生态系统设计团队能够更快地进行决策。
- 定义应优先处理的一般特征。
- 开发指南以确保未来生态系统项目以相同的总体原则为基础。

程序和模板

1. 邀请所有参与者在帖子上写下设计原则，并将其放入"篮子"中。
2. "篮子"一旦装满，就按照金字塔形对设计原则进行排序。例如，将设计原则分为三类，按照一定规则排序：越靠近金字塔顶部，设计原则越具体。商业生态系统设计的一般原则在金字塔的底部。
3. 一旦设计原则的任务完成了，就要进行投票。投票的目的是将设计原则减少到每类最多 3 条，即每个金字塔最多 9 条原则。
4. 最好是把被选出的和接受的设计原则放在商业生态系统团队能经常看得到的地方和能够快速访问的地方。

整合"篮子"
（＝设计原则）

具体

一般

生态系统项目
的设计原则

工具下载

要点！

　　关注点应该首先放在基于相应设计镜头进行商业生态系统的开发上。

　　为了纳入传统的战略发展框架，建议调整相关方法和程序模型，以便满足以客户为中心的商业增长设计思维的要求。

　　系统的迭代开发与传统战略框架中的情境化相结合，可作为战略选项来沟通和评估商业生态系统。

何处运作

生态系统：与公司和环境有关的<u>典型问题</u>

由于与商业生态系统相关的工作对于许多公司来说是全新的领域，因此对现有战略、能力和合作伙伴关系的盘点是开始考虑生态系统的标志（与自己公司及环境有关的问题）。这个实际的清单确实值得称赞，因为其有助于在一个或多个生态系统的未来目标图景中，与现有提案或伙伴关系相协调。

此外，就主题域和商业生态系统的配置而言，总会有各种选择。大多数公司未来将在不同的商业生态系统中运营，在这些生态系统中，它们承担不同的角色（如发起者、协调者或参与者）。经典的战略工具，如 PESTLE 分析或"游戏权力/取胜方法"有助于将商业生态系统项目的战略选项情境化，从而使决策者和管理部门能够进行访问。

与自己公司有关的典型问题

- 公司的优势和劣势是什么（SWOT 分析）？
- 公司当前的核心业务是什么？
- 公司现有的技能和能力是什么？
- 公司当前的市场角色是什么？在不扩展自身业务的情况下，公司可以承担什么市场角色？公司未来的市场角色是什么？
- 客户和交易数据的价值有多高？
- 公司可以提供何种数据？如果想全面了解客户，需要什么样的数据？
- 决策者对参与商业系统的开放态度有多强？
- 员工是否有能力思考商业生态系统结构、商业模式和价值流？
- 与其他公司之间是否存在可利用的业务关系、伙伴关系或共享网络？这些是什么公司？
- 哪些功能、表现形式和举措已经到位或正在实施中，可以对特定的生态系统主题产生影响？

构建或参与商业生态系统是一个战略选项，也是一个影响商业模式和未来技术决策的重要因素。

能力要求——从生态系统实施决策到（指数级）增长实现

塑造商业生态系统需要广泛的能力和技能。理解客户需求这一项，就包括与其他公司一起实现初始原型并在 MVE 中进行测试的能力。作为生态系统的参与者，需要其具备在生态系统中思考的能力、在系统中扮演新角色的能力，以及为与其他参与者建立联系而创造技术先决条件的能力。

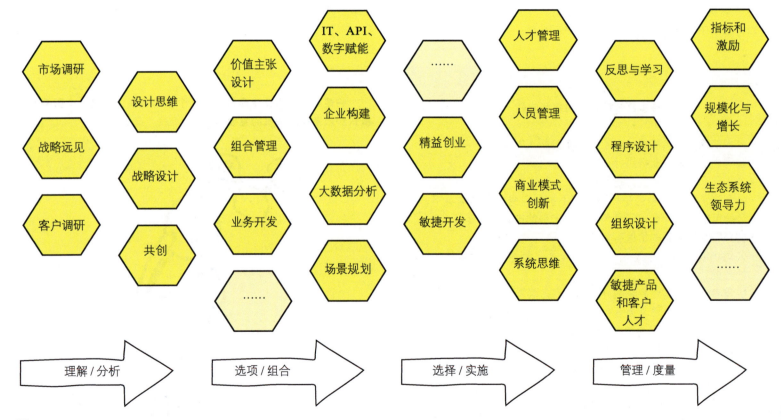

市场调研　设计思维　价值主张设计　IT、API、数字赋能　人才管理　反思与学习　指标和激励

战略远见　战略设计　组合管理　企业构建　……　人员管理　程序设计　规模化与增长

客户调研　共创　业务开发　大数据分析　精益创业　商业模式创新　组织设计　生态系统领导力

……　场景规划　敏捷开发　系统思维　敏捷产品和客户人才　……

理解 / 分析　　选项 / 组合　　选择 / 实施　　管理 / 度量

举措／行业矩阵

由于运作商业生态系统是件困难的事，最好先对已实施的和计划中的举措进行归总。因此，查看已有的内部举措或资源是生态系统构建的起点。举措／行业矩阵有助于对已有活动进行分类，并更好地了解实际情况。

举措／行业矩阵帮助商业生态系统设计团队：
- 列出未来规划了哪些其他战略举措。
- 将应当推出的新产品和服务纳入讨论中。
- 确定哪些项目、产品或举措要被纳入个别的次级市场、其他地区或国家的计划。

程序和模板
1. 全公司所有举措应当由负责人记录下来，如果举办了研讨会，则由来自不同部门的参与者记录下来。
2. 将举措加入矩阵中。轴可以基于公司及其关注点设置。*X* 轴用来标记通用标签（功能／表现／举措），范围包括本行业或跨行业。

功能
表现
举措

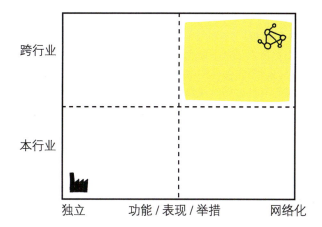

跨行业

本行业

独立　　　功能／表现／举措　　　网络化

已具有网络化和跨行业特征的举措尤其引人注目。

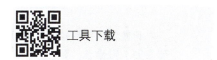
工具下载

113

合作／行业矩阵

　　另一个常被选为起点的是检视现有的伙伴关系和合作项目。在许多个案中，公司甚至不知晓有可能为商业生态系统设计提供快速的客户访问、数据或技术的长期存在的合作关系。

合作／行业矩阵帮助商业生态系统设计团队：
- 分析与其他公司的合作关系和联系。
- 确定与同行业、相关行业或行业外部的其他公司的关系。
- 识别哪些技能和能力存在于已有的伙伴网络中。
- 检查是否有合适的供应商，如在伙伴关系中或业务关系中。

程序和模板
1. 由负责人记录下所有的合作项目、供应商关系和伙伴关系。如果举办了研讨会，则由不同部门的参与者记录下来。
2. 将与其他公司的关系加入矩阵中。轴可以基于公司及其关注点设置。X 轴用来标记通用标签（聚焦／多样化），范围包括本行业或跨行业（就像前一页展示的一样）。

■ 伙伴关系

■ 合作

■ 供应商

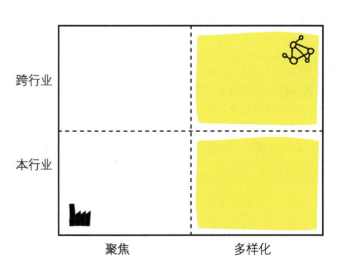

跨行业

本行业

聚焦　　　　多样化

有些伙伴关系和合作项目使用"开发"（矩阵左侧）更恰当，而其他一些则旨在推动行业和所提供产品／服务的多样化。

工具下载

生态系统：与公司和环境有关的典型问题

关于公司环境的许多问题常常作为公司战略持续定义的一部分被提出和评估。由于传统的战略练习通常是僵化的，并且只考虑自己熟悉的行业维度，因此建议系统地利用设计镜头中的所有信息来制定战略。这样可以避免考虑的要素只局限于企业联盟或单个企业以实现目标为目的的收购。

对于 PESTLE 分析等工具的使用，明智的做法是使问题适应商业生态系统的要求。总体而言，公司有多种选择来确定自己在新的生态系统中的定位，但它们可能回到不断争取谈判权的老路上来。客户需求、现有能力和对新的颠覆性商业模式的需求必须占据中心地位。在构建生态系统时，区分地区和国家的现有界限将被抛弃，因为许多数字服务和体验是没有这种界限的。

与环境有关的典型问题

- 哪个商业生态系统在当地出现？哪个在全球范围出现？
- 各个行业的开发是什么样的？在跨行业的结构中新的价值创造发生在何处？
- 商业生态系统中其他的行业在做什么？公司提供的服务、产品或数据如何在各自的系统中创造附加价值？
- 一个行业／部门在相应的生态系统中有多大？其在整合网络经济中的渗透率有多高？
- 各个系统的增长潜力有多大？
- 本地竞争对手和国际竞争对手在多大程度上开始构建或参与商业生态系统？

构建或参与商业生态系统是一个战略选项，也是一个影响商业模式和未来技术决策的重要因素。

生态系统主题域地图

商业生态系统的不同主题域的地图可以用于呈现特定地区的生态系统，包括参与其中的公司，或者可以用于制作一份清单，找出谁是发起者或协调者。这种主题域地图也有助于以后讨论生态系统时进行不同的选择。通常，地图用于表示与客户需求相关的各个行业、能力和生态系统领域。当使用这个视觉化工具时，维度应当始终根据目标对象及生态系统战略进行调整，否则地图很快会变得混乱。

生态系统／主题域地图帮助商业生态系统设计团队：

- 视觉化呈现一个商业生态系统的当前状态。
- 探索一个或多个商业生态系统中参与者的关系和相关的参与情况。
- 通过不同维度和潜在参与者梳理、讨论计划的价值主张。

程序和模板设计原则

1. 可以从那些以商业生态系统发起者身份出现的公司开始，并将其活动、主题和联系呈现给其他参与者。
2. 可以查看特定主题域需要哪些技能和能力，然后在地图中描绘出来。对客户需求的探索或者对商业系统的（再）设计能够为地图提供更多的输入。

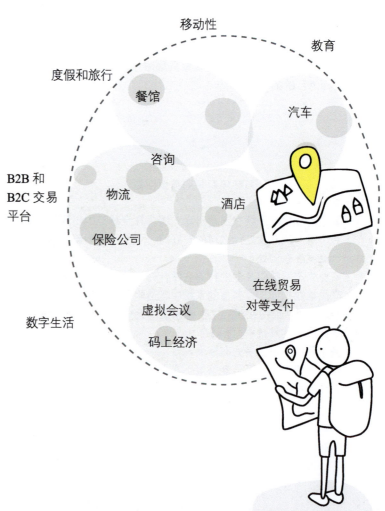

工具

不同生态系统选项基于主题域的分类

	日常事务	教育	财富和安全	健康	住房	度假和旅行	猎奇经历	交易平台	支付/交易	数字生活	……
日常事务											
汽车											
银行			🟨								
施工/建筑											
咨询											
教育		🟥									
化学											
IT/数字平台											
能源											
保险			🟧								
研究				🟥							
健康医疗/制药					🟥						
房地产											
工业											
艺术/文化			🟥								
机械工程											
媒体											
农业											
法律											
税务咨询											
电信											
旅游/餐饮											
运输/交通/物流											

主题域矩阵

 发起者

 协调者

 战略举措

 工具下载

以客户为中心的生态系统主题域分析

如果已经对现有的生态系统举措有了很好的了解，并且认识到客户有新的或变化的需求是必不可少的，那么主题域的探索就可以从"假如……"的问题开始。最大的市场机会是设计和实施一个能适应自己公司能力、实现共同创造和满足大量潜在客户需求的生态系统。探索的起点可以是基本的需求，如能源、食物和水，也可以是更为复杂的需求，如对某个社群的归属感，或者最大限度地开发自己的潜力。假如这些体验、功能或产品是通过参与者和技能组合而实现的呢？会出现什么系统？

生态系统／主题域地图帮助商业生态系统设计团队：

• 从基本需求开始，粗略列出新主题。
• 摒弃现有的行业边界。
• 通过最初一轮构思启动创意过程。
• 思考全面解决方案而不是专注于单个功能、产品或服务方案。
• 创建迄今为止尚未通过对现有生态系统的纯粹分析而确定的新主题域。

包含"假如"问题的程序

1. 步骤：当前的需求是什么？
首要问题是"当前的需求是什么"，它能审视现状和当前的情况。"假如……"的问题应当基于当前的可靠评估和共情理解，探索潜在的主题域。

2. 步骤：假如……
"假如……"这个问题能够自然而然地产生想法。它能直接指向商业生态系统的潜在主题域。

这种提问技巧有助于有意识地跳出思维窠臼。

3. 步骤：何处可能创造出客户的"哇哦"？
基于主题的最初想法，可以做出相应假设，这些假设将在设计思维过程中被审视。

4. 步骤：什么有效？
最后一个问题往往通过设计镜头在迭代的过程中得到解答，并通过客户的反馈得到验证。

假如我们的潜在客户······

······有食物和洁净空气、水和能源?

资源

健康

······是健康的?

······有能力完全开发自己的潜能?

个人成长

空间

······有安全的场所/家?

······有能力实现自己的愿望或创造独特的事物?

实干家

偏好

······有同样的机会?

······属于某个他们受到欢迎的地方?

社群

移动

······有能力在任何时候很容易地从 A 地前往 B 地?

······有能力根据自己的意愿或忙碌或放松?

闲暇

······

PESTLE

PESTLE分析的结果往往被用作其他商业管理工具的信息输入，如 SWOT 分析、SOAR 分析、商业模式设计风险评估，或者正如我们在本书中所做的，作为商业生态系统战略环境的基础。

PESTLE 这个框架有许多不同的变体，可以检验不同行业的不同外部因素的组合，如 PEST、STEEPLE、STEER 和 STEEP。标准的 PESTLE 分析被用作商业生态系统考量和调整的基础。

政治（Political）

政治或由政治驱动的要素，可能对项目产生影响。

例如：
政府政策、政治稳定性或不稳定性、官僚主义、腐败、外贸政策、税务政策、贸易限制、劳工法律、环境法律、版权和消费者法律、公平竞争法规、补贴和筹资举措。

典型问题：
- 哪些政府政策或政治集团可能对生态系统的成功有益或有害？
- 政治环境是否稳定或者有可能发生变化？

经济（Economic）

宏观经济有可能影响项目。

例如：
经济趋势、增长率、行业增长、季节性因素、税收、通货膨胀、利率、国际汇率、国际贸易、劳务成本、可支配收入、失业率、贷款可用性、货币政策、原材料成本。

典型问题：
- 哪些经济因素会影响我们未来的进展？
- 生态系统是否会被当前经济状况影响？
- 相近行业或生态系统中的变化如何影响定价、收入和成本？

社会（Social）

在社会方面，态度和趋势会影响公司的业务或者商业生态系统及目标市场。

例如：
对于诸如健康、工作、休闲、金钱、客户服务、进口、宗教、文化禁忌、环境的态度或者共同信念；人口增长和人口统计、家庭规模/结构、移民/迁徙、生活方式。

典型问题：
- 消费者的价值观和观念如何影响其购买行为？
- 人类行为和文化趋势在商业生态系统中扮演什么角色？
- 客户需求如何变化？

PESTLE 分析帮助商业生态系统团队：
- 更好地理解公司自身的市场和商业定位，进行战略规划和市场研究。
- 找到主题域或生态系统战略，以及设计生态系统的方法。
- 了解可能影响生态系统计划的外部因素。
- 做出更明确、更明智的决定。
- 为管理层绘制决策文件。

程序和模板设计原则：
- 为每个维度提出与政治、经济、社会、技术、法律和环境有关的典型问题。
- 答案有助于在项目早期阶段探索任何风险和机会。
- PESTLE 分析的结果应向所有与生态系统设计及定义生态系统战略的相关团队开放。

技术（Technological）	法律（Legal）	环境（Environmental）
技术对产品和服务的制造、销售、规模化和流通有影响。	影响生态系统当前和未来的法律法规要求。	环境影响生态系统、提供的服务、所使用的自然资源。
例如： 技术与通信基础设施、购买技术的接口、新技术、自动化、科技法律、研究与创新；知识产权法规、竞争者技术开发。	**例如：** 消费者保护、工作、健康和安全、反垄断、知识产权、数据保护、税务和歧视领域的法律；国际和国内贸易法规与限制、广告法、产品标签和安全标准。	**例如：** 天气、气候变化、碳足迹、环境要求、环境法律与目标、回收和废品处理政策、濒危物种、可再生能源支持。
典型问题： • 有哪些可利用或在未来可利用的创新和技术进步？ • 它们会怎样影响生态系统的设计、管理和规模化？	**典型问题：** • 合需求的价值主张和新的商业模式（如在数据方面）适用哪些法律法规？ • 它们会有助于项目还是阻碍项目？ • 是否了解商业生态系统运作中各个方面的相关法律法规？	**典型问题：** • 物理环境如何影响生态系统，或者生态系统如何影响物理环境？ • 气候、天气或地理位置会产生什么影响？

 工具下载

在生态系统中思考环境分析 2.0

当使用传统战略工作方法中的工具时，需要一种新的思维方式，并运用合适的模型。

特别是，公司及其环境之间的关系由于商业生态系统被塑造的方式的不同而有变化。服务的多样性不囿于行业惯例。商业生态系统与已知的环境分析、行业分析和竞争分析相比更为开放、多样和多维。

在自己所在的行业之外思考

应用生态系统思维

维度	分析环境因素的传统方法	以生态系统设计思维分析环境因素的模式
环境分析的作用	作为战略决策基础的分析	实现新价值主张和价值流的设计原则基础
环境分析的本质	假设事实	作为在不同设计镜头中探索的一部分（如 MVE）
公司、生态系统和环境之间的关系	公司寻求对环境因素的适当适应	发起者 / 协调者选择或塑造最终起决定因素的环境：商业生态系统
形成分析的关键因素	行业 / 产业视角	生态系统思考方式
服务交付的差异	以行业为中心	与其他参与者一起，无论它们是否属于同一行业

要点！

　　对自身能力、现有生态系统以及其他公司及其举措和现有伙伴关系的实际分析有助于更好地了解环境和内部能力。

　　特别是，由于商业生态系统可以被塑造，而环境不必被接受，因此公司与环境的关系有所不同。

　　如果没有对客户需求、活动和战略的反复探索，纯粹的分析不会带来成功。

　　对于配置良好的生态系统，两个维度都是必要的：何处运作，以及如何取胜。

何处运作？

如何配置？

如何取胜？

如何取胜和配置

商业生态系统的竞争大环境

当今企业的现实表明，"开发"和"探索"的整合往往都运用在商业生态系统的举措中。这意味着公司依靠现有的技术与能力，以及与核心业务和现有商业模式有关的活动而运作。这些是它们作为参与者参与生态系统可以带来的。新的收入来源可以通过此种方式或更大的市场范围获得。最终，将公司竞争力放在更为广泛的基础上并利用现有的商业模式是有帮助的。通常，这种考虑导致生态系统的初始化仅用于线性增长，但这是因为占据中心位置的不是生态系统、乘数和其他参与者，而是将一个公司的商业模式转移到了商业生态系统中。

作为替代方案，公司可以因其独特价值主张和商业模式的新配置（包括合作伙伴的商业模式），创建具有探索性的新系统。如果能正确配置，这些生态系统有可能成为有效的"黑海"战略。优势来自商业模式设计，例如，对参与者保持使之参与其中的吸引力。系统中的参与者所使用的基本商业模式及所有其他商业模式的吸引力，超越了人们熟悉的由价格、技术、客户准入或市场知名品牌影响力带来的吸引力。这种生态系统往往以"绿地方法"的形式出现，与传统的公司结构和思维方式相去甚远。对运用"探索"来发起新商业生态系统的公司来说，指数级增长的前景是好的，因为决定结果的是生态系统，而非既定的产品、服务和商业模式。在不同的举措中所获得的经验有助于记录在"首次商业增长"中有效的动作。如果可以良好运作并适应新情况，则举措可以不断重复。如若不能，则举措需要不断改进！以往的失败推动了按计划运作和即兴发挥的交替转换。这种模式可以用于商业生态系统设计。

有数不清的方法可以为生态系统贡献现有能力，经过再设计的商业生态系统可以把完全不同的价值主张规模化和货币化。

触地得分

何处运作／如何取胜矩阵

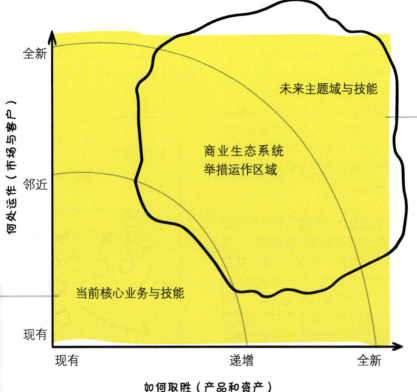

何处运作（市场与客户）

- 全新
- 邻近
- 现有

未来主题域与技能

商业生态系统
举措运作区域

当前核心业务与技能

如何取胜（产品和资产）

- 现有
- 递增
- 全新

探索

未知的市场机会⋯⋯
由于客户需求而探索或必须与其他参
与者一同开发

- 设计新的生态系统
- 指数级增长机会
- 有风险的

开发

已知和明显的市场机会⋯⋯
可被计划与追踪

- 运用现有技能和能力
- 关注安全
- 可预见的

依靠"开发"并坚持现有重心的公司难以实现指数级增长。它们通过生态系统最多可实现两倍的增长。传统公司中有形资本和人力资本占比通常很高。这两种资本都难以实现更大的利润和发掘新的市场机会。与之相比，了解生态系统资本重要性的公司，包括与系统中所有参与者互动，并通过商业模式的多维视角创造双赢局面，则有机会实现指数级增长。西蒙·托兰斯（2018）的研究发现，这些公司的投资回报率往往超过20%，利润率可超过40%，市销率可达到10。除了拥有大量智力资本的行业（如生物科技、软件供应商），传统行业远远低于这些数字。譬如，银行业的投资回报率往往为1.5%，利润率为7%~8%，市销率为1.5。保险公司的状况与之相似。传统零售业利润率为5%~6%，投资回报率接近3%，市销率能达到1就是很好的表现了。

亚马逊这类生态系统的参与者越来越多地运用生态系统资本杠杆作为已有商业模式组合的补充。中国平安（原本是传统的保险公司）在生态系统中作为协调者已有十年。目前许多成功的生态系统参与者追求"探索"与"开发"的平衡组合。在此可观察到知识资本和生态系统资本的稳步发展与扩张，正如中国平安的增长图示意的那样。示例可见第307页。

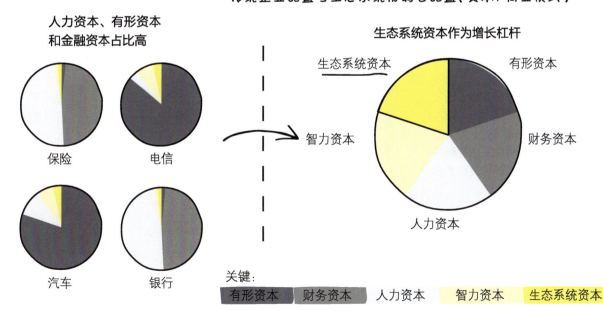

传统企业配置与生态系统协调者配置（资本／商业模式）

人力资本、有形资本和金融资本占比高

保险　电信

汽车　银行

生态系统资本作为增长杠杆

生态系统资本　有形资本

智力资本

财务资本

人力资本

关键：　有形资本　财务资本　人力资本　智力资本　生态系统资本

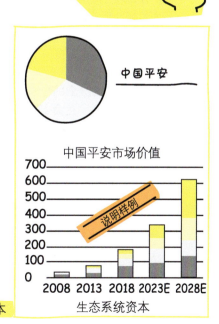

示例

中国平安

中国平安市场价值

说明样例

2008　2013　2018　2023E　2028E
生态系统资本

对于商业生态系统战略的分类，没有既定的或标准的模式。基于对不同举措的观察，可以得出一些模式，这些模式可能通过几个维度呈现。由此，一些战略表现可被典型化，如"活跃的参与者""专注的挑战者""受信任的生命周期参与者"。这些变体将从第 142 页开始细述。

反思公司当前的处境，以及它们如何向生态系统的参与者、整合者或协调者 S 形发展，也很有趣。许多公司目前仍在忙于应对数字化转型，尽管近年来向这个宏伟目标迈进的步伐有所提速。作为这一转型的一部分，公司已经推出了改善客户界面、运用大数据分析，并加强与科技初创企业合作的各种举措。这为通过 API 在数字市场建立公司或整合更全面的客户数据（包括来自外部供应商的数据）提供了良好的基础。

与科技初创企业的合作被视为一个实验和学习的过程。通常，公司接下来会在"生命周期方法"中扮演解决方案集成者 / 整合者的角色。这里的重点是公司合作伙伴提供的服务的整合或集成，通常采取为各自的产品系列提供数字市场 / 平台的形式。公司越来越依赖"开发"方法。从那里开始，公司正在冒险进入全新的生态系统计划。绿地方法的优势在于，工作自始至终围绕新的价值主张，而现有的商业模式、产品和服务仍在后台保留。

作为另一种选择，公司可以直接成为商业生态系统的发起者或协调者。通常情况下，这种激进的方法只有那些在精神上完成并内化了所有思维转变的公司和商业领袖才会采取。

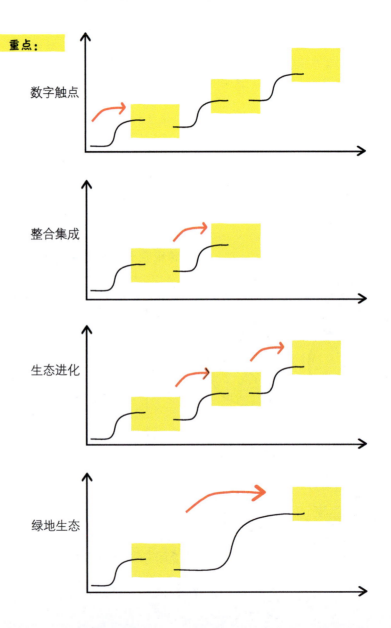

重点：

数字触点

整合集成

生态进化

绿地生态

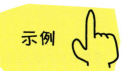
示例

以客户为中心的开放生态系统

以公司为中心的封闭生态系统

战略重点是"数字化转型"与"数字化渠道扩张"的传统公司

战略重点是在"生命周期进程"中扮演解决方案整合者/集成者角色的生态系统参与者

生态系统参与者，例如，基于新技术的绿地方法，把战略重点放在作为生态系统发起者和协调者的角色

低

中

高

- 专注于改进数字化客户交互界面
- 在大数据分析领域先行
- 发起创新生态系统并与之交互

- 专注于整合或集成商业合作伙伴提供的服务
- 为产品提供数字市场/平台
- 使用包含直接和间接价值流的新商业模式

- 扮演商业生态系统协调者的角色
- 运用最先进的信息技术
- 定义多重价值流和商业模式选项
- 具有更多数据货币化选项的数据驱动的服务和产品开发

开放并选择不同生态系统角色将影响各自商业模式及相关的结果。同时，存在许多可能性和表现形式，它们可能因商业生态系统不同而存在差异。资源、技能、组织和价值主张的结果如表所示。

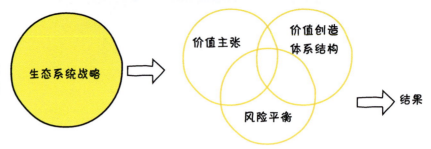

选择	示例	可能的结果
客户交互	• 提出新的客户群 / 细分 • 使用价格歧视方法 • 通过物理的、多维度的或 100% 数字化渠道的客户交互方式	• 竞争强度 • 客户细分类型 • 触点数量、用户体验设计
客户界面、客户关系	• 定义每个细分市场产品的广度和深度 • 去中心化的、中心辐射式的或点对点的支持和客户关系	• 自动化可能性 • 专家专有技术 • 物理的和数字状态
IT、数据、基础设施、AI 方面的能力	• 使用低战略重要性的资源 • 技术自研	• 劳动力市场资源的可用性 • 不需要技术开发合作伙伴
商业生态系统中的角色	• 发起者的角色 • 协调者的角色 • 执行特殊或一般任务的参与者	• 给原型和 MVP 的预投资金额 • 对于增长的责任程度 • 开放、适应和技能供给的程度
产品和服务组合	• 提供广泛而深入的产品 / 全方位服务 • 特定产品或现有产品的增强	• 系统中不同参与者的数量 • 协调的复杂程度 • 满足单个或多种客户需求
组织设计	• 与新参与者交互 / 共创 • 直接营销 / 捆绑	• 与利益相关者的议价能力 • 不需要分销商
竞争战略	• 持续实施红海战略 • 通过蓝海战略实现差异化 • 实施具有独特价值主张的黑海战略	• 差异化程度 • 增长机会 • 当前和未来创新的激进程度

"生态系统运作和取胜配置框架"中战略选项的情境化

如前所述，战略工作中的问题，以及所谓的选择层级可用作讨论备选方案的基础，从而使决策者更易于基于生态系统进行不同行动领域的评估。一个可用的工具是广为人知的由 A.G. 雷富礼（A.G.Lafley）和罗杰·马丁（Roger Martin）提出的"为赢而战"战略方法论。这个框架以许多互相关联的问题作为基础，能够根据示例中所示的生态系统举措进行调整。

包括各种选项的协调与整合方法的战略

胜利期待：
生态系统的目的是获得成功，这也是所有参与者的动机和期望。

何处运作：
可以实现目标的主题域。

如何取胜：
在所选主题域中能够取胜的方法。

核心能力：
实现所选目标图景所需的能力与专业知识。

管理系统：
使拓展现有能力、构建新能力和实现优先目标图景成为可能。

如何配置：
增加对生态系统中的角色的理解，包括构建客户交互和提供服务。

生态系统运作架构

工具

定义市场机会、市场领域和客户需求	定义能力、角色和治理	定义程序、战术和战略

主题域及环境分析　　　　　　能力　　　　　　生态系统愿景　　　　　　指数级增长

何处运作?

客户需求　　客户交互
客户关系　　价值主张

如何配置?

战略重点
客户交互
客户关系
能力技巧（如 IT、数据）
产品与服务组合
组织设计
竞争战略
角色

如何取胜?

产品与服务组合
在商业生态系统中的角色
组织设计；治理
商业模式多维视角

开发	现有伙伴关系、举措、技术与战略	新伙伴关系、举措、技术与战略	探索

生态系统配置框架

从"何处运作"到"如何取胜及配置"

应当为每个生态系统单独开发"如何配置"的各维度。以下几页介绍的表现形式可以作为示例和说明。第 142~145 页展示了从公司角度出发（按照上面的标准）所看到的商业生态系统配置。

生态系统配置矩阵帮助商业生态系统设计团队：

- 实施关键的商业生态系统配置。
- 开发与举措和角色匹配的配置（如发起者或活跃的参与者）。
- 从战略重点到客户交互，再到组织设计，解决对成功至关重要的因素。
- 准确描绘配置要素，以明确意图和实现目标。

程序和模板设计原则

1. 来自对市场机会、市场领域和相关客户需求（何处运作）的定义有助于构思配置。
2. 配置与实际的项目定义、被选取的战术与战略关系紧密。
3. 配置应该包含完成以下操作所需的所有元素：逐步实现生态系统愿景；选择和描述的维度与表现形式符合该举措。

工具

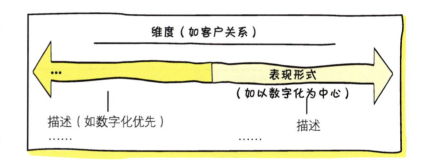

应当选择维度和表现形式以匹配商业生态系统的重点。

工具下载

133

示例

如何取胜和配置：<u>战略重点</u>

　　许多老牌公司在战略上寻求"开发"和"探索"的平衡，以及在这些维度上参与或者发起商业生态系统。"探索"路径对于构建具有独特价值主张的新生态系统所需的方法和思维来说更为适宜；生态系统举措及"开发"性质的参与则倾向于通过额外的渠道或市场来实现产品和服务的营销目标。第 50 页的表格比较了开发与探索路径。

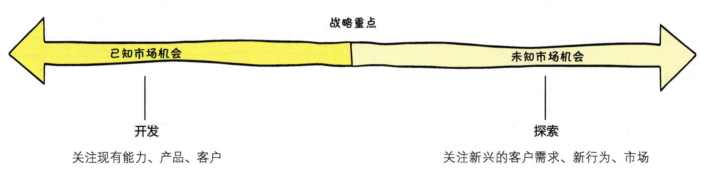

战略重点

已知市场机会　　　　　　　　　　　　　　未知市场机会

开发

关注现有能力、产品、客户交互及市场；或者扩展已有商业模式以进入生态系统。

探索

关注新兴的客户需求、新行为、市场及产品和服务组合；或者在生态系统中承担新角色和创建新商业模式。

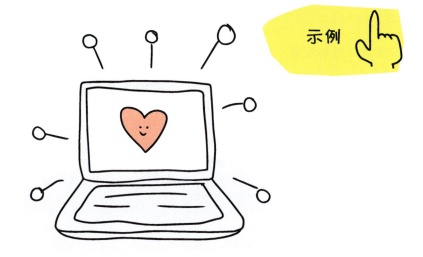
如何取胜和配置：客户交互

选择正确的客户交互方式是商业生态系统的另一个常用功能。客户交互的维度覆盖范围很广。这里呈现的选项介于"以人为中心"和"以数字化为中心"。许多服务和产品需要真实的、与人面对面的交互；另一些则完全可以是数字化的。许多生态系统首先关注"数字化优先"，而后建立起补充性质的真实交互，如为购买产品或服务设置"体验中心"或"代理商"。其他的生态系统举措包括从真实交互中得到经验，并在未来以数字化交互补充其产品。

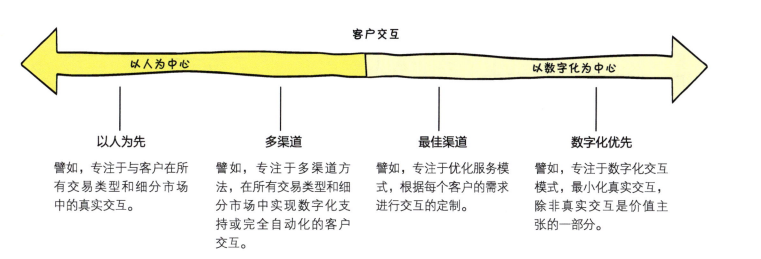

客户交互

以人为中心 ← → 以数字化为中心

以人为先
譬如，专注于与客户在所有交易类型和细分市场中的真实交互。

多渠道
譬如，专注于多渠道方法，在所有交易类型和细分市场中实现数字化支持或完全自动化的客户交互。

最佳渠道
譬如，专注于优化服务模式，根据每个客户的需求进行交互的定制。

数字化优先
譬如，专注于数字化交互模式，最小化真实交互，除非真实交互是价值主张的一部分。

如何取胜和配置：客户界面、客户关系

除了客户交互，商业生态系统还可以构建和实施不同形式的客户关系。在此可以想象一组相对的表现形式："数字化和自动化"及"数字化和个人化"。在此有无数种可能的变体，它们因生态系统和价值主张的不同存在很大差异。譬如，点对点关系利用客户的人际交互解决需要专家参与其中的特殊问题。对于自动化的交互，使用更去中心化的方法，如通过智能语音机器人和聊天机器人的方式。

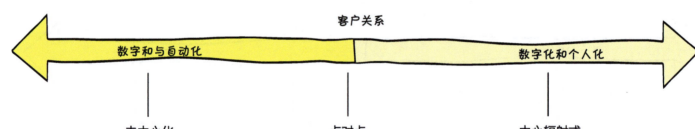

客户关系

数字和与自动化 ←———————————————————→ 数字化和个人化

去中心化
譬如，专注于完全的数字化客户界面，而无须负责客户关系的个人联系人。

点对点
譬如，专注于主题专家（SME）针对特定问题进行有针对性的个人化的客户交互。

中心辐射式
譬如，针对特定的目标群体、问题或交易类型的特定联络人的个性化服务模型。

如何取胜和配置：IT、数据、基础设施、AI 方面的能力

"开发"与"探索"这两个战略维度已被很多人用于与 IT、数据、基础设施、AI 有关的能力。专注于"开发"的公司往往倾向于平缓渐进地构建 IT 和数据方面的能力。相比之下，绿地方法则在新的技术平台上充分挖掘数字化的潜力以实施计划。每种类型的陈旧系统或 API 的缺乏，以及数据分析能力的不足，都有可能减缓实施和规模化的速度。

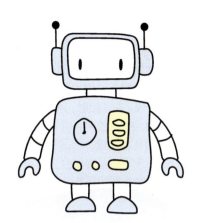

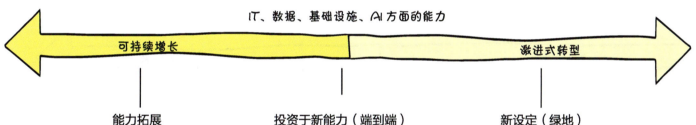

IT、数据、基础设施、AI 方面的能力

可持续增长　　　　　　　　　　　　　　　　激进式转型

能力拓展

譬如，投资于数字化或新功能和客户体验、新价值主张设计所需的关键能力。

投资于新能力（端到端）

譬如，作为利用尖端和创新技术对价值链的大部分进行全面能力转型的一部分。

新设定（绿地）

譬如，在"绿地"构建一个全新的技术平台，作为独立的公司或业务部门运营，并充分利用新数字化能力的全部潜力。

如何取胜和配置：产品和服务组合

生态系统提供的产品和服务应首先着眼于价值主张；其次是关于创建商业生态系统的计划步骤和阶段。在开始时，所谓的"杀手级"体验和功能常常被用于将客户绑定在系统中，并以最佳的可行方式服务于他们的需求。从设置到目标图景，产品和服务可以采取多种形式。产品和服务组合的示例可以从提供全方位服务到捆绑服务，再到专注于客户和公司生命周期的服务。

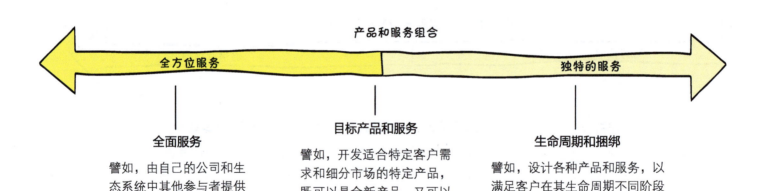

产品和服务组合

全方位服务　　　　　　　　　　　　　　　　　　独特的服务

全面服务

譬如，由自己的公司和生态系统中其他参与者提供非常广泛和深入的产品与服务。

目标产品和服务

譬如，开发适合特定客户需求和细分市场的特定产品，既可以是全新产品，又可以是现有产品的扩展。

生命周期和捆绑

譬如，设计各种产品和服务，以满足客户在其生命周期不同阶段的需求。

示例

如何取胜和配置：组织设计

组织设计往往受所选的治理方式及新能力（IT 和数据等）的强烈影响。其使用方法的范围从以客户为中心的横向团队的方法到整合进已知业务部门结构中的传统方法。经验表明，为了实现商业生态系统的成功，应当选择以客户为中心的模式，并使组织与之保持一致。

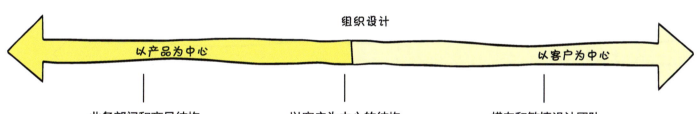

组织设计

以产品为中心　　　　　以客户为中心

业务部门和产品结构

参与生态系统的组织结构基于企业已知的产品领域和业务部门。

以客户为中心的结构

结构和流程的设计方式使组织的大部分人员能够专注于设计独特的客户体验，包括数字化渠道和新的激励措施，作为与客户多次互动的"锚"。

横向和敏捷设计团队

组织结构是由不同设计团队横向协作形成的，允许更大的灵活性，因此能够更好地满足客户需求和市场需求，并更快地做出响应。

如何取胜和配置：竞争战略

红海、蓝海和黑海战略是设计竞争战略的不同视角。其基本思想是，有三种不同的方式来实现增长和可持续的企业成功。"红海"战略描述了更为传统的视角，"蓝海"战略旨在开发新的市场，真正为大多数客户和 / 或非客户提供差异化和相关利益。"黑海"战略寻求一条更为激进的道路。该战略的目的是创造一个商业生态系统，拥有自己的配置、参与者并提供独特的价值主张，让对手几乎无法与之竞争。

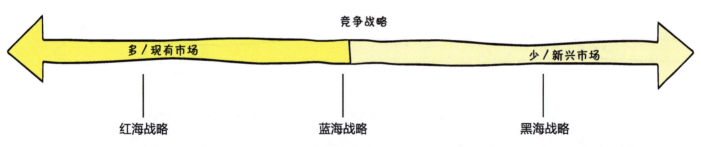

竞争战略

多 / 现有市场　　　　　　　　　　　　　　少 / 新兴市场

红海战略

譬如，专注于现有市场中的竞争；以击败竞争对手为目的开发现有需求。

蓝海战略

譬如，专注于建立新市场；以躲避竞争对手为目的挖掘新需求。

黑海战略

譬如，专注于单个公司难以提供的独特价值主张；以创建包含与其他参与者共同竞争和共同进化的生态系统为目的满足新的客户需求。

如何取胜和配置：商业生态系统中的角色

商业生态系统中的角色从发起者到协调者，一直到系统中的参与者。通常，会定义更多与特定商业生态系统相关的角色。上述三个角色具有最大的战略重要性，应根据生态系统战略进行相应分析和定义。公司可能在不同的生态系统中扮演多种角色。它们参与生态系统，同时在不同的环境中积极构建新的商业生态系统。还有一些其他角色，如"供应商"。如本书所述，"其他参与者"充当技术推动者或信息验证点。

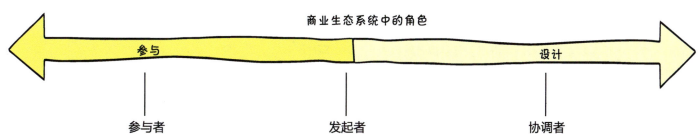

商业生态系统中的角色

参与 ← → 设计

参与者

商业生态系统中的参与者通常具有在价值主张开发中集成的能力或产品。它们在原则和规范的框架内进行创新任务。它们根据项目调整部分活动、商业模式和战略。

发起者

发起者发现新的客户需求，并发起行动。在许多情况下，发起者提供初始原型和 MVP 所需的预算。发起者往往会转变成协调者或系统中的参与者。

协调者

协调者的工作是协调活动。它们制定原则和规范；定义指数级增长的框架条件。协调者希望实现可持续发展和有针对性的治理。

战略表现示例

每个商业系统的配置都是不同的。下面会简单描述三种情况，展示这些情况如何导致不同的配置。第一个战略表现是如何在商业生态系统中通过最简单的配置使系统变得活跃。作为参与其中的公司，"活跃的参与者 / 创新者"的角色将能力和技能引入生态系统；在原则和被定义的价值的条件范围内，可以选择在系统中进行共创（见第 143 页）。可以采用任何想到的形式参与商业生态系统，譬如，在生态系统建立后，发起者可以扮演参与者的角色。

配置的第二个示例是一家知名公司成为数字化生态系统的发起者（见第 144 页）。发起者希望通过商业生态系统及其所包含的价值主张来挑战市场。"专注的挑战者"通常是希望在生态系统的运作中为特定细分市场提供有针对性的产品的公司。

配置的第三个示例是在商业生态系统中扮演主要协调者角色的公司（见第145页）。在"数字化优先"的假设中，商业生态系统是围绕所定义的生命周期设计的。通常，价值主张与某些事件（如现场活动）有关。在这样的商业生态系统中，大数据分析的潜力在初期的价值流和生态系统的设计中需要被考虑在内。

配置的示例是无尽的。配置会随时间推移而变化，因为它们是动态的结构。下面的示例仅是当前正在发展或者已经在市场上建立的商业生态系统的快照。

 活跃的参与者 / 创新者

 专注的挑战者

 受信任的协调者

这些示例是说明性质的，旨在显示组合的数量和多样性。生态系统非常复杂，而且在不断发展。因此，示例仅仅作为"如何取胜和配置"的过程的简要说明。

战略表现示例：活跃的参与者／创新者

参与者的角色通常以公司将内部能力引入商业生态系统为特征。其贡献可能包括客户联络、产品或向客户提供渠道。在原则和规范的框架内，系统中的参与者有机会进行创新和设计。

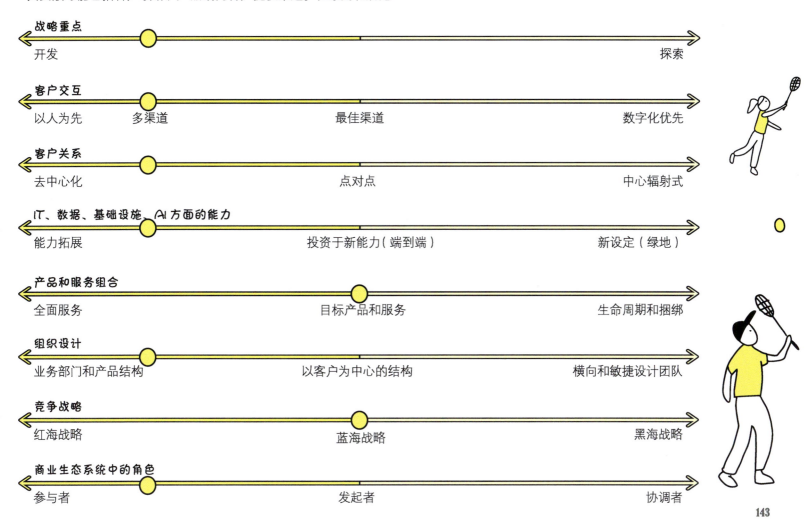

战略重点

开发 ——————————————————— 探索

客户交互

以人为先 　多渠道 　　　最佳渠道 　　　数字化优先

客户关系

去中心化 　　　　　点对点 　　　　中心辐射式

IT、数据、基础设施、AI 方面的能力

能力拓展 　　　投资于新能力（端到端） 　　新设定（绿地）

产品和服务组合

全面服务 　　　目标产品和服务 　　生命周期和捆绑

组织设计

业务部门和产品结构 　以客户为中心的结构 　横向和敏捷设计团队

竞争战略

红海战略 　　　蓝海战略 　　　黑海战略

商业生态系统中的角色

参与者 　　　发起者 　　　协调者

战略表现示例：专注的挑战者

数字化生态系统的设计由知名公司发起，目的是通过该产品来挑战市场（挑战者），并为特定的细分市场提供目标产品。设计以客户为中心，交互提供了满足客户需求的价值主张，以及将协调者的角色转给其他参与者的选项。

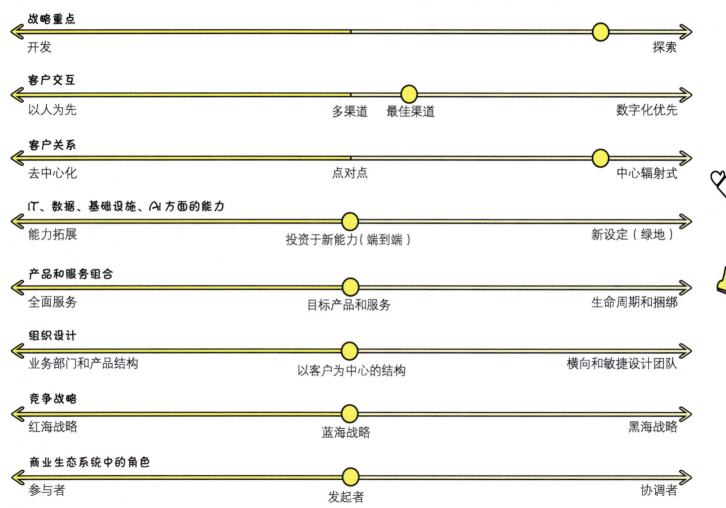

战略重点

开发 ———————————————————————— 探索

客户交互

以人为先 ——— 多渠道　最佳渠道 ——— 数字化优先

客户关系

去中心化 ——— 点对点 ——— 中心辐射式

IT、数据、基础设施、AI 方面的能力

能力拓展 ——— 投资于新能力（端到端） ——— 新设定（绿地）

产品和服务组合

全面服务 ——— 目标产品和服务 ——— 生命周期和捆绑

组织设计

业务部门和产品结构 ——— 以客户为中心的结构 ——— 横向和敏捷设计团队

竞争战略

红海战略 ——— 蓝海战略 ——— 黑海战略

商业生态系统中的角色

参与者 ——— 发起者 ——— 协调者

战略表现示例：受信任的协调者

绿地方法的目的是在"数字化优先"的假设条件下创建客户支持的生态系统。客户或服务的生命周期可能会成为基础。生态系统提供了合适的（中立的）专业知识，以可靠地响应客户问询。数据和敏捷的内部结构有助于快速开发新的和个性化的产品。

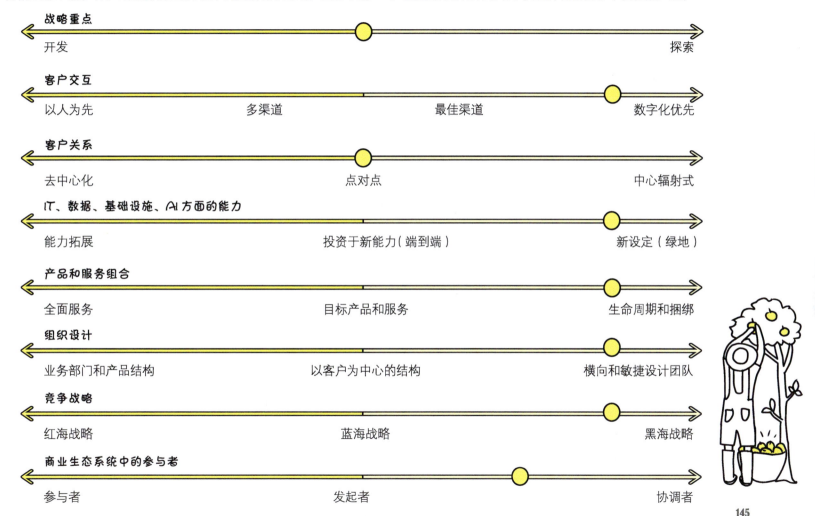

战略重点

开发 ————————————————————— 探索

客户交互

以人为先 ——— 多渠道 ——— 最佳渠道 ——— 数字化优先

客户关系

去中心化 ——— 点对点 ——— 中心辐射式

IT、数据、基础设施、AI 方面的能力

能力拓展 ——— 投资于新能力（端到端）——— 新设定（绿地）

产品和服务组合

全面服务 ——— 目标产品和服务 ——— 生命周期和捆绑

组织设计

业务部门和产品结构 ——— 以客户为中心的结构 ——— 横向和敏捷设计团队

竞争战略

红海战略 ——— 蓝海战略 ——— 黑海战略

商业生态系统中的参与者

参与者 ——— 发起者 ——— 协调者

145

本节关于如何将商业生态系统视为战略选项的解释，说明了生态系统方法和商业增长设计思维对整个公司的重要性。这种举措的复杂性要求在战略制定过程中运用新的方法，以实现对这种增长路径的正确治理。另外，商业生态系统的设计会影响公司内部和公司之间的协作方式。其中，主要的思维转换（第24页）以及范式转换（第48~49页）都与此相关。

生态系统的治理与公司内已有的合作伙伴管理方式并无共同之处。它更多的是与员工和系统中其他参与者的协调有关。它们必须能够创新、快速变化，充分利用生态系统的潜力。另外，业务领先者必须愿意接受变革的风险，调整组织结构，将"未来的工作方式"的参数指向正确的方向。作为一个包含人员和技术的团队，能够有效利用资源是关键的驱动力。商业生态系统的运作需要不同技能的良好组合，包括技术知识及新的领导力。这是实现商业生态系统目标图景并最终实现指数级增长的唯一路径。生态系统的领导、目标图景的沟通以及赋能方法的运用将在第155页开始的部分进行简述。后面简单描述了"未来的工作方式"和"共创"的方法，涵盖了成功生态系统举措所需的敏捷工作的所有维度，从思维方式到能力，再到团队结构。在团队开始行动之前，定义设计原则也被证实是有用的。这个工具在本章的第108页已做了介绍。

各种商业生态系统举措表明，公司最大的挑战是超越现有的市场和产品细分。这伴随着包括直接和间接收入来源的商业模式的变化。另外，还需要合适的治理框架，以确保逐步实施已定义的生态系统战略。右边的插图总结了最重要的元素、构建模块和能力。

解锁指数
级增长

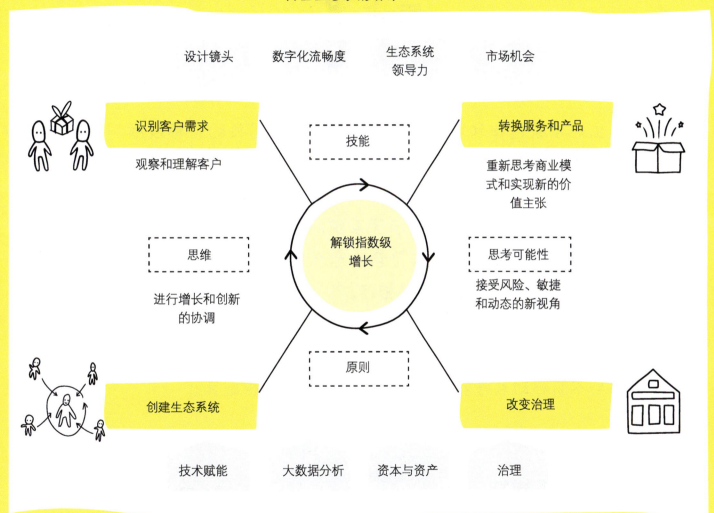

商业生态系统设计

设计思维和系统思维

精益创业和规模化

合作战略

设计镜头　　数字化流畅度　　生态系统领导力　　市场机会

识别客户需求
观察和理解客户

转换服务和产品
重新思考商业模式和实现新的价值主张

技能

思维
进行增长和创新的协调

解锁指数级增长

思考可能性
接受风险、敏捷和动态的新视角

原则

创建生态系统

改变治理

技术赋能　　大数据分析　　资本与资产　　治理

要点！

生态系统运作和取胜配置框架的程序和相关的目标及战略表明了如何在不同的配置中实现市场机会。

商业生态系统的配置展示了系统的角色、能力和治理。应当定义配置的维度，使其符合生态系统举措，并不断进行调整，使所有元素直接或间接相连。

配置的每一轮调整都会对其他维度产生影响。其动态特性可与不断移动且各部分相互影响的移动设备相媲美。

何处运作？

如何配置？

如何取胜？

生态系统领导力

生态系统领导力

生态系统领导力是商业增长设计思维和参与商业生态系统的关键任务，因为要么必须以最佳方式利用现有技能，要么必须培养新的技能。此外，在大多数情况下，必须在公司的边界之外构建新的思维模式。这不只意味着制定生态系统战略和确定多种战略选项，也意味着以多维视角检视商业模式；协调者如何进行生态系统的治理；如何运用核心能力；如何定义价值流以造福所有相关方；最后，组织模式应当是什么样子的。成功的关键是团队、组织和公司的思维转换，它在《设计思维手册》一书中有描述。

技术、客户期望和生态系统的融合从未如此快速。现在是时候重新思考以往的思维方式、价值主张和风险评估了。但生态系统创新不仅是定义新的商业模式，它需要整个系统的原型，也就是在担任合适的角色（如协调者或参与者）之前，通过最小可行生态系统（MVE）测试关键风险。

在转型阶段，"最小可行"意味着良好运作的生态系统所需的所有重要元素必须被完全检视。转型是个持续的过程，因为商业生态系统是持续、动态演变的。

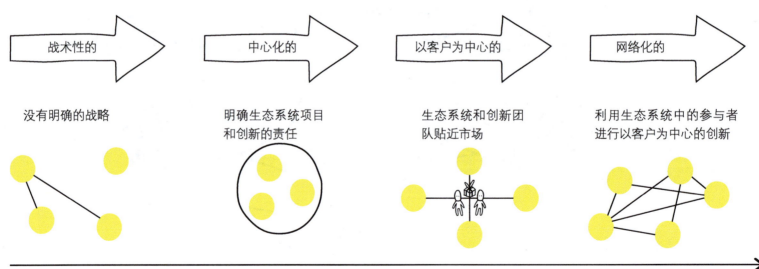

战术性的　　中心化的　　以客户为中心的　　网络化的

没有明确的战略　　明确生态系统项目和创新的责任　　生态系统和创新团队贴近市场　　利用生态系统中的参与者进行以客户为中心的创新

生态系统领导力和团队成熟度

商业增长设计思维背景下的商业生态系统设计提供了应用全新工作方式（未来工作）并在组织中构建这些方式的机会。通过改变视角，从传统的员工发展调整为向团队开放所有可能性，为公司开发全新的价值流。随着灵活性的提高和风险承担能力的增强，如果公司采用此种方法，它们就能为自己赢得新的市场领域。

成功的生态系统领导者有意让创新团队接触重要的市场和客户知识，以便他们了解第一手的情况并将见解分享给其他团队。通过团队轮换，可以确保跨部门竖井进行思维转换和对话，譬如，软件开发团队需要市场和客户知识，以验证 MVP 和定义用例。

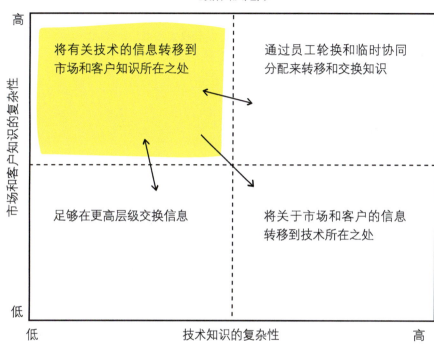

创新团队矩阵

市场和客户知识的复杂性

高

将有关技术的信息转移到市场和客户知识所在之处

通过员工轮换和临时协同分配来转移和交换知识

足够在更高层级交换信息

将关于市场和客户的信息转移到技术所在之处

低

低　　　　技术知识的复杂性　　　　高

思维转换

向生态系统运作转变，需要何种领导

关于商业增长设计思维，我们在本书中采用了多种思维转换视角。为了成功应对新的战略定义模式、共创模式和增长模式以及新商业模式的范式转换，需要合适的领导来启动生态系统。通过对各种商业生态系统举措的观察，我们可以得出利于实施和参与商业生态系统的领导画像。

成功的生态系统领导需要六个特别的品质：

- 以客户为中心
- 数字专家
- 雄心勃勃
- 耐心
- 对于新关系的开放心态
- 团队导向

商业生态系统的实施需要团队的自主性。这既包含与各类潜在参与者的公开对话，也包含体现企业家精神的文化。传统公司往往为此定义所谓的风险部门或专门的生态系统部门，以帮助提高实施速度。为生态系统而组建团队的领导希望生态系统设计团队具备来自设计思维和系统思维工具箱中的令人信服的方法论和专业知识。此外，团队成员应当具备大数据分析和用户体验设计的技能以及 IT 方面的专业知识。企业架构是一个主要的问题，因为在许多情况下，有必要将生态系统中的交互与现有基础设施保持一致，并通过更多的数字化交互，也包括模拟交互，应用多渠道或最佳渠道战略，实现直接或间接的客户联系。

与跨学科团队合作

在激进变革方面勇敢而雄心勃勃

从客户角度思考

数字化流畅度

构建和运用与其他参与者的关系

在讨论和选择参与者中耐心地坚持

生态系统领导是所有参与价值创造的参与者的网络。

领导角色：商业模式转换和组织转型

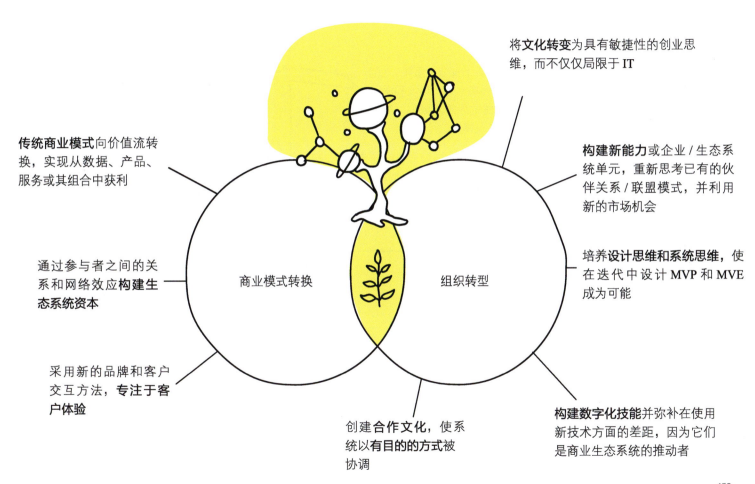

将**文化转变**为具有敏捷性的创业思维，而不仅仅局限于 IT

传统商业模式向价值流转换，实现从数据、产品、服务或其组合中获利

构建新能力或企业／生态系统单元，重新思考已有的伙伴关系／联盟模式，并利用新的市场机会

通过参与者之间的关系和网络效应**构建生态系统资本**

商业模式转换

组织转型

培养**设计思维和系统思维**，使在迭代中设计 MVP 和 MVE 成为可能

采用新的品牌和客户交互方法，**专注于客户体验**

创建**合作文化**，使系统以**有目的的方式被协调**

构建数字化技能并弥补在使用新技术方面的差距，因为它们是商业生态系统的推动者

T型生态系统设计团队

在设计思维和商业生态系统设计中，与跨学科团队合作十分重要。最好与强T型的团队成员合作。横条表示了知识的宽度；团队成员来自不同的文化、学科和系统。竖条代表了团队成员的专业知识，如关于系统、行业或学科的知识。

此外，合作能力和专业知识等对于设计任务来说非常重要：T型团队成员是开放的，对其他领域充满兴趣，对其他人、环境和学科充满好奇。经验表明，对他人思维和工作方式的理解越到位，商业生态系统创建过程中的共同进步就越快，成功也越大。

越来越多的T型团队被建立，用于MVP的开发和敏捷软件的开发。这样的团队涵盖了各个（Scrum）团队中跨学科软件开发人员和测试人员的需求。

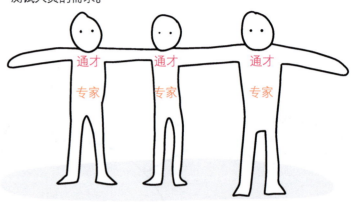

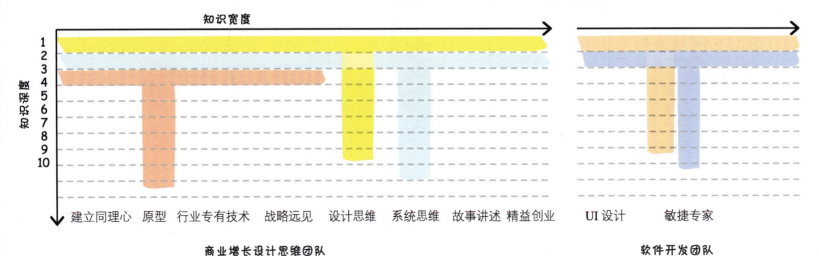

赋能方法

　　将团队和管理结构从"可扩展效率"转变为"可扩展适应性"，有助于构建商业生态系统指数级增长。传统组织在意把事情做对，而商业生态系统的运作要求做正确的事以达成目标图景。这一规则对于商业生态系统尤其重要，因为系统是动态的，需要团队根据不同状况进行调整。在不可预测的变化情况下，组织的适应能力是最重要的。在赋能方法中，小组以去中心化的方式工作。这种组织设计类型使小组在未知的情况下快速开展作业成为可能。所需的组织形式、治理和生态系统领导力已在相同的价值观和运作原则中有所描述，这使以针对性的方式进行初始化以及同时进行协调成为可能。

赋能的 5 个关键价值观：

1. 对其他团队和成员的技能与决策有信心。
2. 所有团队任务、目标和成果的透明度。
3. 网络结构中的个人关系（至少有一个团队成员必须认识其他团队中的一个团队成员）。
4. "授权执行"的特点是责任和行动的去中心化。
5. 积极合作、灵活性和适应新情况的集体思维。

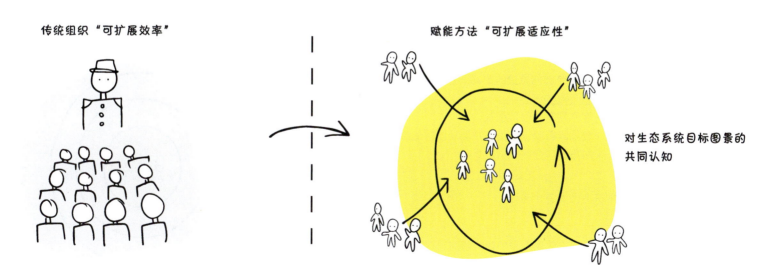

传统组织"可扩展效率"

赋能方法"可扩展适应性"

对生态系统目标图景的共同认知

沟通目标图景和目标的第一步

商业生态系统的初始化和对现有生态系统的参与都始于清晰的愿景。发起者描绘令人信服的价值主张，使其对其他参与商业生态系统的公司有吸引力。对于希望参与生态系统的参与者，愿景必须清晰地展示公司如何从系统中以可能的最佳方式获益（如技能的杠杆作用、对核心业务的积极影响，或者全新的收入来源），以及公司如何从参与商业生态系统中长期获益。

目标图景
更大的野心、新的价值流＋全面有效的数字化赋能
回答下面的问题：
• 如何实现目标？
• 服务于谁？
• 价值主张是什么？
• 与共同进化匹配吗？

MVE
新参与者、测试新的价值主张、设计功能系统
回答下面的问题：
• 系统需要什么能力？
• 哪些角色可以由哪些参与者扮演？
• 系统中的每个参与者是否都从参与系统之中获益？
• 与参与者匹配吗？

MVP
在不改变宏伟愿景的情况下进行改进
回答下面的问题：
• 客户愿意支付什么？
• 我们能否验证有关客户和功能的假设？
• 与市场匹配吗？

原型
得到关于潜在解决方案的首个想法
回答下面的问题：
• 客户需求是什么？
• 我们想要解决什么客户问题？我们如何解决它？
• 问题与解决方案匹配吗？

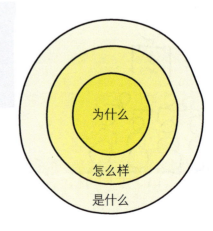

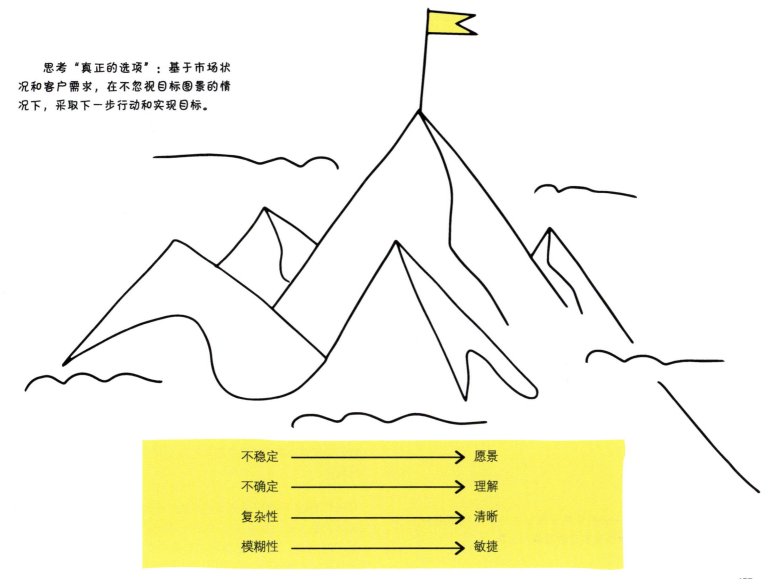

思考"真正的选项":基于市场状况和客户需求,在不忽视目标图景的情况下,采取下一步行动和实现目标。

不稳定 ⟶	愿景
不确定 ⟶	理解
复杂性 ⟶	清晰
模糊性 ⟶	敏捷

目标和关键成果

商业增长设计思维发展很快，最新的洞见、视角、原型与测试常常带来新的成果。在这种环境中制定的团队指标往往更为明确，重点在于特定的目标和相应的关键成果。这正是团队可以更快行动并取得更为具体的成果的原因。对于正在运作中且没有特定目标或目标用户利益需求的商业增长设计思维团队，在其开发步骤中需要更多的时间。当我们尽快学习和执行时，增长的目标就会形成。但应强调的是，这不应该是匆忙的，而应该是迅速的。很多时候，团队匆匆忙忙，只是为了提前几周完成任务，却忽略了设计镜头中的重要步骤。在某些情况下，走捷径可能是正确的，但这样做风险很高，解决方案不够完善，也不能清晰执行。后退两步，思考什么会真正影响和满足客户需求，这才是成功的关键。

目标和关键成果（Objectives and Key Results，OKR）对实施有帮助；此外，它们为每个商业增长设计思维团队的合作、能力拓展和正确测量提供了框架。如果缺乏所需的能力，团队就需要配置更多拥有商业增长设计思维方式的成员和资源。在选择和雇用这样的团队成员时，思维方式和技能比任何职位都重要。尤其是在设计商业生态系统的能力方面，因为只有少数具有正确思维方式和成长背景的公司才可能从中找到合适的人选。

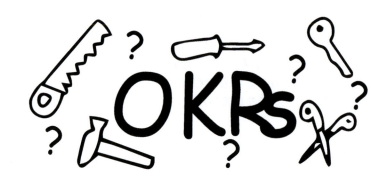

为了实现商业增长设计思维的成功，你有时需要一个锯子，有时需要一个凿子。团队应当明确知道为实现目标需要运用什么工具。

商业增长设计思维成功所需的正确的 OKR 要考虑组织的成熟度。思维转换的完成程度可以作为成熟度的指标，以便能够在商业生态系统中进行考量；同样，所选的治理方式在何种程度上促进了此类商业生态系统的协调，也可作为成熟度的指标。关于商业增长设计思维的典型问题有：

• 我们如何改变或调整思维方式？
• 我们如何明确指标？
• 重要的是什么？
• 我们如何解决用户／客户需求？我们如何确保用户／客户持续获得价值？

选择 OKR 时可以考虑所期望的思维方式和组织的类型，问题被快速解决的方式，以及在"增长与规模化问题"框架中的增长阶段以客户为中心。通常，从战略到举措再到目标是连续的动作。增补个人目标和关键成果，会对团队目标产生积极影响。

商业增长和设计思维专家了解解决特定问题所需的工具，并准备在必要时创造自己的方法和工具。

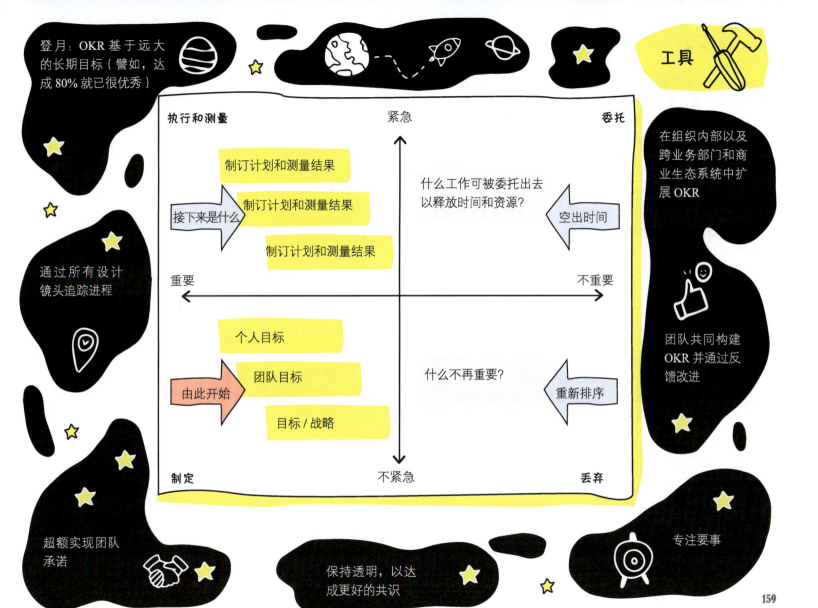

登月：OKR 基于远大的长期目标（譬如，达成 80% 就已很优秀）

通过所有设计镜头追踪进程

超额实现团队承诺

保持透明，以达成更好的共识

工具

在组织内部以及跨业务部门和商业生态系统中扩展 OKR

团队共同构建 OKR 并通过反馈改进

专注要事

执行和测量

制订计划和测量结果

制订计划和测量结果

接下来是什么

制订计划和测量结果

重要

个人目标

团队目标

由此开始

目标 / 战略

制定

紧急

什么工作可被委托出去以释放时间和资源？

空出时间

委托

不重要

什么不再重要？

重新排序

不紧急

丢弃

对于 OKR 的定义，没有一定之规。每个组织都应当继续推进，以使目标与背景、企业文化和增长抱负相匹配。从制定 OKR 的工作中可以得到不同的建议，以帮助定义。首先，可以定义所谓的近期目标，如可在一个季度内达成的目标；或者定义一个有 12 个月或更长时间框架的长期目标。根据经验，每个季度最多 5 个目标和 4 个关键成果，这才是一个健康的计划。制定宏伟的目标是 OKR 理念的重点。其目的是平等地激励所有团队成员，但也可能引发一些不适，毕竟 100% 达成目标可能存在困难。我们希望建立一个致力于目标的团队，能够自我激励（建立信任），也能走出舒适区。如果能 100% 达成 OKR，那么说明目标还不够远大。这意味着达到 80% 的目标就算表现出色。

OKR 层级战略

愿景	1. 将愿景和目标**联系**起来 2. **确定**哪些目标有高影响力 / 优先级
方案	3. 将团队目标**分解**，让每个团队成员领取自己的目标
目标	4. 为每个举措、独立目标**设定关键成果**，并开始执行
战略	5. **开始交付**关键成果
战术	6. **定义任务**
行动计划	7. **计划**你的行动

相比于传统的目标测量方法，如目标管理（Management By Objective，MBO），OKR 在短周期内更具决定意义。短周期大概是 2 ~ 4 个月，设定可测量的关键成果，这些目标可在年内进行调整。依照商业增长设计思维和商业生态系统举措，在每个设计镜头或设计冲刺（sprint）后都会获得新的洞见；新的洞见又反过来影响个人的近期或远期目标。团队和跨边界团队的目标和关键成果的透明度让公司的战略主题和增长计划在组织的各个层级中都可见。

> 如果你想让自己的工作产生影响：不要从行动计划开始。不要制作一个满是任务的看板。决定你要想什么样的影响，并为之努力，在整个过程中进行测量。利用来自真实世界的反馈来产生真正的影响。

在简化的示例（右侧）中展示了 OKR 被用于组织战略主题的实施，譬如，为参与和启动特定商业生态系统主题制定战略的宏大目标。它们由可测量的关键成果所带来的远大目标构成。OKR 的概念对组织赋能及创建高效的组织文化有帮助。OKR 还能帮助构建新的商业增长设计思维、新的技能和新的企业价值观，如成功和渐进的高透明度。

> 将赋能与商业增长设计思维一同应用，被证明可以在许多方面实现突破性创新。

示例：商业生态系统设计举措中的OKR

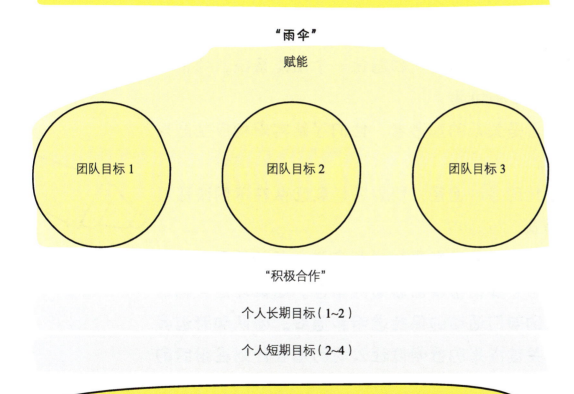

不同目标的解释：

- 创建赋能文化已成为整个团队的长期目标，并构成所期望的思维转换和应用的一部分。
- 团队目标与整体战略协调，譬如，创建或参与基于新的或变化的客户需求和／或行为的商业生态系统特定主题域的决心。
- OKR也被用于定义，譬如，1~2个"个人长期目标"和2~4个"个人短期目标"。个人目标反映了每个团队成员如何为组织目标做出个人的贡献。
- 所有目标对团队所有成员保持透明。此外，所有团队信任其他团队的工作和专业精神。

要点！

　　生态系统领导力的理念是初始化一个功能系统，并使之与明确的目标图景相协调。

　　生态领导者是关系的塑造者，他们了解实现相应生态系统所需的技术。

　　探索规模化的各种途径，需要跨学科团队在不同阶段展现他们T型特质。

　　对于商业生态系统的发展和增长来说，至关重要的是系统中的所有参与者都能扮演创新者的角色。赋能理念包括对单个的、分散的部门活动的保持透明和信心。团队和跨边界团队的目标和关键成果的透明度让公司的增长计划在组织的各个层级都可见。

新的工作方式

新的工作方式和商业增长设计思维

在实现共同目标之外，与商业生态系统的交互也提供了其他可能性。生态系统提供了获取人才和专业知识的途径，无论它们是在哪里被发现的：技术供应商、研究机构、初创企业或竞争对手。公司资源是有限的，并非所有的（新）能力都可以在公司内部开发。通过参与商业生态系统，被设计用于在合作中产生新知识的"新的工作方式"的政策可以得到实施，以获得解决问题及运用技术的技能。

公司进入商业生态系统的决定对员工的必备技能有直接影响。最重要的是团队能够快速适应，将变化视作机遇，并接受设计和参与商业生态系统的复杂性。如上所述，这种转变不仅需要拓展生态系统领导团队的任务，也需要拓展参与这种敏捷系统的所有员工的任务。

当人和技术的优势得到充分利用时，两者可以协同工作。我们需要这种相互的关系，以同理心确定新的客户需求，利用人类的好奇心、想象力和技术来提高效率，实现指数级增长。这项工作的挑战是如何设计出能够确保人和机器成功的工作方式。

"未来的工作方式"将传统角色和功能与技术相结合，以实现生产力和效率的显著提高。

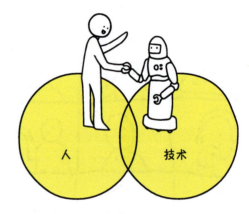

未来：
紧密的关系、
人—技术团队

人　　　　技术

智能、（半）自动化及其与人和社会
系统整合

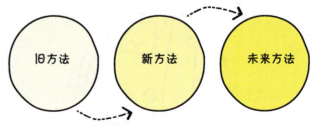

旧方法　　　新方法　　　未来方法

"未来的工作方式"需要将多种传统角色
与技术能力、专业知识和社交技能相结合

转换：工作和 VUCA 的未来

　　"未来的工作"是一个重大的转变，发生在三个层面。首先，工作实际发生的层面（**工作**），它由当前技术支持，以实现预期目标，并为商业生态系统创造价值。其次，劳动力（**员工**）层面，这个层面是不同技能和人才的组合，不仅包括永久员工，还包括自由职业者、零工、众包团队和跨学科团队，他们一起工作，如在相关商业生态系统的共创环境中。最后，**职场**层面，也就是完成工作和团队协作的地方。其一，该层面与实际的地点有关；其二，该层面涉及数字化协作的技术。协作的地点和方式与"未来的工作"的文化特质有关。随着机器人技术、认知技术和人工智能的日益普及，人与机器合作的新的工作方式出现了。当今世界包含了冲突、变革和转型，是VUCA〔波动的（Volatility）、不确定的（Uncertainty）、复杂的（Complexity）、模糊的（Ambiguity）〕的世界。在这样的环境中，每个组织都要找到新的学习方式；每个组织也都需要成为学习型组织。相应的设计镜头帮助我们把握不确定性，让复杂性变得可知、可控，并以迭代、敏捷的方式进行假设的测试。

"未来的工作"的关键问题：
- 谁能做这项工作？
- 哪些工作步骤可以自动化？
- 哪些技术有助于人和机器如团队一般合作？
- 工作在何处进行？

　　不同的自动化技术与团队相结合。这样可以更快地完成任务。人与机器如团队一般共同工作的新的方式重新定义了工作序列。

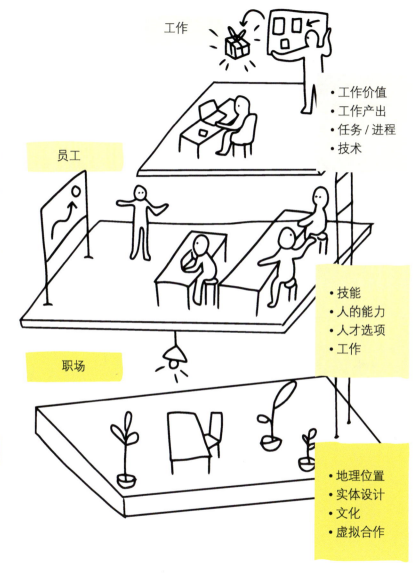

工作
- 工作价值
- 工作产出
- 任务／进程
- 技术

员工
- 技能
- 人的能力
- 人才选项
- 工作

职场
- 地理位置
- 实体设计
- 文化
- 虚拟合作

VUCA 世界的视角

系统很少是静态的，VUCA 是商业增长设计思维背景下的一个重要元素。系统是动态和快速变化的，在特定阶段无规律可循。事件何时发生以及何时会有结果也存在一定程度的不确定性。由于商业生态系统是复杂的和网络化的，因此不能使用完整的和静态的视角。此外，以不同参与者 / 人员的视角描述和评估商业生态系统的状况，也会导致模糊性。

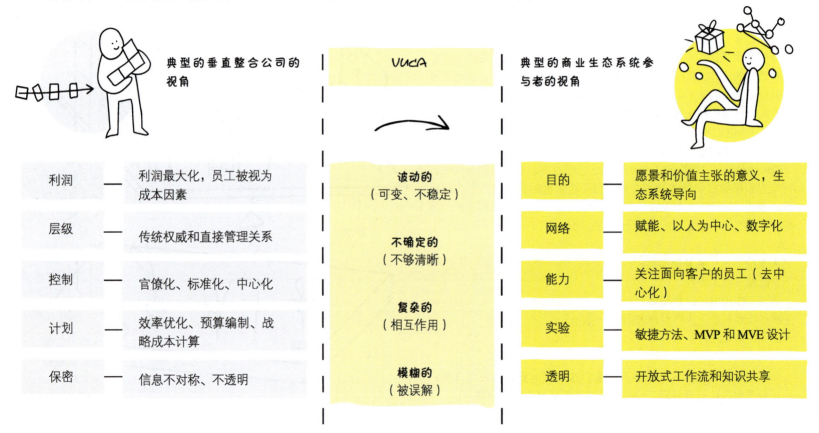

典型的垂直整合公司的视角	VUCA	典型的商业生态系统参与者的视角
利润 —— 利润最大化，员工被视为成本因素	**波动的**（可变、不稳定）	目的 —— 愿景和价值主张的意义，生态系统导向
层级 —— 传统权威和直接管理关系	**不确定的**（不够清晰）	网络 —— 赋能、以人为中心、数字化
控制 —— 官僚化、标准化、中心化	**复杂的**（相互作用）	能力 —— 关注面向客户的员工（去中心化）
计划 —— 效率优化、预算编制、战略成本计算	**模糊的**（被误解）	实验 —— 敏捷方法、MVP 和 MVE 设计
保密 —— 信息不对称、不透明		透明 —— 开放式工作流和知识共享

合作和开放的时间点

共创是解决设计挑战、构建首个原型和 MVP 以及设计商业生态系统直至实现规模化的关键因素，因为系统中的参与者被视为接近客户需求的创新者。

如前所述，商业生态系统思考的出发点不尽相同。有些公司一开始就基于合作和开放，而另一些公司则忙于在团队中讨论主题，构建最初的原型和 MVP。

有 4 种 "开放" 的方法，它们各有利弊

1. "合作"：这类公司或者有与其他参与者在早期阶段一起讨论的想法，或者从一开始就依赖与其他参与者的合作来进行共享系统的定义。

2. "探索"：这类公司不仅拥有自身的战略，还尝试各种不同的生态系统方法，并寻找在其他生态系统中发挥积极作用的机会。

3. "寻求"：这类公司对何处存在市场机会有明确的认识。它们积极寻求其他参与者一起构建商业生态系统，或者在特定的生态系统内贡献自己的能力。

4. "神秘"：这类公司行事隐秘。最高管理层讨论战略。闭门开发原型和 MVP。只有商业生态系统开始运作，才与潜在参与者分享信息。

	一维、两维	多维
	神秘	**寻求**
独裁、层级制	+ 被其他参与者复制的风险低	+ 目标图景和实施的清晰视角
	– 后期价值主张的验证	– 在后期，新想法和价值主张的改变几乎没有空间
	探索	**合作**
进化、协作	+ 市场机会可被临时利用	+ 对新生态系统共创和开发的强烈关注
	– 与众多参与者进行会谈，产生大量协调工作及高额费用	– 合作和共创更难、更费时

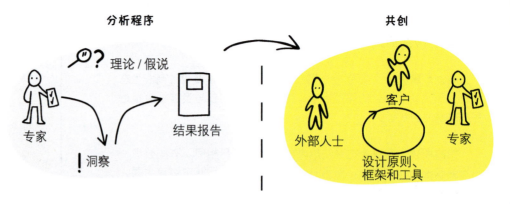

共创方法

不同形式的合作会导向不同的目标。列表中的合作形式反映了开放与激进合作的设计镜头的思维方式和迭代程序。可以与客户/用户共创，然后与系统中的其他参与者在设计商业生态系统的过程中共创。

合作形式	目标	行为
研究	学习和了解	保持好奇心、观察和了解客户需求，探索事实，通过提出 WH 问题进行深入挖掘
开放	开发和增长	摒弃假设和偏见，有意识地寻找其他体验和新视角，愿意由于新见解的出现而改变自己的观点
整合	欣赏并以解决方案为导向	在寻求各方共赢时，避免不平衡的妥协；创造性地重建和使用不同的世界观，这是动态变化的优势
合作	团队工作和赋能	积极倾听并借鉴他人的想法；增强凝聚力，加强合作
反思	谨慎行事，螺旋式发展	反思行动和成效，从更广泛的视角看待挑战和问题，在必须调和不同观点的情况下进行调和

要点！

对于设计和参与商业生态系统，明确的价值观、思维方式和想法，以及与其他参与者进行的开放和透明的合作很重要。

传统管理的公司面临着一个挑战，即允许新的合作的工作方式，同时在传统战略工具中映射情境。

员工将继续在未来的工作中作为关键因素，因为他们执行的任务更为复杂。重复的和普通的任务将留给机器人和自动化。

在不同的"设计镜头"中使用迭代框架，并在商业增长设计思维中运用经调整的战略方法，有助于生态系统与增长战略的阐释与情境化。

生态系统领导力本质上意味着在所有参与价值创造的参与者之间构建网络。

从问题陈述到规模化的关键问题与可选工具

设计镜头工具箱

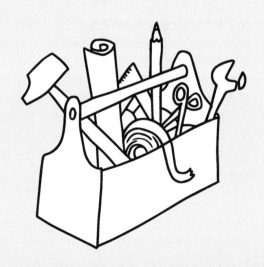

项目阶段和规划范围

因为每个增长计划都有些不同，而且发起者的能力也不同，因此无法定义一个通用的项目规划，充其量只能先在研究阶段进行客户需求的概述，然后再检查内部能力与技能，以获得更大的确定性和对潜在主题域的更多认知。此外，在这一阶段，你可以了解市场上已有的增长和生态系统计划。冲刺阶段、项目阶段和实施阶段的持续时间在很大程度上取决于团队、敏捷性及预算。在设计思维的冲刺中，6个星期就可以获得可靠的成果。但是，通过多次迭代和多轮客户反馈来创造有意义的愿景原型、功能与体验原型往往需要更多的时间。另外，各种决策实体影响传统环境中的启动计划，并且有严格的期限限制。理想状态下，决策者在实现如设计思维中的最终原型之后，应立刻发布后续步骤的相关预算。在精益创业阶段，建议了解需要检查的假设，因为未经市场验证的假设只是假设，尤其需要检查有关客户支付意愿这类的典型假设。根据复杂性，MVP通常在4～10周内即可完成测试。MVP是利用价值主张和愿景说服潜在参与者的旗舰产品。商业生态系统的设计还提供了价值流、生态系统的商业模式和个体参与者如何从中获益等方面的信息。设计阶段的时间要求是最高的，会持续12～16周，甚至更久。MVE以最小可行的形式展示系统如何运作。后续的实施和运作需要多长时间不确定，具体要看复杂性和依赖性。某些生态系统比其他生态系统能更快地达到指数级增长的门槛。虽然有些生态系统在一年之后就达到了这一门槛，但有一些生态系统要几年的时间才能达到这个里程碑。同样，也有许多生态系统不能

成功地通过网络效应和价值主张的有意义扩展而发展。重点在于不断地对系统进行调整，并利用其他参与者的创新能力实现成功。治理和协调必须跟上客户和市场的动态变化。最重要的一点是扩展价值主张以拓宽市场、稳定市场地位和满足新的客户需求。

设计、配置、构建

商业生态系统的规划范围

	研究	设计思维	精益创业	生态系统设计	实施和运作	规模化
产出	• 主题域 / 客户需求 • 现有技能 / 关系	• 最终原型 • 愿景原型 • MVP 的要求	• MVP • 支付意愿 • 假设的验证	• MVE • 价值流 • 商业模式 • 系统中的参与者	• 实现计划 • 产品组合 • 快速学习和适应循环	• 扩展价值主张 • 由参与者来创新 • 扩展 IT
描述	• 定义解决方案功能和框架条件 • 定义设计原则	• 将原型可视化并演示产品或服务的体验和功能	• 发布可能的功能范围 • 关注关键功能和体验 • 测量和迭代	• 验证价值主张 • 定义参与者及其任务 • 定义价值流	• 在文化、能力、IT、治理、领导力等层面实施生态系统举措	• 为价值主张扩展寻找需求 • 调整生态系统战略 • 重新评估 IT 需求 • 协调
团队	• 内部团队 • 战略专家 • 跨学科 • 跨公司	• 商业生态系统 / 设计团队 • 用户 / 测试小组 • 与首批潜在合作伙伴 / 生态系统参与者共创	• 用户体验设计师 • 软件开发人员 • 潜在合作伙伴 / 生态系统参与者	• 商业生态系统设计团队 • 与其他参与者共创 • 与客户和潜在合作伙伴测试	• 协调者 • 实施合作伙伴和供应商 • 参与者	• 设计思维、生态系统设计和增长黑客团队 • IT、软件开发人员 • 合作伙伴、参与者和供应商
功能的市场成熟度	想法、建议、远见	具有关键功能和体验的愿景原型	MVP、MMF、待办事项	部分价值主张	实现价值主张	扩展价值主张
	6 周	6 ~ 10 周	10 ~ 12 周	12 ~ 16 周	>16 周	开放式结尾

发起生态系统的典型路径

由于商业生态系统在不断变化，因此需要迭代和敏捷工具支持设计、实施和规模化。遗憾的是，发起者必须在没有（确定主题域或发起者的特定行业）蓝图的情况下工作，尽管决策者经常表达他们对此类蓝图的渴望。

即便是对于过往的分析——正如在 2019 年波士顿咨询公司亨德森研究所对商业生态系统创建所调查的那样——也被证明是困难的。这主要是因为缺少结构化的数据。在定量分析如此少的情况下，人们很容易看到当前最著名的例子（如微信、亚马逊、阿里巴巴），并开始相信商业生态系统总能成功。但是，这意味着忽略了很多没能获得成功的发起者、协调者和参与者。从这样的公司及其运作中

学习，并将经验教训用于自己的项目（见第 298 页及以后的生态系统示例），是很好的想法。

因此，本节关于 4 个设计镜头的重点将放在关键问题和商业生态系统设计中所使用的方法和工具上。决策者应当意识到，由于生态系统的高度动态性，如果治理和领导力有很多不足，即便成功发起的生态系统最终也不会成功。另外，必须不断重新评估基本战略。在商业生态系统不断发展的过程中，新的参与者不断加入，而其他参与者不再与创造价值主张有关。我们还可以看到，随着时间的推移，商业生态系统的发起者往往持有其他参与者的股份，份额达到 100% 或超过半数。这种措施往往基于对拥有客户界面或数据点并长期使用它们的期望。

机会	行动原则	成功率
最终原型	• 构建首个原型 • 构建愿景原型 • 描述基于客户需求的潜在价值主张	高
MVP	• 利用"先发优势" • 与以客户为中心的方法相关联 • 打造"杀手级"功能或体验	中
MVE	• 投资于构建生态系统 • 选择正确的参与者 • 同意分享价值体系和合作模式	中
实施	• 利用系统中的参与者的能力 • 分步实施 • 在管理框架中运用团队合作的方法	低／中
规模化	• 快速规模化 • 拓展生态系统规模 • 增加承诺	低

* 成功率参考波士顿咨询公司亨德森研究所的数据（2019）

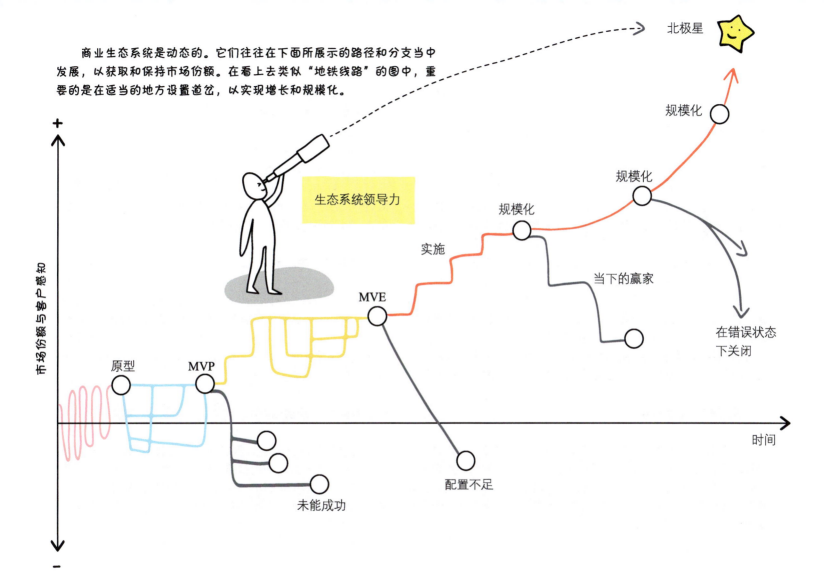

商业生态系统是动态的。它们往往在下面所展示的路径和分支当中发展，以获取和保持市场份额。在看上去类似"地铁线路"的图中，重要的是在适当的地方设置道岔，以实现增长和规模化。

生态系统领导力

北极星

规模化

规模化

规模化

实施

当下的赢家

MVE

在错误状态下关闭

市场份额与客户感知

原型

MVP

配置不足

未能成功

时间

简化"问题 2 增长与规模化框架"

从商业设计思维鸟瞰图来看，商业生态系统的设计通常只从实现MVP（最小可行产品）开始，即具有高成熟度的解决方案。通过深入探索和与系统中的参与者打交道，在商业生态系统研讨会中，产品或服务的全新理念及新的价值主张都会不断进化。这甚至意味着最初的解决方案有可能被完全抛弃，结果产生一个新的、共享的价值主张。因此，商业生态系统设计的应用可以驱动新想法的产生，将我们带回到在问题空间进行探索的早期阶段。下面4部分（每个部分都描述了一个设计镜头）介绍了商业生态系统设计的前置思考中所需的元素和问题；提供了如何扩展这类系统的指导。将4个镜头呈现的程序作为指引和结构化的过程，可被视为一种严谨的方法。但是，任何已经综合运用过设计思维和系统思维的人都知道，它们的步骤更多是团队导向的，以便团队知道自己在进程中所处的位置及解决方案的成熟度。我们通常在设计镜头中迭代工作。4个设计镜头有助于在共创的过程中与其他参与者和团队成员使用共同的语言、相似的方法和工具，以及通过联合的方式进行反思。

镜头 #1：设计思维

商业增长设计思维将客户及其需求放在中心位置。设计思维方式帮助人们将问题陈述条件下的不同经验、观点和视角汇集起来，创建第一个原型，这些原型构成 MVP 的基础。在下一节中将讨论最重要的设计思维工具，这些工具已被证明是增长过程中几个步骤的重要基础。

镜头 #2：精益创业

精益创业思维帮助人们实施第一个解决方案，并聚焦在最必要的功能和体验上。市场上的初次体验有助于迭代改进 MVP。这个程序有几个好处，其中之一就是可以节省时间、精力和金钱。此外，MVP 可被用作与生态系统中其他潜在参与者进行初步对话或共创的基础，以验证并实施既定的价值主张。

镜头 #3：生态系统设计

商业生态系统设计的出发点往往是价值主张的初始假设，这个假设已经在设计思维和精益创业的活动中进行了测试。在这个阶段，必须保持对客户的关注。但考虑到他们的需求，现在选择合适的参与者变得非常重要。系统的配置及其参与者、能力和客户访问对于成功来说至关重要。

镜头 #4：规模化

规模化和指数级增长需要复杂和有针对性的治理及有意义的元素，以逐步扩展客户的价值主张。目的是优化客户交互并增加频率。作为可扩展的进程的一部分，获取的数据将成为系统的另一项资产。此外，基于所获得的数字化技能和高性能基础设施，商业模式不断发展。

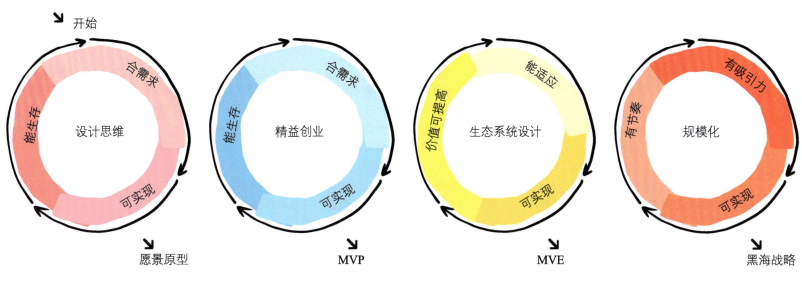

开始

合需求 能生存 设计思维 可实现
愿景原型

合需求 能生存 精益创业 可实现
MVP

能适应 价值可提高 生态系统设计 可实现
MVE

有吸引力 有节奏 规模化 可实现
黑海战略

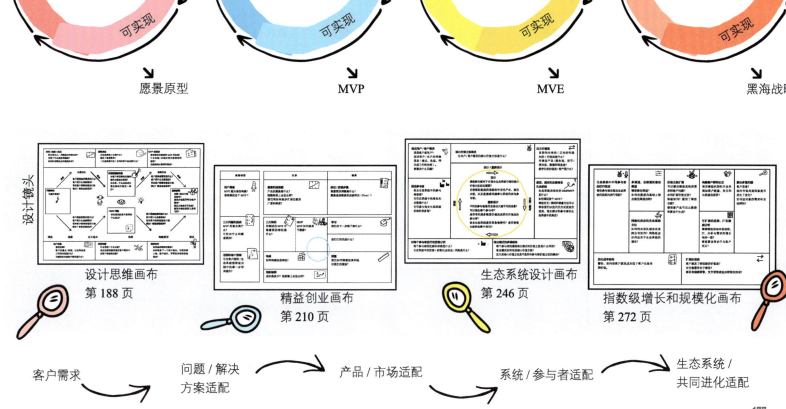

设计镜头

设计思维画布
第 188 页

精益创业画布
第 210 页

生态系统设计画布
第 246 页

指数级增长和规模化画布
第 272 页

客户需求

问题 / 解决
方案适配

产品 / 市场适配

系统 / 参与者适配

生态系统 /
共同进化适配

关键和不关键的假设

在不同的设计镜头中，都应当对客户、参与者和单个的价值流的不同假设进行质疑，对初步的调查发现进行验证。了解哪些假设对未来的成功来说具有决定性意义，哪些假设不那么重要或可被忽略，这对成功来说非常关键。此外，还可能存在这样一种情况，一些假设已被验证，一些假设则存在一定的不确定性。

在某些领域，相应的设计镜头可带来更好的理解，如运用 MVP 验证问题 / 解决方案的适配。随着时间的推移，视角也会发生改变。

通常，会添加新的假设，特别是那些与有可能成为系统一部分的参与者相关的假设；或者与参与者如何从生态系统中获益相关的假设。对于规模化来说，同样适用。在运作生态系统之前，必须对假设进行测试。现在，我们再次得到一个闭环。随着价值主张的最终扩展，假设再一次作为设计思维的一部分而被检视。

一种好的方法是，将不同的假设放在一个矩阵中，团队共同讨论这些假设，并检查那些在右上象限中的假设。

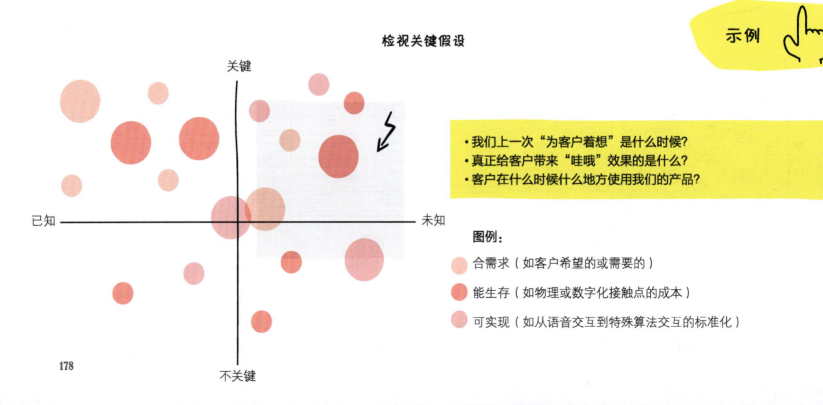

检视关键假设

示例

- 我们上一次"为客户着想"是什么时候？
- 真正给客户带来"哇哦"效果的是什么？
- 客户在什么时候什么地方使用我们的产品？

图例：

● 合需求（如客户希望的或需要的）

● 能生存（如物理或数字化接触点的成本）

● 可实现（如从语音交互到特殊算法交互的标准化）

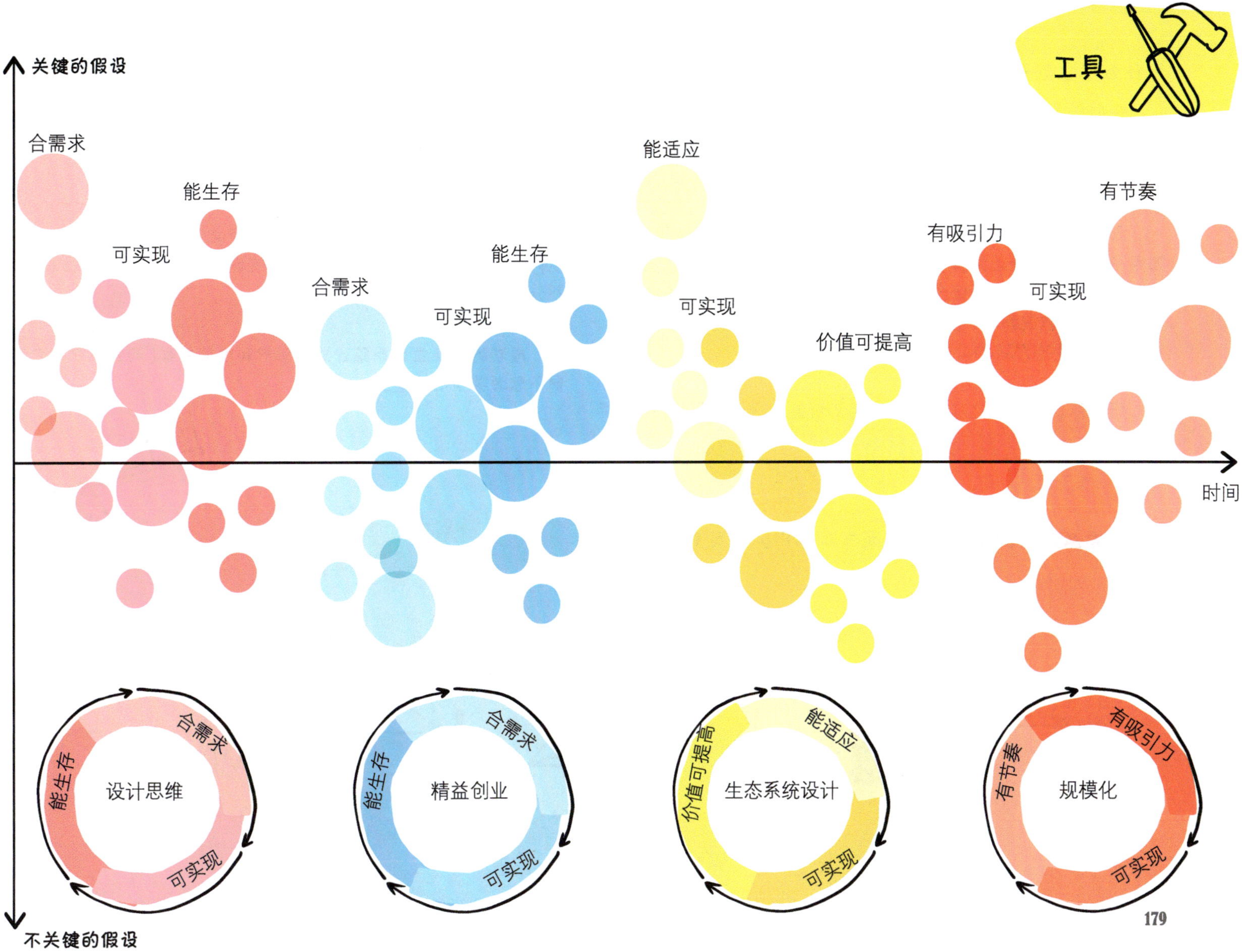

关键的假设

合需求

能生存

可实现

合需求

能生存

可实现

能适应

可实现

价值可提高

有吸引力

有节奏

可实现

时间

不关键的假设

设计思维
能生存　合需求　可实现

精益创业
能生存　合需求　可实现

生态系统设计
价值可提高　能适应　可实现

规模化
有节奏　有吸引力　可实现

为什么不立刻开始生态系统的设计

我们从实践中了解到，在大多数情况下，在真正进行生态系统设计之前，有必要重新审视以往的设计镜头。当前面的步骤被忽略时，公司常常趋向于将客户视作系统中的参与者而非所有活动/价值主张的绝对中心。

因此，本节包含了设计思维工具箱中最为重要的工具和技术，如用户画像、关键因素解构图、头脑风暴和最终原型。所提及的精益创业方法有助于验证概念并检视客户对特定功能和体验的支付意愿。这些思维方式都对寻找解决方案的过程有所助益。在很多情况下，它们为商业生态系统的设计提供了基础。

所展示的程序已在实践中被证明了价值，因为它将客户/用户自动放置于考量的中心位置。另一个好处是，通过这种方法，对生态系统的思考不会过多关注自己的公司，而是会关注探索方面（非开发方面）。

已经成功定义客户需求并通过 MVP 进行了所需验证的商业增长设计思维团队可以立即开始生态系统设计（见第 228 页及以后）的部分。

成功的商业生态系统计划将客户和价值主张（而非自己的公司）置于思考的中心位置。

不要从公司的角度思考，而要从客户的角度思考！

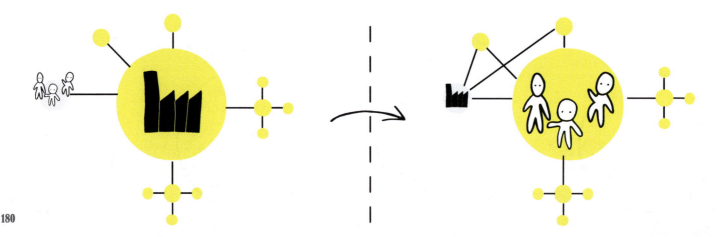

从客户开始，以此为基础验证假设并构建生态系统

如前所述，客户是成功的商业生态系统的中心起始点。经过对客户需求和所要执行的任务的初步调研，所选的功能和体验可以通过构建 MVP 的方式进行测试。MMF 通常构成 MVE 的测试环境。

目的是在实施商业生态系统和利用正确的机制使之规模化之前，通过创造共享的价值主张来验证价值流和参与者之间的相互作用。

维度	相关方法	成功的关键行动
客户需求	设计思维	• 探索需求 • 从中分析出所要执行的任务 • 利用关键功能与体验
原型（MVP、MMF、MVE）	精益创业 生态系统设计	• 验证功能和体验等 • 迭代开发特定系统 • 检视商业模式（多维度）
领导力	生态系统的未来工作方式 领导力	• 构建新思维方式 • 管理各种利益 • 差异化要素的长期发展（价值主张）
规模化	规模化 敏捷开发	• 利用先发优势进行颠覆 • 快速规模化 • 长期和可持续地投资于生态系统的建设
动态开发	共创	• 基于客户需求扩展生态系统 • 增加对系统的承诺 • 收集创新和验证数据

可实现 4——技术组件的构建、专业化和杠杆作用。

可实现 3——实施生态系统方法的技术组件和交互规范。

可实现 2——测试和验证所选的技术组件。

可实现 1——使用更新的、有效的和适用的增益技术。

生态系统资本

智力资本

+

合需求——专注于客户及其需求。
能生存——构建一个创新的和可持续的商业模式。

合需求——基于单个功能和体验验证客户需求。
能生存——验证商业模式和产品的价值。

能适应——专注于参与者的需求及其共同创造价值主张的能力。
价值可提高——塑造可持续的价值流并为系统中所有参与者带来收益。

有吸引力——专注于提升客户交互频率、钱包份额和系统黏性。
有节奏——利用网络效应和规模效应。

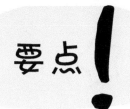

要点！

从识别客户需求到由多个参与者提供解决方案——大多数计划都未能实施。

设计镜头间的转换，不同参与者的思维方式和各种利益的管理，都对成功至关重要。

许多生态系统计划缺乏使解决方案快速规模化所需的治理和技能。

系统不断适应新的和变化的客户需求以及由此带来的发展，这就需要为参与者留出空间，并需要协调者运用综合的方法。

毕竟，所有参与者的思维方式对项目成功来说具有决定性作用。

镜头 #1
设计思维

设计思维简介

设计思维方式是关键因素，并且是商业增长设计思维中所有反思的基础。客户及其需求在讨论中占据中心位置。从问题陈述的定义到规模化，都不能忽略它们。特别是在前两个设计镜头（设计思维和精益创业）中，必须专注于客户本身。在这些阶段，专业知识和行业知识是次要的。对于如何解决客户问题的想法不应该抱有偏见，特别是如果已经有了相当清晰的想法，能够说明解决方案现在是如何运作的或将来会如何运作。在这种情况下，商业设计团队应当以开放和毫无偏见的方式看待一切。深度理解事物的本质相当重要——在设计思维中，这意味着我们要以强烈的好奇心和极大的同理心接近潜在客户。与极端用户和领先用户的交互和对其的观察能够成为灵感的来源或者作为定义解决方案的方法。借助用户画像可摆脱传统的客户细分，并探索潜在客户的真实需求和需要执行的任务。所谓的HMW问题，有助于将"理解"和"观察"阶段的洞见转化为观点。各类头脑风暴在创意阶段能够发挥良好作用。在问题解决的早期阶段，使用"关键因素解构图"尤其重要。它对于关注客户最重要的功能和体验是有价值的工具；与此同时，在精益创业阶段，它作为待办事项，可以用于进一步扩展MVP或生态系统产品的整个价值主张。在迭代中，随着时间推移，原型的保真度越来越高。最终原型是在MVE的框架内实现一个或多个MVP规范的基础，生态系统随后开始实施。对于想要深入了解设计思维相关工具和方法的人，建议阅读《设计思维工具箱》一书。对于希望获得更多灵感的设计思维专业人士和引导者，《设计思维手册》是首选。

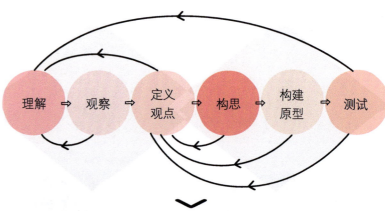

最终原型的精妙之处在于其包含的想法以及想法的实现。譬如，愿景原型描述了整个系统的一种可能的未来。

合适的方法和工具

设计思维的关键问题

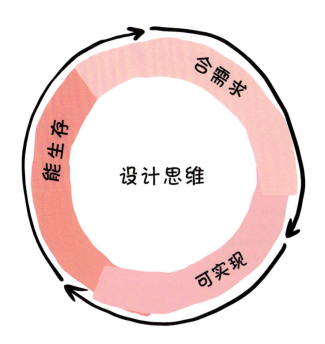

- 谁有问题?
- 问题如何解决?
- 要解决客户的哪些问题?
- 客户痛点和收获是什么?
- 客户的什么需求与情绪是相关的?
- 解决方案应包含哪些关键功能和客户体验?
- 这个解决方案的方法与已知的解决方案有什么不同?
- 客户收益与服务价值的匹配程度如何?

可实现

- 实施中的关键是什么?
- 需要何种技术?
- 在设计、构建和运作中需要什么技能?
- 影响了什么系统?
- 需要什么工作程序?
- 哪些假设的风险最高,需要相应的测试?
- 如何在不破坏市场机会的同时执行"尽快失败,尽早失败"?
- 如何定义成功?它如何被测量及如何与利益相关者沟通?

能生存

- 如何用解决方案赚钱?
- 如何用解决方案节省成本?
- 公司产生的附加价值在哪?
- 如何证明投资是合理的?

设计思维画布

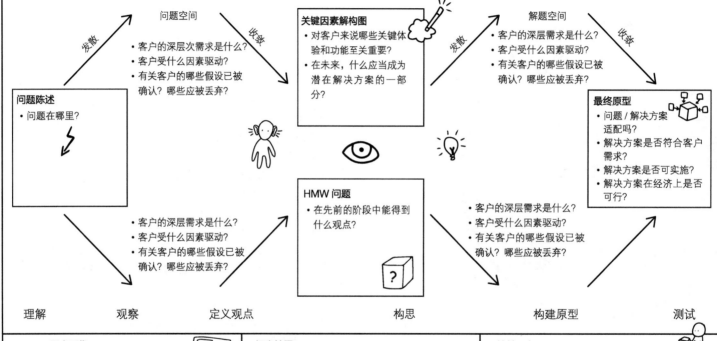

研究 / 趋势 / 远见
- 到目前为止，问题是如何解决的?
- 出现了什么趋势和潮流?
- 如何以战略远见来描述未来?

愿景原型
- 目标图景看上去像什么?
- 满足了哪些需求?
- （生态系统中的）公司和客户会收获什么?

MVP 的要求
- 哪些原型应被视作 MVP 而实施?
- 什么体验 / 功能应首先被测试和验证?
- 功能的待办事项有哪些?

问题空间

发散

问题陈述
- 问题在哪里?

- 客户的深层次需求是什么?
- 客户受什么因素驱动?
- 有关客户的哪些假设已被确认? 哪些应被丢弃?

收敛

关键因素解构图
- 对客户来说哪些关键体验和功能至关重要?
- 在未来，什么应当成为潜在解决方案的一部分?

解题空间

发散

- 客户的深层需求是什么?
- 客户受什么因素驱动?
- 有关客户的哪些假设已被确认? 哪些应被丢弃?

收敛

最终原型
- 问题 / 解决方案适配吗?
- 解决方案是否符合客户需求?
- 解决方案是否可实施?
- 解决方案在经济上是否可行?

- 客户的深层需求是什么?
- 客户受什么因素驱动?
- 有关客户的哪些假设已被确认? 哪些应被丢弃?

HMW 问题
- 在先前的阶段中能得到什么观点?

- 客户的深层需求是什么?
- 客户受什么因素驱动?
- 有关客户的哪些假设已被确认? 哪些应被丢弃?

理解　　　　观察　　　　定义观点　　　　　　构思　　　　构建原型　　　测试

用户画像
- 谁有问题?
- 客户的痛点 / 收获，以及待完成工作和用例是什么?
- 当前和未来的客户需求是什么?

探索地图
- 什么有效? 什么无效?
- 相应的原型能否满足客户需求中的某个体验和功能?

精益画布
- 如何描述简短的概念?
- 如何准备下一个设计镜头，包括关键人物、客户细分、早期使用者的初始想法?

设计思维画布

模板下载

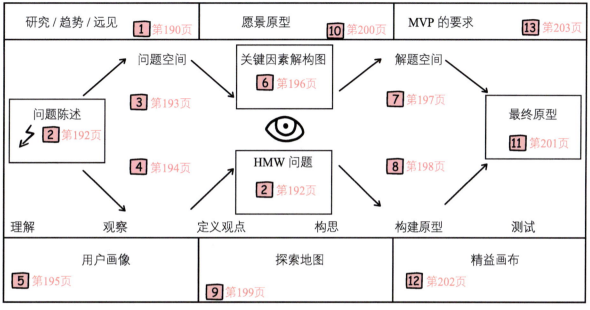

研究 / 趋势 / 远见	愿景原型	MVP 的要求
1 第190页	10 第200页	13 第203页

问题空间　关键因素解构图　解题空间
6 第196页

3 第193页　　7 第197页

问题陈述
2 第192页　　最终原型
11 第201页

4 第194页　　HMW 问题
2 第192页　　8 第198页

理解　观察　定义观点　构思　构建原型　测试

用户画像	探索地图	精益画布
5 第195页	9 第199页	12 第202页

工具和方法

1. 研究 / 趋势 / 远见
2. 问题陈述 /HMW 问题
3. 同理心访谈
4. 极端用户 / 领先用户
5. 用户画像
6. 关键因素解构图
7. 头脑风暴

8. 测试原型
9. 探索地图
10. 愿景原型
11. 最终原型
12. 精益画布
13.MVP 的要求

设计思维画布帮助我们记录每个步骤及所用工具和方法的结果。

下载工具

研究 / 趋势 / 远见

对设计团队来说，一个相当普遍且有效的方法是在问题陈述的背景下思考相关趋势、人口变化和全球性活动。在这里，有数不尽的方法和工具可使用。面对未来的一种有效方法是采用"发展曲线"。在未来场景、商业模式进化和所谓的创新加速器层面，这样的发展曲线有助于我们把握微观趋势、宏观趋势和大潮流。

发展曲线有助于商业增长设计思维团队：

• 将事件、生命周期和其他发展置于正确的环境中。
• 验证愿景原型或商业生态系统的未来目标图景。
• 为愿景和未来客户需求描绘一个更为清晰的轮廓。
• 在整个设计周期中设计和挑选（过滤）重要主题。
• 了解如何解决未来的问题。

程序和模板

1. 不同但相关的主题可以绘制在同一发展曲线上（见第191页）。
2. 对于所给定的主题，可以通过战略远见、被识别的趋势和设计思维创建主题地图（见"汽车的未来"）。
3. 可以将各种趋势带入不同的层次，这有助于讨论和评估它们对于项目的影响。
4. 未来研究机构和趋势研究人员的相关报告。

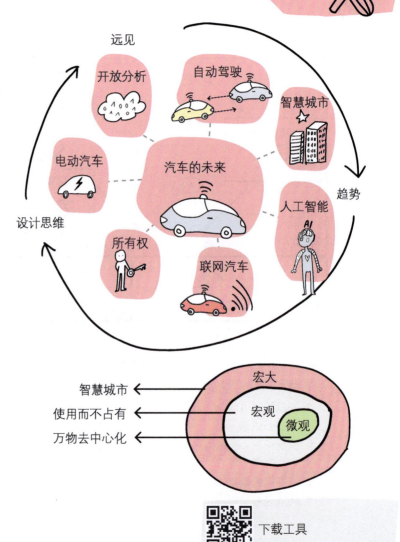

发展曲线

以下是围绕数字化、技术和商业模式的场景示例。通过结合发展曲线中的几种趋势，可以构建新的、创新的想法。

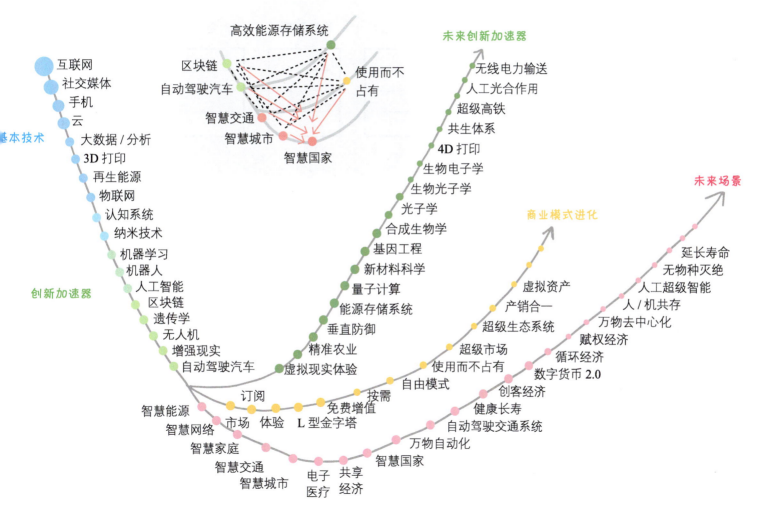

191

问题陈述/HMW 问题

人们常常会思考解决方案。这也是设计思维的第一步——了解客户问题产生的原因。问题陈述让我们可以用一句话简洁地表述问题。因此，问题陈述与之后要介绍的HMW 问题是设计思维中问题空间的起点和终点。

问题陈述帮助商业增长设计思维团队：

• 形成对问题的共同理解。
• 将从问题分析中收集的结果以陈述的方式呈现。
• 概述构思的方向和框架。
• 为提出有针对性的"我们如何……"问题（HMW 问题）奠定基础。
• 为后续成功测量设定参考价值。

问题陈述

1. 在开始时，可以针对问题提出各种 WH 问题，譬如：它为什么会成为问题？
2. 基于这些回答，团队可以迭代问题陈述。问题陈述的形式是："我们如何重新设计（什么）（为谁），以便（他的需求）得到满足？"

HMW 问题

HMW 问题基于我们的观点，并且来自所收集的调查结果。也就是说，HMW 问题是对于问题陈述的证实。

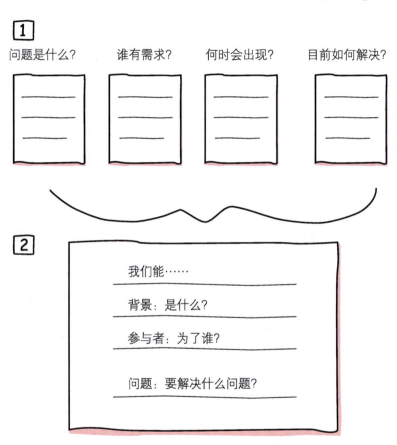

1 问题是什么？　谁有需求？　何时会出现？　目前如何解决？

2 我们能……

背景：是什么？

参与者：为了谁？

问题：要解决什么问题？

工具下载

同理心访谈

使用"同理心访谈",从客户的角度来看待先前概述的问题。尤其是在早期阶段,访谈有助于了解潜在客户或客户行为的背景。对于商业生态系统设计团队来说,同理心访谈对打破以往的思维模式,将思维模式从以产品为中心或以公司为中心转换为以客户为中心非常有帮助。

同理心访谈帮助商业增长设计思维团队:

- 构建对潜在客户的需求、情感、动机和思考方式的深入了解。
- 获得原本隐藏在肤浅思考中的洞察,如潜在客户的挫败感和更深层次的动机。
- 找出客户偏好哪种任务流,它基于哪种思维模式。

程序和模板

1. 首先,创建问题地图。这样做的好处是,不仅会在"同理心访谈"中询问这些问题,还会提出 WH 问题来检查最初的陈述。
2. 除了问题地图,所谓的"旅程阶段"也能帮助在早期识别模式。譬如,提示受访者以草图或时间顺序的方式呈现或深化主题。这提供了通过提出更深入的问题来探索特定行为的原因的机会。这样,你能发现:
   - 用户以往在何处收集信息。
   - 哪些信息是有价值的。
   - 他何时做出购买决策。
   - 支付的难易程度。

同理心是倾听他人对自己的回应,并就他们的需求得出结论。

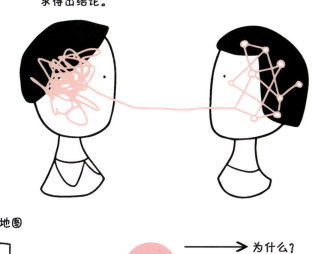

问题地图

总是

经常

偶尔

工具下载

极端用户 / 领先用户

与极端用户/领先用户的交互有助于找到创新想法和识别客户尚不为人所知的需求。领先用户常常像创新者一样，利用自己的专业知识满足其目前还不能在大众市场上得到满足的需求。极端用户需要的东西往往会超出产品、服务或系统的正常使用限制。这两个概念都有助于获得与尚未解决的新市场领域相关的"前沿"知识。对于商业生态系统来说，人们的日常需求和梦想相当重要。

极端用户 / 领先用户概念帮助商业增长设计思维团队：
- 探索普通用户和客户难以表达的需求。
- 寻找新的创新想法。
- 识别用户行为或需求的早期趋势。
- 构思更一体化的设计。

程序和模板
- 可以首先定义与问题相关的维度（在极端用户的情况下），或者可以通过社交媒体帖子识别为满足自己需求而创新的领先用户。
- 可以通过访谈和观察获得新的洞见。结论可用于创建新的用户画像和验证已有的假设；它们还可能包含有关初始解决方案的想法。
- 领先用户和极端用户的结果可以以视频展示或图解的形式记录下来，并与内外部团队分享。

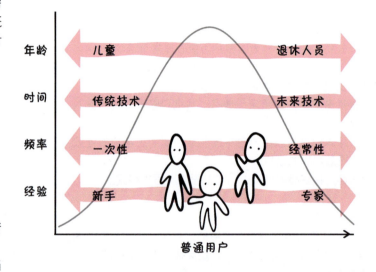

成功的商业生态系统发起者不是简单地在探索中创造新的产品。他们会非常细致地思考哪个价值主张会引起客户的强烈反响。

工具下载

194

用户画像

　　用户画像的概念有助于把深度访谈、同理心访谈甚至与领先用户/极端用户互动的结果展现为具有探索需求的可能客户群的简介。创建一个或多个虚构人物来表示用户或客户的类型。应当尽可能精准地描述用户画像。这意味着它将拥有名字、性别和基本人口数据，如年龄、专业和爱好。

用户画像帮助商业增长设计思维团队：

- 创建一个虚构人物，作为解决方案的潜在客户。
- 绘制潜在客户的图像，与每位团队成员分享。
- 将典型客户的目标、愿望和需求可视化，并与设计团队分享。
- 达成对目标群体的一致理解。

程序和模板

　　用户档案画布包括 8 个分区。这些分区有助于在创建用户画像时找到正确的问题。

1. 尽可能准确地描绘用户画像（姓名、年龄、性别等）。
2. 解释用户画像要执行的任务。
3. 在问题陈述的背景下描述用例。典型问题：什么地方？什么？如何？
4. 描述痛点，即挑战或现有问题。
5. 描述收获，即存在的机会或收益，如生活状态或社会地位。
6. 绘制用户画像的草图或图片。
7. 探索用户画像的周围环境。典型的问题：谁会影响用户画像？
8. 哪些已有趋势会影响用户画像？

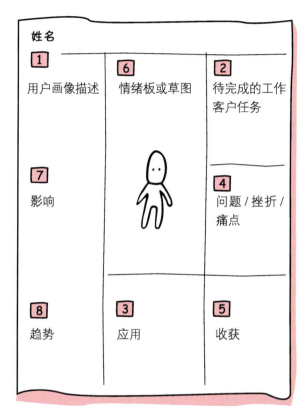

工具下载

关键因素解构图

　　关键因素解构图有助于团队根据初步结论、定义的 POV 或创建的用户画像对目标群体的关键成功因素达成共识。这些因素往往包含在 MVP 中，必须在稍后通过最终原型呈现。关键因素解构图中的因素可以描述用户期望解决方案提供的体验和功能。每次迭代之后都应该反思解构图中的因素。但是，有些因素必须与关键体验或功能相关联，一直到最终原型 /MVP。

关键因素解构图帮助商业增长设计思维团队：

- 评估"理解"和"观察"阶段的结果并筛选出关键因素。
- 为"构思"和"构建原型"阶段及稍后的"测试"阶段做准备，构建好的起始位置。
- 找出对项目至关重要的事项，并就成功的重要因素达成一致。

程序和模板

1. 在这一步开始时，思考以下问题："成功解决问题的关键是什么？"这基于"理解"和"观察"阶段得出的结论。
2. 在白板或一张大纸上绘制"关键因素解构图"，并在团队中讨论用户必须有哪些体验 / 对用户来说哪些功能至关重要。
3. 每位团队成员在便利贴上写下对他来说关键的 8 个因素。
4. 每位团队成员列举 4 种体验和 4 个功能，其中一种（个）要侧重于全新的或未来的期望。
5. 巩固结论并在团队内形成关于 8 个关键因素的共识。在此基础上，定义"我们如何……"问题，这些问题要足够有趣，能成功启动"构思"阶段。

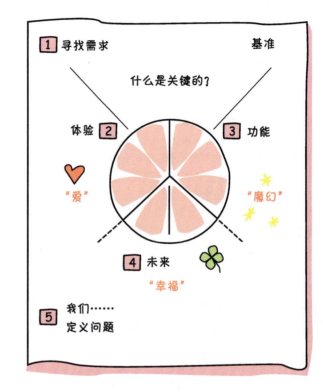

关键因素解构图的内容与构建原型、MVP 和实现 MVE 高度相关。

工具下载

196

头脑风暴

　　头脑风暴是一种创造性思维方法，每位参与者都可以贡献自己的知识。头脑风暴会议有助于为问题陈述找到大量想法。好的头脑风暴会议能够激发创造力并使所有的参与者忘却自己的层级，贡献自己的想法。头脑风暴没有设限——欢迎所有想法。特殊形式的头脑风暴工具如超级英雄（史蒂夫·乔布斯会如何解决这个问题）或者类比/标杆（亚马逊会如何解决这个问题）都能在此运用。

头脑风暴帮助商业增长设计思维团队：
- 持续输出大量想法。
- 开发团队的创新潜力。
- 在短时间内拥有大量变体。
- 在代表不同技能和知识的问题上获得跨学科视角。
- 从不同群体中收集想法和观点。

程序和模板
1. 为头脑风暴会议准备清晰的HMW问题，譬如，"我们如何……"或"有什么可能性……"。
2. 在开始头脑风暴会议之前重复头脑风暴的规则。鼓励团队在会议期间提供更多想法，并借鉴他人的想法。确保所有的声音都能够被听到，所有的想法都被写下来。指明每张便利贴上只能写一个想法。除了文字，还可以在便利贴上画一些草图。
3. 每隔一段时间就与团队一起收集和评估想法。
4. 判断是否需要更多的创新，如获得更狂野的想法；或者在寻求更多想法的领域开始头脑风暴会议。

　　创新是一项团队运动。在多人的头脑风暴会议中，一个随机出现的想法可能会产生最佳解决方案。

工具

头脑风暴规则

创作信心

数量先于质量

想法可视化

使用手势

借鉴他人的想法

每次一个人说，其他人听

不带偏见

持续头脑风暴

尽快失败，尽早失败

工具下载

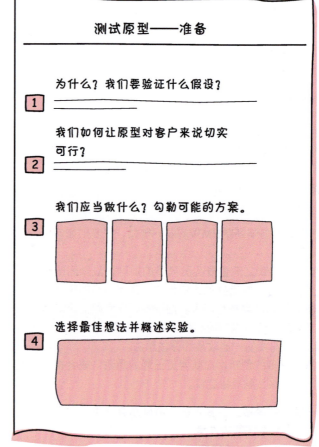

测试原型

原型是设计思维的一个基本概念。它有助于直接在客户交互中获得反馈，如在体验或功能方面的反馈。在不同的构思阶段和应用不同的创意方法之后，想法将在原型中实现，并与潜在客户进行测试。该过程主要是设计一个实验，以便从与客户的交互中了解一些东西，并据此改进原型。当潜在客户与原型交互并通过这样的方式体验原型时，这是最好的。

测试原型帮助商业增长设计思维团队：
- 让想法变得可行，并观察潜在客户如何与原型交互。
- 加深对潜在客户的了解。
- 验证需求并审视假设。
- 在可实现、合需求与能生存的各个维度获得反馈。

程序和模板
1. 在构建原型之前，我们应当自问，我们想要获得什么样的洞见，以及我们为什么要进行实验。因此，制定待测试的假设及思考如何进行实验很有必要。
2. 思考与原型的交互如何成为客户激动人心的体验，以及测试将如何产生新的洞见。
3. 确定保真度及具体要做的事项。定义要构建的不同原型。考虑替代方案通常是有意义的。
4. 如有必要，选择一个方案并概述实验。低保真原型侧重于满足需求、实用性和功能性，在大多数情况下用于发散阶段。高保真原型侧重于可行性和盈利能力。

测试原型——准备

1 为什么？我们要验证什么假设？

2 我们如何让原型对客户来说切实可行？

3 我们应当做什么？勾勒可能的方案。

4 选择最佳想法并概述实验。

工具下载

探索地图

探索地图有助于保持对全部实验和已构建的原型的追踪。它包括体验轴和功能轴。这两个轴分别代表已知或现有的、新的或不能预见的行为和功能。此外，可以在探索地图上输入用户/客户对实验的反馈。这样就可以确定预期的客户行为是否合乎现实生活体验。探索地图显示了团队在整个设计周期结束时达到终极解决方案的路径。

探索地图帮助商业增长设计思维团队：
- 使已经实施的实验类型和实现的原型可视化。
- 快速浏览仍可实施的实验或原型。
- 记录实验的预期结果与实际结果之间的差异。
- 对目前进行的实验达成共识。

程序和模板

探索地图为团队提供了对已进行实验的概览，并展示了仍然可以进行实验的区域。它提供了关于对实验的期待以及对目标群体影响的信息。

1. 记录已经进行的实验。它们可能要被重新定位。每个实验都要被记录在探索地图上——最好使用名称和图片，如原型和测试。
2. 团队讨论实验的定位。我们是否已经离开了舒适区？譬如，基于先前的探索和实验，可以定义新实验的目标。
3. 在构建了原型和形成对相应结果的期待之后，它们也应在探索地图的相应位置上被记录下来。
4. 在测试之后，需要记录客户的反应和测试的结果。有关反馈的关键讨论有可能改变相关实验在探索地图上的位置。

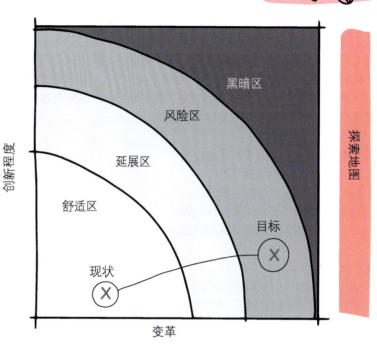

探索地图

工具下载

199

愿景原型

　　愿景原型是第一个试图解决用户所有已确定需求和问题的概念。简略描绘的愿景通常涵盖相当长的时间范围，可以通过产品和/或服务形式的一系列解决方案来实现。这一概念还必须经过用户的测试和验证。在这个步骤里，通常会产生关于用户及其行为的新洞见。设计愿景原型有助于团队更好地突破"挣扎区"——从问题探索的发散阶段过渡到问题解决方案的收敛阶段。

愿景原型帮助商业增长设计思维团队：
- 制定如何解决问题的首个愿景。
- 为未来要上市的产品制定愿景。
- 确保愿景能为用户解决需求和问题。
- 设计从问题探索到问题解决的过渡。

程序和模板
1. 描述目标群体：再次用愿景原型的特定术语描述目标群体。通过用户画像和其他细分技术的帮助获得洞见。
2. 描述需求：为所开发的解决方案描述特定需求。
3. 描述产品/服务：这里最重要的是如何实现问题/解决方案的适配，以及如何满足客户的需求或解决其问题。
4. 描述为客户和参与者带来的收益：描述为客户带来的收益。任何已经在生态系统中思考的人都可以将系统或个体的收益整合起来。
5. 描述愿景：第1~4步是描述真实愿景陈述的指南。好的愿景陈述是宏大的，包括要为谁构建解决方案及定义的目标群体将带来哪些收益的信息。

工具

北极星

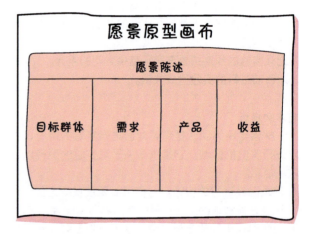

愿景原型画布

愿景陈述			
目标群体	需求	产品	收益

　　想法必须转换成故事，这对客户和商业生态系统中的潜在合作伙伴来说很重要。

工具下载

最终原型

迭代过程确保了原型的保真度随着时间的推移越来越高。最终原型是问题解决阶段的结尾。最终原型必须既优雅又简单。在我们开始为 MVP 制定规范之前，再次检查解决方案是否仍然适配最初识别出的需求和目标群体的问题至关重要。在这一步中，至少应满足一个或多个 MVP 中的所有标准。

最终原型帮助商业增长设计思维团队：

- 结束原型阶段和早期创新阶段。
- 避免过度满足需求。
- 减少元素直到仅保留必需元素。
- 映射子功能的智能组合。
- 为需求和问题制定优雅的最终解决方案。
- 更接近精益创业阶段，从而向实现愿景和验证商业模式的初步假设迈出符合市场需求的一步。

程序和模板

尽管先前许多原型的保真度很低，但在创建最终原型时，要确保它包含了关键项目解构图中的因素，因为这些因素通常对成功至关重要。实施工作应该有良好的计划。通过测试可以帮助我们获得我们所能得到的所有帮助，如从用户界面设计师或其他服务提供商那里获得帮助。最终原型的一个原则是：功能越简单越好。当实施最终原型时，"优雅"将在想法和现实中自然展现出来。最终，只有在现实中才能产生真理。客户要么会喜欢这个解决方案，要么会很快失去兴趣。

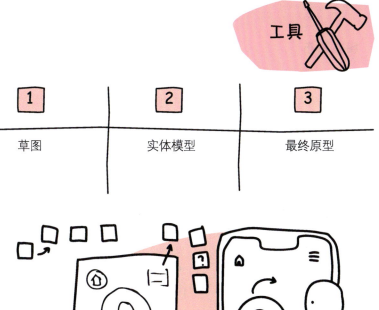

1	2	3
草图	实体模型	最终原型

 工具下载

201

精益画布

画布帮助我们构建和可视化项目。完成后的精益画布记录了最终的问题／解决方案。精益画布中的每一格以逻辑顺序引导从客户问题到不公平优势的思考。精益画布为转换到下一个设计镜头提供了良好的基础。商业模式画布也可以用作替代方案。精益画布更适合向 MVP 过渡，因为与商业模式画布相比，精益画布较少是内部导向的。

精益画布帮助商业增长设计思维团队：

- 总结设计思维迭代的结果，从而清晰了解 MVP/MVE 的要求。
- 对假设进行可视化和结构化，以便在事后对其进行审查，并在概述中捕获发现。
- 通过实施或在商业模式中思考和观察，以识别实施过程中的风险。
- 比较不同的变体和商业模式。

程序和模板

1. 在精益画布中逐步填写并用新的发现进行补充。在早期阶段，重点关注 I 至 V，以审视"问题／解决方案适配"（问题、客户细分、价值主张、解决方案和现有备选方案）。
2. 按顺序完成其他方面。建议：根据偏好，针对不同的客户群或风险使用不同的便利贴（如粉色 = 高风险，必须尽快测试；黄色 = 中风险；绿色 = 已测试或低风险）。
3. 识别出风险最高的假设并在实验中进行测试。

标题

问题 I	解决方案 IV	价值主张 III	不公平优势	客户细分 II
现有备选方案 V	关键特性	高级概念	渠道	早期采用者

成本结构	收入来源

工具下载

MVP 的要求

最终原型可能包含一个或多个 MVP 的要求。结合来自关键因素解构图和愿景原型的优先因素，可以定义待办事项列表，这将成为镜头 #2 "精益创业" 中后续步骤的基础。

MVP 的要求清单帮助商业增长设计思维团队：
- 按照主题和时间顺序提供有关验证的所有信息。
- 在特性、功能和体验之外，还应当包含与第三方系统整合相关的要素。
- 首先对整个企业架构和系统架构的未来进行初步考虑，包括未来商业生态系统中的相关组件、产品和交互界面。

程序
- MVP 的要求往往基于设计思维阶段的最终原型。最终原型常常会导致各种 MVP 或可以追溯到愿景原型的方法。
- 要求可以在清单上逐一列出，也可以用草图描述。团队清楚地了解下一阶段要实施的任务至关重要。把更大的目标图景及其相关内容放入后面的阶段也很有帮助。
- 核心团队应当跟进下一个阶段，这样就不会导致因知识迁移而带来损失。
- 基于 MVP，在设计镜头 #3 "商业生态系统"，MMF 作为 MVE 的一部分，可以融入市场并在与参与者的交互中进行测试。一旦 MVE 阶段成功完成，其他的特性、功能和体验就可以在产品待办事项列表中进行管理和评估。

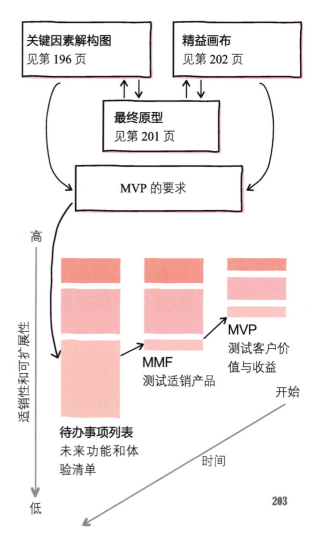

203

设计思维为商业生态系统倡议的启动提供了正确的思维方式、程序模型和方法。它有助于采取以客户为中心的思维方式，批判性地对假设进行质疑，以及重新定义问题陈述。

迭代工作为从跨学科团队的协作到与其他公司一起共创做好了组织上的准备，因此，这种工作态度也应当用于跨越公司和行业边界的情况。

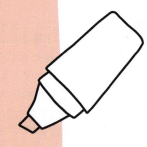

在商业增长设计思维中，设计思维镜头的目标是开发满足客户需求的解决方案。最终原型和关键因素解构图中的因素构成了有关实施一个或多个MVP的规范的基础。

从设计思维转换到精益创业

维度	最终原型	MVP
目的	主要是测试要整合到生态系统中的解决方案原型是否可实现和合需求	在设计镜头的各个层面进行验证（可实现、合需求、能生存）。原则：以尽可能少的努力获得尽可能多的认知
焦点	向决策者和利益相关者进行演示，如为下一阶段提供资金	足够好的市场发布和真实（测试）客户的互动
特性	多种多样；其他一些会被 MVP 作为验证的一部分而排除	基本功能、功能性要素和体验
目标群体	小部分利益相关者和决策者	初始（测试）客户群，以及实现最重要的价值主张的生态系统中的潜在参与者
遗产	在 MVP 的要求最终呈现和定义之后被丢弃	可销售解决方案的第一个版本
反馈类型	客户对概念、想法和体验的反馈	对不同 MVP 中的每个功能和体验或体验链条的反馈
设计	实体模型、线框图	产品功能、特性和体验
客户收益	展现潜在的价值主张	在一个或多个 MVP 的范围内提供经过验证的价值主张
整个设计周期的创造时间	未经验证的商业案例和产品；低资金成本；未知的未来风险；当前风险较低	商业案例和产品/特性验证；足够的资金；中等风险
测试	客户和市场需求	解决方案和相关功能的测试；检查客户为这个服务/产品进行支付的意愿
收入	通常情况下，不会从原型中获得收入	可能在与作为（测试）客户的早期使用者的互动中获得初始收入

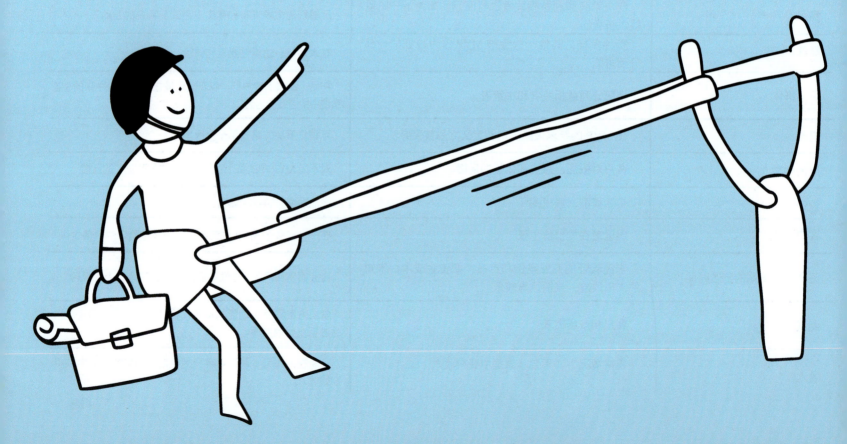

镜头 #2
精益创业

精益创业简介

精益创业方法和相关程序模型有助于在市场上获得关于产品或服务的初步经验。主要目标是从客户反馈中得出结论，这反过来又能推动 MVP 的改进。这是通过迭代测试最关键的体验和功能来完成的。此外，MVP 允许在定价方面进行初步测试。重复迭代过程，直到 MVP 满足客户需求。"精益"思维和迭代工作遍及所有阶段：从设计思维到最小可行产品 MVP，一直到 MVE，这将在商业生态系统设计的部分详细展开。"最小可行"描述了实施产品和服务的方法，其中，全部的流程和开发步骤都应尽量精简。这种务实的风险最小化程序已经成为现有公司进行根本性变革的有效方法，并且被运用到从数字化转型到探索新的增长领域中。本节介绍的模型将遵循埃里克·里斯、史蒂夫·布兰克和阿什·莫里亚的概念思想。需要为 MVE 准备多个 MVP；通常同时实施各种选项，以便在下一步得出适当的结论。精益创业周期的结果验证并聚焦战略思考。特别是在将设计思维运用到商业增长中时，在增长主题的定义范围内，摒弃已经使 1 用了数十年的陈旧公式是非常重要的。从对竞争对手、目标市场、细分市场的分析到商业计划书的编写并将计划书推销给决策者，转变为与客户携手进行敏捷开发，自始至终为潜在客户 / 用户提供利益和价值的方法。经过验证的价值主张是后续运作良好的商业生态系统的起点。精益创业画布有助于描述起点、规划和记录一个或多个 MVP 的结果。

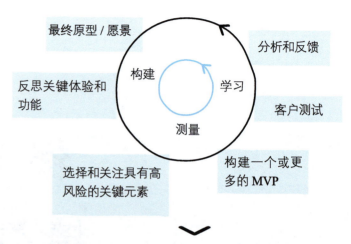

最终原型 / 愿景　　　　　分析和反馈

反思关键体验和功能　　构建　　学习　　客户测试

测量

选择和关注具有高风险的关键元素　　构建一个或更多的 MVP

基于ＭＶＰ的新功能、体验和特性的实验，可持续商业模式的理念有助于在生态系统中推动价值主张的迭代。

合适的方法和工具

精益创业的关键问题

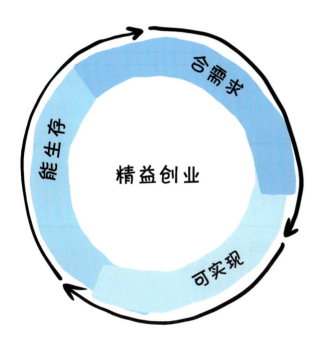

能生存

- 运用商业模式解决哪些问题？
- 固定成本和变动成本在哪里产生？
- 哪些价值流产生收入？
- 商业模式和价格对客户是否有吸引力？
- MVP 是否有潜力在未来的生态系统中实现指数级增长？
- 如何实施概念并获得财务收益？

合需求

- 谁是最重要的客户？
- 哪些客户是潜在的"早期使用者"？
- 应当考虑哪些额外需求（如合作伙伴、供应商、外部影响者和决策者）？
- 谁是最重要的利益相关者和利益集团？
- 价值主张是否适配客户需求？
- 客户是否会复购（"黏性"）？
- 什么渠道对培育客户最有效？
- 什么能让我们在竞争中脱颖而出？

可实现

- 简短的概念是什么？
- 如何测量成功？
- 应当构建和测试哪些功能？
- 哪些体验和功能是必需的？
- 哪些用户故事是 MVP 的一部分？
- 现有系统应整合到什么程度？
- 产品 / 解决方案 / 服务系统看上去像什么？

精益创业画布

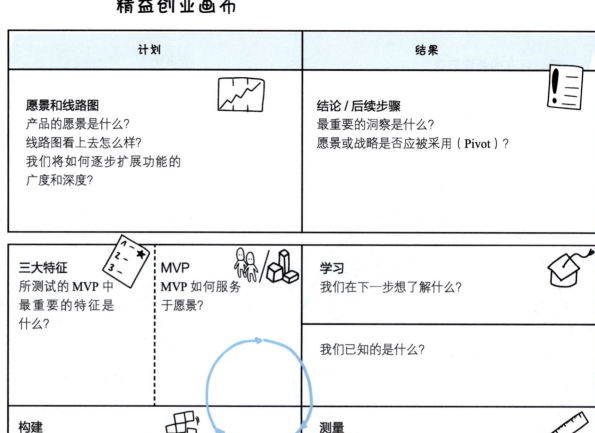

起始状态	计划		结果
用户画像 MVP 是为谁而构建？ 谁将测试这个 MVP？	**愿景和线路图** 产品的愿景是什么？ 线路图看上去怎么样？ 我们将如何逐步扩展功能的 广度和深度？		**结论 / 后续步骤** 最重要的洞察是什么？ 愿景或战略是否应被采用（Pivot）？
三大问题和挑战 MVP 的重点是什 么？ 它针对什么问题 或挑战？	**三大特征** 所测试的 MVP 中 最重要的特征是 什么？	**MVP** MVP 如何服务 于愿景？	**学习** 我们在下一步想了解什么？
			我们已知的是什么？
用例和客户旅程 它为客户旅程 / 生 态系统旅程或用 例中的哪一步带 来提升？	**构建** 如何构建这些特征？		**测量** 我们如何测量结果和验 证我们的假设？
	创新核算 成本是多少？进度看上去怎么样？		

模板下载

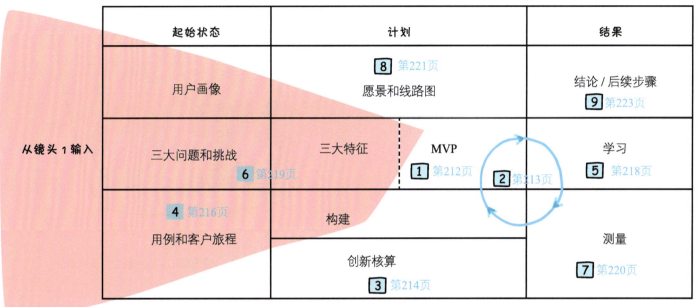

起始状态	计划		结果
用户画像	**8** 第221页 愿景和线路图		结论/后续步骤 **9** 第223页
三大问题和挑战 **6** 第219页	三大特征	MVP **1** 第212页	学习 **5** 第218页
4 第216页 用例和客户旅程	构建	**2** 第213页	测量
	创新核算 **3** 第214页		**7** 第220页

从镜头 1 输入

工具和方法

1. MVP
2. 构建—测量—学习
3. 创新核算
4. 用户故事/用户故事地图/验收标准
5. Pivot
6. 可用性测试
7. 支付意愿分析
8. MVP 产品组合和 MVP 产品组合计划
9. 从 MVP 转换到 MVE 的 MMF

精益创业画布帮助我们记录每个步骤及所用工具和方法的结果。

下载工具

MVP

不同于传统的产品开发，MVP 旨在与潜在客户共同测试每个体验和功能，为客户提供实际的价值。MVP 通过迭代反馈循环（参见第 213 页"构建—测量—学习"）运行。此处的重点是"构建 MVP"，它比在设计思维中实现的原型有更高的保真度。MVP 中的"产品"一词在许多情况下是产品或服务与功能和 / 或体验的组合。

MVP 帮助商业增长设计思维团队：

- 快速学习并最大限度地降低失败成本。
- 获得潜在客户的直接反馈。
- 将构建未来无人愿意使用的产品、解决方案或服务的风险最小化。
- 基于客户反馈开发价值主张。
- 进行多次迭代，直到产品、服务或体验满足客户需求。

程序和模板：

1. **在已知信息的基础上构建。**所有与设计思维相关的活动都有帮助。尤其是关键因素解构图对于定义 MVP 的功能和体验很有效。同时建议开发几个 MVP，测试它们并获得新的认知。
2. **将功能、体验和 MVP 进行优先级排序。**矩阵中每个元素都会对给客户提供的附加价值和测试的紧迫性产生影响。MVP 还被用来测试尚未确认的假设，以及客户的接受程度和支付意愿（参见第 220 页"支付意愿分析"）。

输入：

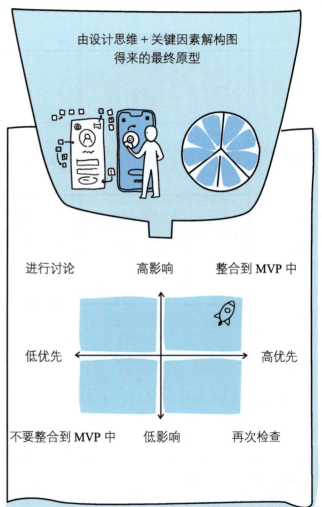

由设计思维 + 关键因素解构图
得来的最终原型

进行讨论　　　高影响　　　整合到 MVP 中

低优先　　　　　　　　　　高优先

不要整合到 MVP 中　　低影响　　　再次检查

构建—测量—学习

构建—测量—学习是一个迭代反馈循环，应用于产品或服务满足特定市场成熟度或达到适销条件前。这个程序会节省时间和金钱。它和设计思维中开发原型时使用的程序类似。譬如，MVP 也被用于与定价相关的问题。这显然并不意味着要去实现一个未来解决方案的有限版本。相反，目标是以最小的努力获得最大的知识收获。毕竟，最重要的是要找到客户真正想要什么，而非依靠单纯的、未经验证的假设，这些假设往往会被证明是错误的。

构建—测量—学习帮助商业增长设计思维团队：
- 尽早地获得与 MVP 开发或彻底变革相关的推论。
- 找出潜在客户能接受哪些（功能性的）设计特性或特征。
- 进行数字和物理渠道的最初测试。
- 从客户反馈的定价机会中进行开发。

程序和模板：
1. **构建。** 在 MVP 为客户带来了真正附加价值并提供给潜在客户之后，就可以开始测量效果了。
2. **测量。** 测量基于两个关键问题：潜在客户如何接受 MVP？期待什么样的改进？根据问题的回答，启动学习过程来改进 MVP 或使之适应客户需求。
3. **学习。** 迭代反馈循环能够基于来自客户的反馈进行学习。构建—测量—学习周期的主要优势在于它允许快速响应市场变化，因此可以根据客户反馈改进 MVP。

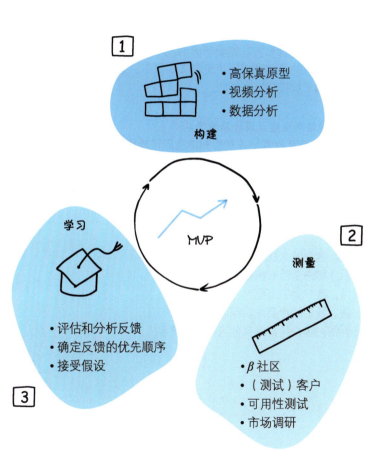

1 构建
- 高保真原型
- 视频分析
- 数据分析

MVP

2 测量
- β 社区
- （测试）客户
- 可用性测试
- 市场调研

3 学习
- 评估和分析反馈
- 确定反馈的优先顺序
- 接受假设

创新核算

　　测量创新成功是精益创业方法的一个组成部分。它使商业生态系统能够客观地验证从 MVP 的实验中得出的正确结论，然后用于 MVP 的改进。一个特定的或多个 MVP 构成了商业生态系统设计在后续阶段的基础，其中多个参与者产生了一个共享的价值主张。一般来讲，创新核算有别于公司内常用的 KPI。可以使用所谓的"驱动树"（见第 215 页）。这个视角对后面设计镜头 #4"规模化"有帮助。

创新核算帮助商业增长设计思维团队：
- 确定哪个 MVP 及其相关功能和体验应该贯穿构建—测量—学习循环。
- 通过测试进行相关假设的微调。
- 决定是否要丢弃或保留某个 Pivot。

问题示例：
1. 获取。客户怎么找到我们的？
2. 激活。客户是否有积极的首次体验？
3. 保持。客户会回来吗？
4. 收益。我们的产品或功能怎样赚钱？
5. 转介绍。客户是否向其他人推荐此产品？

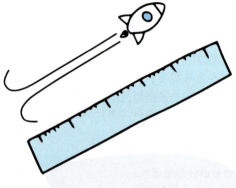

创新核算的目的是通过与客户进行实证测试来验证商业模式假设中最具风险的部分。

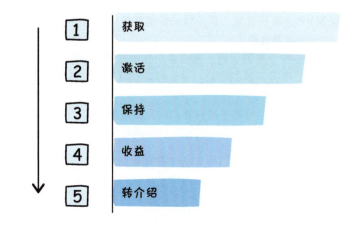

驱动树

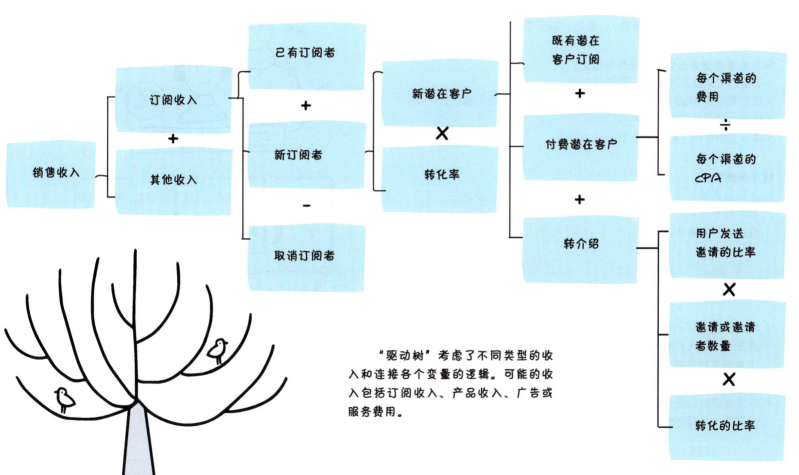

销售收入

订阅收入 + 其他收入

已有订阅者 + 新订阅者 - 取消订阅者

新潜在客户 × 转化率

既有潜在客户订阅 + 付费潜在客户 + 转介绍

每个渠道的费用 ÷ 每个渠道的 CPA

用户发送邀请的比率 × 邀请或邀请者数量 × 转化的比率

"驱动树"考虑了不同类型的收入和连接各个变量的逻辑。可能的收入包括订阅收入、产品收入、广告或服务费用。

用户故事 / 用户故事地图 / 验收标准

　　用户故事为敏捷开发提供了基础。它们有助于整体看待需求满意度，同时映射特定元素，如验收测试中所需的元素。典型的用户故事包含三个元素。首先，角色/用户画像（需求满足的对象）；其次，愿望/目标（需要满足的需求）；最后，实现可衡量的结果（收益）。

用户故事帮助商业增长设计思维团队：
- 不会忽略更高层次的目标和客户需求。
- 规划和执行 MVP 待办事项、发布待办事项和冲刺待办事项。
- 使验收测试的元素自动产生。
- 将开发团队的工作周期分解为各项任务。

程序和模板：

1. 从设计思维阶段开始对是否能生存和可实现进行初步评估，来查看某件事是否能够成为现实。一种通常的启动方式是用一句话来表达用户的意图。

> 作为＜角色/用户画像＞_____我想要_____，以便_____。

2. 特定的验收评价标准可以被定义，以便用来详细评估测试目标。尚未完全令人信服的用户故事可被作为原型再次实施或重复测试，或者需要被"美化"。
3. 验收测试可在后续阶段中自动进行。
4. 开发团队有机会分解实施过程中的每个部分，以便逐一测试它们；或者在有必要的情况下，让设计团队再次打磨和改进每个步骤。

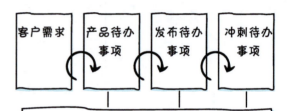

客户需求　产品待办事项　发布待办事项　冲刺待办事项

1. 作为＜角色/用户画像＞____
（满足特定任务要求的系统/产品的那些部分）我想要____（满足目标/愿望/需求），以便____（利益/附加价值、可测量的产出）。

2. 如果____就完成了。

3. 为了实现它，Ⅰ.____

4. 　　　　　　Ⅱ.____

　　　　　　　Ⅲ.____

必须完成。

用户故事模板和验收标准画布

标题	优先级	成本估算
谁 什么 为什么	作为…… ……我想要…… ……以便……	角色 目标／愿景 收益

验收标准	具体说明……………………（事情如何开始） 开展了…………………………（执行动作） 结果是……………………………（动作的结果）
• 对于每个用户故事，应当至少有一个验收标准 • 在实施前确定 • 可测试 • 有清晰结果（如通过／失败） • 专注于最终结果，而非解决方案 • 包含功能性和非功能性标准 除此之外，商业生态系统成员可以描述所有标准；而且产品所有者通常能验证它们	

下载工具

Pivot

在精益创业环境中，关键点是对整个 MVP 或其中一部分进行彻底的修改。如果实验表明最初预想的解决方案无效，那么改变方向至关重要。彻底改变的正确时机也很关键。通常，直觉决定了这种方向的改变何时到来。

Pivot 的操作范围帮助商业增长设计思维团队：

缩小 Pivot
MVP 成为新的、更大的产品或交付物的可整合部分。

放大 Pivot
MVP 中的一个单独部分成为新的产品或服务。

平台 Pivot
功能型 App 成为一个商业生态系统或交易平台。

渠道 Pivot
实体或数字的渠道正在变化中。

价值捕捉 Pivot
价值主张和与之有关的商业领域正在变化中。

客户需求 Pivot
客户需求在变化中，或者被错误判断。

客户细分 Pivot
MVP 对应的客户目标群体或者细分正在变化中。

商业结构 Pivot
高利润、低交易量和低利润、高交易量。

增长引擎 Pivot
从线性到指数级的增长模式变化。

技术 Pivot
带来新表现、成本节省或数据模型的新技术。

程序和模板

可以记录矩阵中每个 Pivot，除了实际的客户假设，还可以记录问题假设和最终解决方案的假设。实验基于各个假设进行。对于假设，明智的做法是优先考虑风险最大的假设，并且首先对它进行测试。

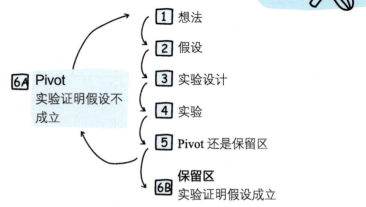

客户需求或功能／特性的微调和特征不是 Pivot，而是 MVP 过程的一部分。

追踪 Pivot	开始	第一	第二	第三	第四
客户假设					
问题假设					
解决方案假设					

下载工具

可用性测试

构建和验证 MVP 的一个关键因素是将潜在客户与以用户为中心的开发过程关联起来，利用功能、体验或单个特性创造最大的用户体验。有一整套可用性工具可以产生定量和定性的结果。提供单一的功能并不足以在市场上取得成功。相反，重点是通过产品来向未来客户提出主张；为他们的问题提供解决方案；并最终交付价值主张。譬如，如果客户很高兴，那么他们就愿意重复使用产品或者把它推荐给其他人。

可用性测试帮助商业增长设计思维团队：
- 在很早的阶段检查功能。
- 探索潜在客户是否真正理解产品。
- 决定产品或某个功能是否需要客户事先了解。
- 识别产品让客户产生的反应和情绪。

程序
记录可用性测试反馈的一种方法是将其输入四象限矩阵。
1. 写下潜在客户会做什么。
2. 记录测试客户的关键陈述。
3. 找出客户为什么以特定方式行动，以及他们目前如何选择变通方法或者如何解决问题。
4. 记录所有可计数和可测量的信息，例如，需要点击多少次或流程何时中止，以及客户将支付多少。

可用性工具箱	将要测试什么		想要什么结果	
	形成性的	总结性的	定量的	定性的
A/B 测试		X	X	
实地研究		X		X
走廊测试	X	X		X
启发式评估	X	X		X
假设测试		X	X	
访谈	X			X
记录分析		X	X	
远程测试		X	X	X
调研	X	X	X	
出声思考	X	X		X
绿野仙踪	X			X

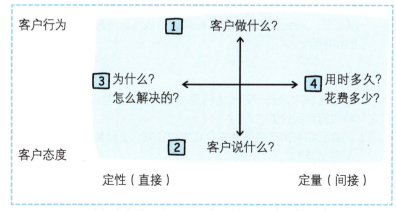

可用性测试与客户／用户如何理解、感知和使用某物有关，而与使用的技术无关。

支付意愿分析

对于某些产品，可以在早期阶段把价格作为 MVP 的一部分来进行测试。众所周知的定价模型是"成本加利润定价""比较定价"，或者在这里所讲的支付意愿分析。有不同的方法可以用来确定支付意愿。一种是"谨慎选择分析"，基于真实购买数据，或者询问客户对不同功能组合的替代品的偏好。在大多数情况下，潜在客户无法直接表达他们对某个功能的重视程度；他们可以在 A/B 测试中比较两个备选方案并表达出他们的偏好。有了足够多的客户选择数据，这种方法（联合分析）就可以作为客户对每个功能的隐性评估。

支付意愿 价格 附加价值 成本

不同的客户不太可能有相同的购买特定产品或服务的意愿。建议创建一条市场需求曲线，展示有多少客户会以所设定的价格购买，由此可以计算出市场价格弹性。

支付意愿分析帮助商业增长设计思维团队：
- 获取特定客户和细分市场客户对产品与服务的支付意愿的初步想法。
- 建立需求评估，作为预测新兴生态系统市场或细分市场总体规模的基础。
- 评估成本是否与支付意愿分析的验证结果有健康的关系。
- 从定价、商业模式和生态系统测试的战术思考开始，评估每个功能和体验。

程序和模板
1. 从与潜在客户进行开放式问题的互动开始：对你来说这个属性 / 特性有什么价值？
2. 是否已经有关于将花费多少成本的迹象；支付意愿分析的初始情况是怎样的？
3. 作为 A/B 测试的一部分，可以询问有关定价方面的各种问题。
4. 分析可能与整体交付物、个别功能或特定服务有关，如中立咨询。

这个产品对你来说值多少钱？
或者这个功能对你来说有什么价值？

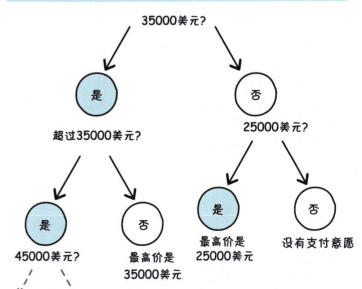

MVP 产品组合和 MVP 产品组合计划

　　成功的商业增长设计思维的领导者会思考机会，知道在最初的 MVP 之外还需要通过产品不断接触新的目标客户。逐步定义和实施的目标产品组合对此来说有所助益。开始时可以使用安索夫矩阵。原始矩阵展示了产品组合的四个象限，包含市场渗透、产品开发、市场开发和多元化经营。这个矩阵可以根据潜在商业生态系统中 MVP 的发展进行调整，对项目评估有益。当前交付物的产品形态和现有市场通常不需要考虑精益创业的方式。商业增长设计思维的重点在于创新客户开发（新市场／新产品＝潜在黑海产品）。

	现有产品	新产品
现有市场	通常不需要 MVP 来实现 独特价值主张	创新产品开发
新市场	先发优势 （上市时间）	创新客户开发 ？

　　在整合型而非传统管理型公司的思维方式中，"创新客户开发"被认为是有风险的，因为利用现有技术或实现规模经济的空间往往很小。

MVP 产品组合计划

生态系统和商业增长计划需要参与者探索、开发和提供功能、体验和特性的全面组合。产品组合计划和产品组合展示有多种选择。每个 MVP 在"探索"和"交付"之间转换。譬如，每个功能应当在市场上尽快得到验证和推广。在上市时间方面具有高风险的项目通常要求额外的资源、实施诀窍或依赖新技术。

产品组合计划帮助商业增长设计思维团队：
- 确定每个 MVP 的优先级并将它与战略目标保持一致。
- 使未来功能和体验与商业目标保持一致，如"经营、发展或变更业务"。
- 协调各个项目阶段，如计划、实施、项目管理。
- 进行充分的资源规划，并相应地分配各自的角色和资源。

程序和模板
- 将单个项目输入产品组合矩阵中；它们的程序每四周或更短的时间内更新一次。
- 每个计划的气泡大小意味着增加的价值大小。在项目中，你可以使用净现值、内部收益率、收入或者其他指标。
- 箭头表示下一阶段是否有变化，或者某些计划是否会回到"探索"阶段，譬如因为第一次可用性测试产生了新的洞见。

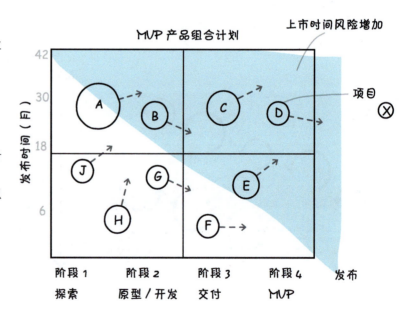

从 MVP 转换到 MVE 的 MMF

在许多方面，MVP 对相关功能、体验和特性进行了验证，从而在整体上为客户提供真正的附加价值。从 MVP 阶段到商业生态系统的设计，需要类似于 MMF 的东西，在商业生态系统原型中，它被用来构建 MVE，对其进行测试和逐步改进。在这里，应该选择对客户来说具有最大利益的特性和价值主张——一种"杀手级功能或体验"，它使生态系统充满活力，激发客户的热情，说服整个系统的潜在参与者。根据复杂程度，MVP 可直接用于 MVE 的开发和测试。

各种问题帮助商业增长设计思维团队：
- 反思这是否真的是实施项目的正确方法。
- 找出应当聚焦的"杀手级功能和体验"，以使生态系统能够吸引其他参与者。
- 对现有技能和实施系统和 / 或系统部分所需的技能进行差距分析。

5 个与转换到 MVE 相关的问题：
1. 实现最重要的价值主张是需要商业生态系统、市场、平台，还是普通的伙伴关系就足够了？
2. 启动生态系统最小可行变体的体验、功能或特性（MMF）是什么？
3. 其他参与者需要什么技能？你自己的公司能给大家带来什么？
4. 哪个用户画像 / 目标群体对应的是第一个功能和体验？
5. 潜在的商业生态合作伙伴是否参与了初步审议？它们是否也应成为商业生态系统共创的一部分？是否还有其他参与者应当在设计的阶段尽早参与到探寻解决方案的进程中？

工具

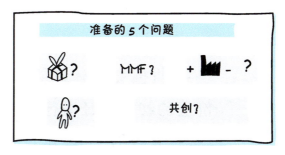

从 MVP 转换到 MVE 设计

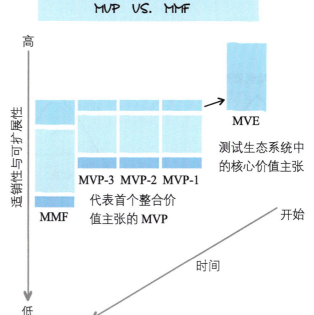

要点！

精益创业设计镜头主要是基于 MVP 对价值主张和客户附加价值的初始验证进行反思。

一个好的 MVP 旨在为客户带来价值和收益。仅仅对单个特性进行验证通常不会产生好的 MVP。

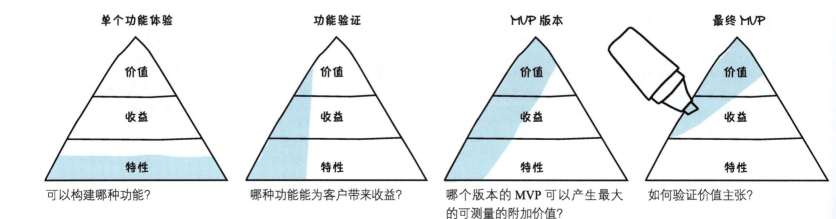

单个功能体验	功能验证	MVP 版本	最终 MVP
价值 / 收益 / 特性	价值 / 收益 / 特性	价值 / 收益 / 特性	价值 / 收益 / 特性
可以构建哪种功能？	哪种功能能为客户带来收益？	哪个版本的 MVP 可以产生最大的可测量的附加价值？	如何验证价值主张？

维度	输出：#2 精益创业 MVP	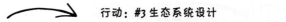行动：#3 生态系统设计 MVE
目的	在设计镜头的各个层面进行验证（可实现、合需求、能生存）。原则：以尽可能少的努力获得尽可能多的认知	在设计镜头的各个层面进行验证（可实现、能适应、价值可提高）。原则：以系统中每个角色的最小参与者数量实现学习效率最大化
焦点	足够好的市场发布和真实（测试）客户的互动	在所有参与者和（测试）客户的参与下，使用 MVP 作为测试正常运作的商业生态系统的基础
特性	基本功能、功能性要素和体验	根据所定义的价值主张，为客户提供至少一种关键体验的所有必要体验和功能
目标群体	初始（测试）客户群，以及实现最重要的价值主张的生态系统中的潜在参与者	与系统中参与者交互和共创，以构建和验证商业生态系统
遗产	可销售解决方案的第一个版本	对正常运作的商业生态系统的首次验证
反馈类型	对不同 MVP 中的每个功能和体验或体验链条的反馈	对 MVE 范围内的价值流、客户界面、数据和算法的反馈
设计	产品功能、特性和体验	以体验或功能的形式设计价值主张或其部分组件之间的交互
客户收益	在一个或多个 MVP 的范围内提供经过验证的价值主张	交付 MVE 中参与者已验证的价值主张
整个设计周期的创造时间	商业案例和产品 / 特性验证；足够的资金；中等风险	验证参与者和价值流的交互；从商业模式多维视角出发；探明商业生态系统的商业模式；由发起者或系统中其他参与者提供资金；风险增加
测试	解决方案和相关功能的测试；检查客户为这个服务 / 产品进行支付的意愿	对价值主张和相关服务、价值流和参与者互动的测试；检查客户界面
收入	可能在与作为（测试）客户的早期使用者的互动中获得初始收入	可能在与（测试）客户共同运作的生态系统中产生初始收入

镜头 #3
生态系统设计

程序模型

这部分会先介绍商业生态系统设计的通用程序模型。然后，与其他设计镜头一样，描述各个工具和方法、关键问题和相应的画布。商业生态系统设计旨在开发MVE，最终可以验证生态系统的潜在目标系统及其价值流。此处，重要的是在整个设计周期中结合不同的思维方式。在很多情况下，MVE设计的基础是某个想法的首个原型，或者遵循本书中所建议的结构来设计一组MVP。把原型向其他潜在的生态系统合作伙伴进行展示或者共创这个原型。由于即便是简单的生态系统也可能是非常复杂的，因此建议将整个系统分解为子系统并绘制参与者之间的关系图。该程序允许以最少的必要参与者迭代地创建、测试、测量和改进价值主张。该程序中的基本思想类似于精益创业方法中的思想，通过MVP进行验证。这种可以将风险降至最低的实用方法能够很快显示出哪些参与者适合目标系统，哪些价值流是可持续的，以及每个参与者和整个系统的预期收益是否协调一致。这里介绍的程序模型已经被应用在各种生态系统的挑战中，并且逐步得到改进。商业生态系统设计本身作为一个领域在《设计思维手册》（2018）中被首次提出，以讨论数字化转型成功的未来因素。本节将阐述程序模型四个循环中的每个步骤。第244~267页讲述商业生态系统设计的工具和方法。循环模型和相关工具有助于直观地了解生态系统、定义清晰的战略并设计强大的核心价值主张，以实现业务增长。从识别具有互补技能、数据、产品、服务和客户访问权限的适当的生态系统参与者，到它们在系统中的角色和商业模式机会的多维设计，生态系统设计囊括了所有关键的步骤，以帮助系统在未来实现规模化。

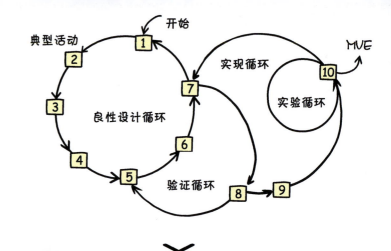

商业生态系统的设计从价值主张和初始MVP开始它的四个循环之旅。经过多次迭代、验证和初步实施，MVE是首个以最小形态在市场上提供产品的功能系统。

四个循环的步骤

良性设计循环、验证循环、实现循环和实验循环：（重新）设计商业生态系统的 10 个步骤

商业生态系统设计的出发点是客户 / 用户及其需求。在最佳情况下，客户需求和价值主张已经通过设计思维和精益创业工具得到验证。这可以通过与潜在生态系统合作伙伴的共创模式或由生态系统发起者在更窄的活动范围内完成。

商业生态系统的设计通常在三个层面发生：客户、商业和技术。下面展示的生态系统模型设计过程包括 10 个步骤，分布在"良性设计循环""验证循环""实现循环"和"实验循环"中。它并非程序蓝图。相反，它是一个建议，描绘了实现 MVE 的最重要的元素。最终的 MVE 以最有效的方式构成首个功能系统。

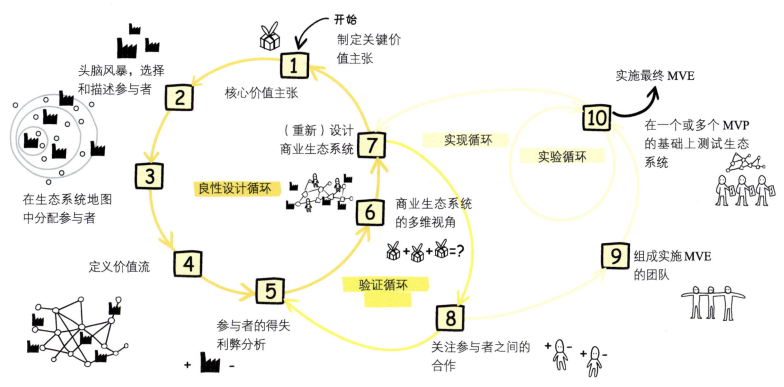

229

从"客户旅程"转换到"生态系统旅程"

尽管在实际实践中可以观察到这样的概念，但创建客户体验链对于商业生态系统的设计是不够的。应当以更为广阔的视角来制定一个整体的"生态系统旅程"，让参与者和客户参与其中。这种视角首先有助于定义全新的方法，它将所有参与者的产品和服务进行了最佳整合；其次，确定了与客户/用户接触点的最佳选择。因此，重点在于所有的客户群体和客户细分，以及活跃在商业生态系统中的参与者、供应商和其他参与者。

维度	客户旅程	生态系统旅程
接触点	与一家公司的客户接触点	绘制生态系统中所有的连接和交互
目标	通过不同的接触点改进与客户/用户的现有交互，如通知、订购、支付、安装、处理保修和处置	为系统中的所有参与者设计整体的体验。它们共同为客户/用户提供独特的价值主张
接触点	客户/用户通过不同渠道与公司及其产品交互	客户/用户通过不同渠道和整合生态系统中客户界面的不同配置与商业生态系统进行交互
应用	通过数据分析、观察和A/B测试来优化现有客户交互，以实现新的交互方式	全新的客户交互方式；通常具有高度自动化和大规模定制的元素，以便与客户进行反复交互。轻松整合参与者的产品，以提供价值主张
角色	关注客户群体和客户细分，以及它们在客户体验链方面的需求	关注客户群体和客户细分，以及在商业生态系统中活跃的参与者、供应商和其他参与者

1）制定关键价值主张

为客户或为所设计的商业生态系统提供的价值主张，可以从客户需求和即将通过原型测试及 MVP 验证的推断中得出。整个系统的核心价值主张可能与设计思维和精益创业中进行的单独思考有很大不同，因为往往两三个或更多的 MVP 会合并成一个更为全面的生态系统方法。制定核心价值主张的一个有价值的帮助是使用经过长期验证的工具，如奥斯特瓦尔德的价值主张画布或第 195 页设计思维镜头中的用户画像。作为工具之一，"核心价值主张画布"（第249 页）集合了客户 / 用户和每个参与者 / 角色的价值主张。

生态系统内的价值主张应当被描述为价值的相互转移，如实现的利益或降低的成本。

我们帮助 X 通过做 Z 实现 Y

→ 品牌主张是大创意。

→ 价值主张是支持大创意的东西。

→ "品牌信息支柱"是向系统中不同参与者所讲述的故事，以获取它们的支持，从而使它们参与到商业生态系统中并支持价值主张。

核心价值主张是对整个生态系统提供的功能和情感利益的简要阐释。重点明显是解决客户的问题或满足客户的需求。这不是以自我展示和突出显著差异特征进行的"定位"。

2）头脑风暴，选择和描述参与者

从一开始就考虑哪些参与者可能会与生态系统相关是一个很好的方法。来自内部的分析见解，如合作/行业矩阵（第114页）的结果可在此被运用。系统中还有许多可以预先定义的通用市场参与者。在分析中，可以用一些著名的战略和系统分析方法，如PESTLE分析（第120页）。设定与生态系统目标图景定义相匹配的问题。参与者的简要描述可用于调查结果的总结。这些描述包括系统中的功能与角色、主要动机及与价值主张的兼容性（第248页）。在此也可以确认当前关系的紧密程度及每个参与者在当下的商业模式。

在选择合适的参与者时，了解所有能够为提供当下和未来的价值主张而做出贡献的潜在参与者是非常重要的。

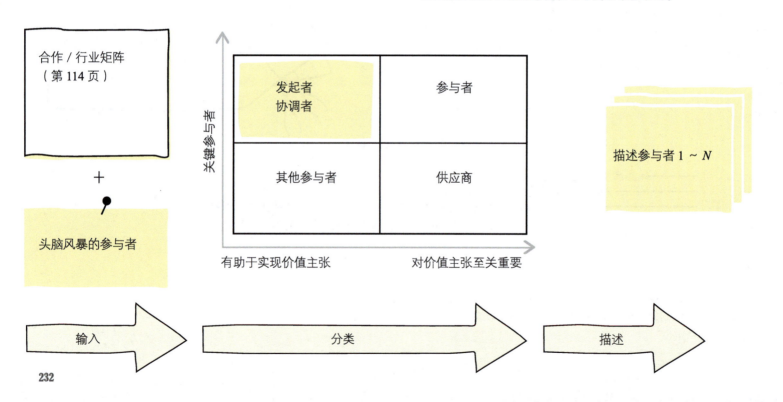

3）在生态系统地图中分配参与者

在第 3 步中，参与者进入生态系统地图（第 254 页）。譬如，对于商业生态系统地图，你可以使用其中的 3 个或 4 个部门；根据行业和用例，可以采用其他结构。客户和核心价值主张最好置于中心位置。补充产品和赋能网络及其参与者（取决于特定的生态系统

及其客户）可以放在外圈。各区域之间的界限常常是模糊的。生态系统地图构建了对所有参与者和供应商为交付价值主张而进行的互动的理解。只有全面了解系统，才能逐步优化系统，并且在后续的步骤中映射价值流和业务活动。

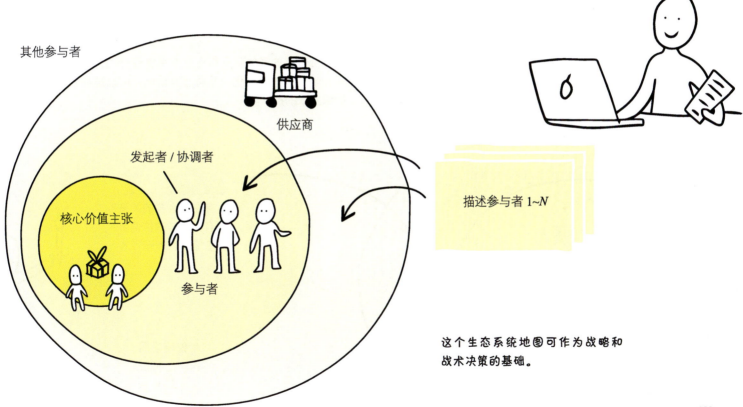

其他参与者

供应商

发起者 / 协调者

核心价值主张

参与者

描述参与者 1~N

这个生态系统地图可作为战略和战术决策的基础。

4）定义价值流

商业生态系统设计的一个核心要素是塑造当前和未来的价值流（第255页）。传统商业中的简单的生态系统适合实体产品/服务流、货币/信用流和信息。对于数字化和数字化价值流，无形价值具有高度相关性。无形价值可以是知识、软件、数据、设计、音乐、媒体、地址、虚拟环境、加密货币、代币或所有权和产权的获取与转让。这些价值流越来越分散，并在参与者之间直接交换。此外，还需要记住系统中存在负的价值流，如通过风险转移产生的价值流。

价值流的视觉化是商业生态系统设计的关键。譬如，通过消除中间和端到端的数字化，并通过自动化，可以更有效地设计系统或实现价值主张的扩展。

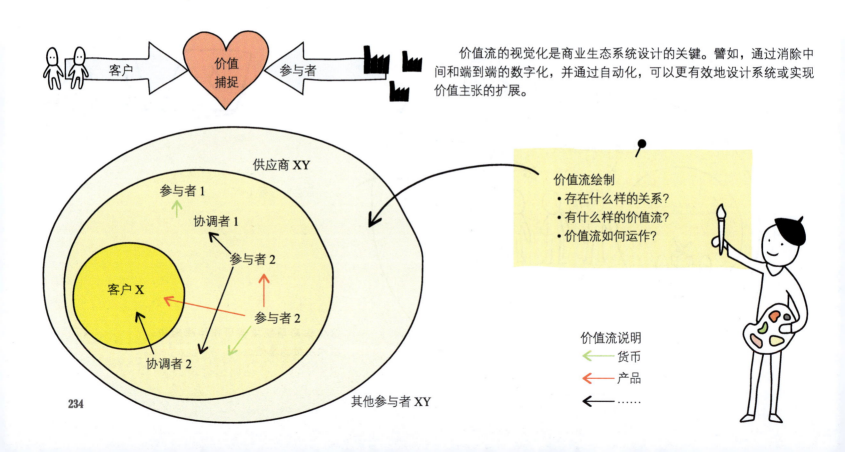

价值流绘制
- 存在什么样的关系？
- 有什么样的价值流？
- 价值流如何运作？

价值流说明
- ← 货币
- ← 产品
- ← ……

商业生态系统中不同价值流的组合可以将价值创造映射为动态和网络化的交换，从理论上看，每个参与者都与另一位参与者保持联系。通过这种方式，经过深思熟虑的生态系统可以产生比单独的参与者个体的总和更多的价值。这种关系就是生态系统的资本。

价值创造、整合型公司

成本　成本　成本

增加　增加　增加

增量价值创造；"成本增加"作为覆盖投资回报的基础。

价值创造、商业生态系统

动态和网络化的价值创造；从价值流中产生投资回报、生态系统资本和智力资本。

5）参与者的得失利弊分析

在参与者被定位到生态系统中并且价值流也变得清晰之后，可以分析每个参与者的影响。在这个阶段，建议关注每个参与者通过系统中的协作而具备的优势和劣势。如果没有明显的优势，则不可能激发参与者对生态系统的热情。

	优势	劣势
参与者 1		
参与者 2		
参与者 3		

应该在良性设计循环的每次迭代中讨论每个参与者的优势和劣势。

6）商业模式的多维视角

前面阶段的分析有助于对商业模式进行多维视角分析。每个参与者对客户价值主张的贡献及最终为正在考虑中的商业生态系统的整体价值主张做出的贡献是决定性的。必须确保每个参与者的（部分）产品与商业生态系统的价值和目标最佳匹配。最后，所有参与者都应该认为系统中的机会和风险分配是公平的，并了解系统直接或间接产生的价值流。对许多公司来说，与商业生态系统的交互是增长战略的一部分，或者是利用现有能力或参与现有市场领域以实现增长机会的战略抉择。商业模式的多维视角非常复杂，并对许多商业生态系统设计团队提出了大量要求。但这些知识和以后与系统的潜在参与者的交互高度相关。商业模式的类型也因每个参与者所选择的角色或通过参与其中而获得的地位而有所不同。大多数参与者将根据自身技能、风险偏好和增长目标做出决策。重要的是，在不同的情况下，角色的选择和参与的类型是基于每个参与者所选择的战略而有意识地进行决策（第 259 页）。

所有参与者的选择越多，通过积极的价值流从商业生态系统中提取附加价值的选择越需要经过仔细思考，生态系统对所有参与者的吸引力就越大。

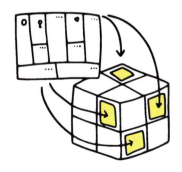

为以"租赁、购买、居住"为目标的生态系统而创建的MVE

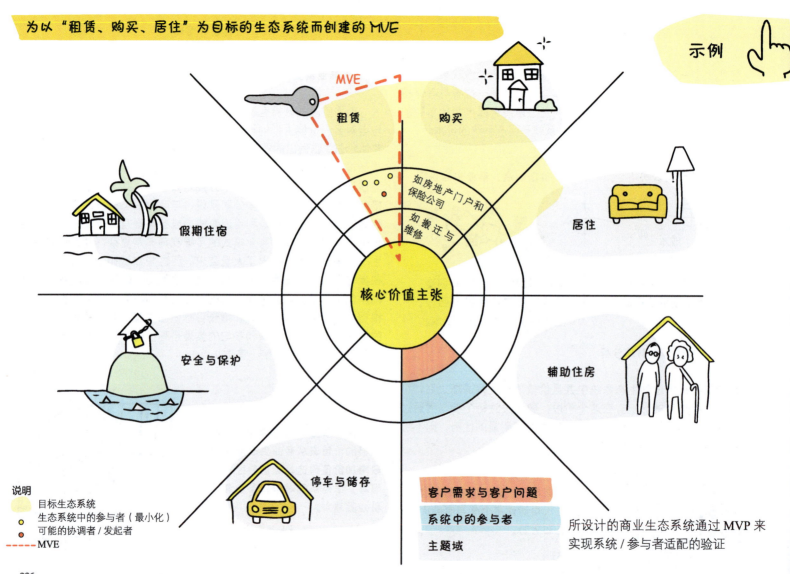

MVE

租赁

购买

如房地产门户和保险公司

如搬迁与维修

假期住宿

居住

核心价值主张

安全与保护

辅助住房

停车与储存

说明

目标生态系统

○ 生态系统中的参与者（最小化）

● 可能的协调者 / 发起者

--- MVE

客户需求与客户问题

系统中的参与者

主题域

所设计的商业生态系统通过MVP来实现系统 / 参与者适配的验证

236

7）（重新）设计商业生态系统

在这个阶段，商业生态系统得到迭代和完善。在迭代中会增加或减少其中的参与者。譬如，可以增加平台供应商、硬件供应商或增值服务，来改变和提升现有系统。应当由对新生态系统或改进生态系统的想法或者由每个变体决定对每个参与者和价值流的影响。最重要的是，通过迭代和实验来证明场景的鲁棒性。不同生态系统地图的设计和重新设计以及在某方面发生变化的参与者和价值流会产生最大的附加价值，因为通过这种方式，可以在任何场景实现之前进行预演。在良性设计循环中处理不同的集群会带来新的想法和商业模式方法，有利于扩展其独特性或找到扩展价值主张的新路径。反过来，新发现可以在初始 MVE 的框架中作为 MVP 来进行测试，也可以留在待办事项列表中，以备在未来增长和扩展的可能。

价值流、角色和参与者的重新设计和讨论强化了对目标系统和所要实现的子系统的看法；譬如，它们可能会在 MVE 中得到验证，并在稍后实施。

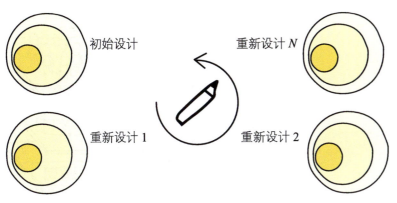

验证循环中会发生什么？

8）关注参与者之间的合作

在步骤1至步骤7中，生态系统被设计。但只有现实才能证明想法是否可行。在验证循环中，商业生态系统设计团队通常会考虑和哪些特定的参与者一起对设想中的系统进行初步验证，并且在必要的时候进行开发。参与其中的个人或团队之间的所谓特定关系确保了商业生态系统的存续。这涉及了解参与者的个人兴趣、需求和动机。尤其是在所有个人（以及公司）都从交互中获益的共生关系（广义上）中，这会带来积极的影响，进而促进系统的发展。除了成为生态系统一部分的理性决定，个人动机（如决策者动机）也同样重要。

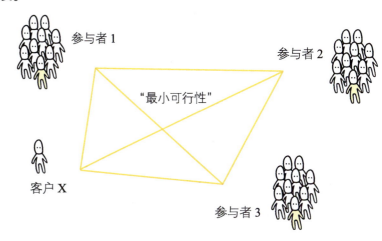

在商业生态系统中运作的公司了解收益和目标图景。它们知道创造价值需要互相之间的协调。

237

在实验循环和实现循环中发生了什么？

g）组成实施MVE的团队

在商业生态系统设计中已经考虑了系统中潜在客户和参与者的需求。要想成功实施，还需要创建这个商业生态系统的人员、团队和决策者。

决策者给定框架条件，如MVE的范围、预算、时间框架等。他们是项目的推动者。团队是将各自技能带入其中的是实际执行者。为潜在生态系统中不同参与者工作的决策者之间的个人关系和信任也是实现商业生态系统的决定性因素。这种信任是对外开放和共创所必需的。上层团队和决策者在很大程度上决定了MVE的实施和后续的协作方式。下面各层级反映了通过各个设计镜头对结果的情境

化（请见第105页"运作、配置、取胜"）。相关的数字化赋能因素补充了战略和商业视角。作为初始MVE的一部分，整个系统的各方面都是人工运作的，或者如果可行的话，可使用首个数字化组件。在许多数字化生态系统中，技术的验证非常重要。相应的组件必须发挥应有的作用。出于对MVE的考虑，精益创业的要素和程序可以进行调整，以反应并改进生态系统。最好采用构建—测量—学习原则，在实现MVE之前完成相应准备。事实证明，这样做是有益的。

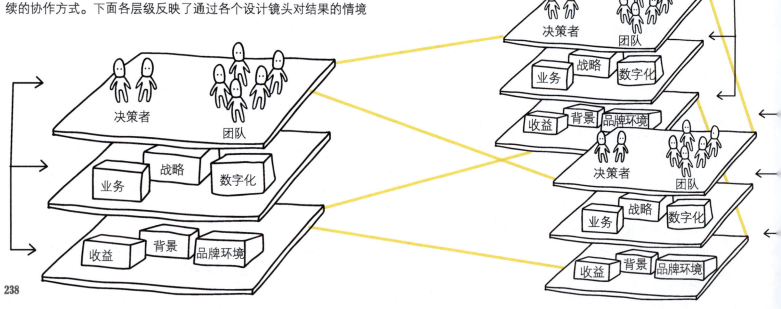

10）实施最终 MVE

实施 MVE 需要治理结构和生态系统领导力。当发起者越来越多地转向活动的幕后时，责任就会越来越多地转移到协调者身上。最终的 MVE 是首个运作良好的功能系统，因为它的参与者数量最少，效率较高，同时它是作为核心价值主张一部分的初始服务／产品。协调者需要意识到实施和后续的协调中存在的风险。这主要和复杂项目或创新计划中固有的操作风险有关。参与者的共同进化会带来机遇和风险，这些机遇和风险往往同时发生，并拥有巨大的活力。必须定义和规范系统中的参与者如何行动，以及应该做些什么。下面的列表包括从处理接触点和客户界面，到各个组件协同工作来提供价值主张的方式，如在技术和业务层面。生态系统往往只在允许持续适应和完成扩展价值主张的情况下才有可能积极发展。在很多情况下，这是价值流面对的最大挑战，它定义了每个参与者在商业生态系统中的权利。

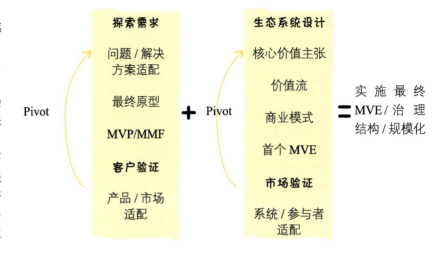

维度	发起者和协调者的挑战	整个生态系统的挑战
首个 MVE	• 为每个角色找到正确的参与者 • 建立透明度和信任 • 定义冗余度和适当的规则	• 建立共享协作的文化 • 识别系统的优势和劣势 • 持续改进和优化
MVE 的实施	• 掌控复杂性 • 管理不确定性 • 建立治理	• 为竞争对手设置高准入门槛 • 允许共同竞争（如有意义）
领导力	• 清晰沟通愿景 • 响应动态变化 • 扩展和调整价值主张	• 协调个人愿景与生态系统目标图景 • 不断反思系统中的成功、新要求和动态
规模化	• 与其他参与者协作 • 共同驱动创新和增长 • 扩展价值主张和保持市场份额	• 利用锁定效应 • 通过网络效应实现规模化 • 保持对指数级增长的关注

选择正确的治理结构

生态系统治理可选择多种模式，包括运营模式和相关结构。一些公司通过风险投资组合推动商业生态系统；其他发起者依靠协作和合作等方式。这里介绍的方法尤其适用于早期实施阶段和最终 MVE 的初步规模化测量。治理可以从一个部门组织起来，直到建立一个涉及多个参与者的新企业。在很多情况下，结构会随时间的推移而发展。请参见图中选项 1~5 和对应路径。

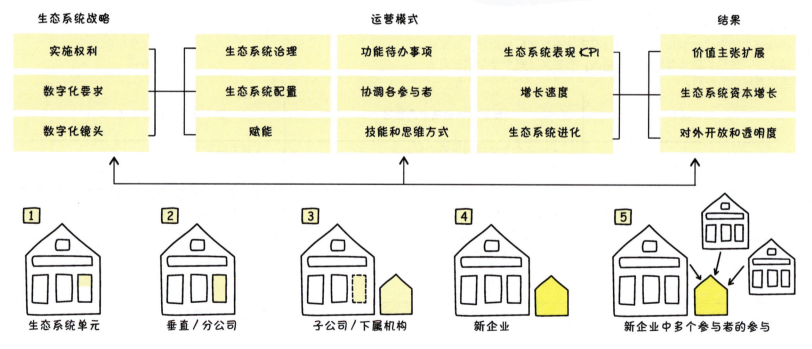

生态系统战略		运营模式			结果
实施权利	生态系统治理	功能待办事项	生态系统表现 KPI		价值主张扩展
数字化要求	生态系统配置	协调各参与者	增长速度		生态系统资本增长
数字化镜头	赋能	技能和思维方式	生态系统进化		对外开放和透明度

1	2	3	4	5
生态系统单元	垂直／分公司	子公司／下属机构	新企业	新企业中多个参与者的参与

商业生态系统的成功要素

要在商业生态系统中成功地设计生态系统模式，必须牢记以下 5 个成功要素：

1. 生态系统感知

每个公司都应该将自己视作生态系统的一部分，并且培养通过其他参与者的视角以及不同视角识别自己在生态系统中的角色和行为的能力。

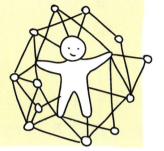

4. 可持续生态系统智能

公司应当具备长期促进与改善系统思维和设计思维的能力，并且为生态系统的敏捷发展制定战略和提升技术。

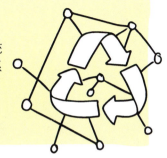

2. 了解系统的可能性

公司应该有意识地反思生态系统，并有能力想象自己和整个生态系统可能的生产行为，从而有针对性地改变价值流。

5. 商业生态系统设计领导力

公司应当建立将系统设计整合到组织文化中的能力，并且有意识地打破现有规则（黑海战略）。

3. 生态系统治理

公司应该有能力在系统中工作，整合合作伙伴（共创），为所有参与者创造利益。

　　商业生态系统设计可以在几个循环中完成。目标是创建 MVE，能使生态系统以最小形态在市场中获得有效定位。生态系统应具有透明度，以确定公允价值交换中的价值归属。

　　随着时间的推移，作为整体核心价值主张一部分的初始价值主张会通过额外的增值服务获得增益，而这些增值服务又由系统中现有的或新的参与者来提供。

　　除了在生态系统中贡献的技能、产品和服务，参与者的思维方式和能力也是成功的关键因素。

　　与其他参与者的关系基于跨越公司边界的信任和长期合作。

生态系统设计工具

生态系统设计简介

商业生态系统设计目前已经成为一门学科。特别是在面对数字化世界的需求，以及交付独特价值主张的各种相互关联的依存关系时，需要新的思维方式、方法与工具。随着 MVE 的迭代开发，系统中参与者的理解有所提升；流畅的转换被设计出来并有了相应的映射。MVE 的开发降低了成本并且提高了成功的机会。程序模型中的迭代和循环为商业增长设计思维中这个关键的阶段带来了合适的方法和工具。生态系统设计画布用来按序表示所有基本步骤，并记录循环和重新设计阶段中的关键发现。每次重大的重新设计之后都应当记录工作状态，以便以后能够理解其中的想法。如果不同的团队在子系统中工作，重要的是要记住系统最终需要协同工作。一般来讲，新系统（绿地方法）或现有生态系统可以通过商业生态系统设计程序模型进行改进。在设计全新的生态系统时，商业生态系统中的某些参与者可能会在发起阶段就被淘汰。另一种实用的方法是先创建当今占据主导地位的商业生态系统，并在迭代中对它进行优化（重新设计）。特别是如果要从根本上重组现有的商业生态系统，那么第二种方法就很有意义，因为可以按照这种思路重新定义流程、程序、信息和价值流，以免忽视客户需求和期待的价值主张。因此，这些元素仍存在于画布中。在生态系统的设计过程中，常常会出现新的想法或改变了的价值主张，可以适应最初的需求；如果有必要的话，应当与潜在客户再次验证和测试这些想法。生态系统设计画布和生态系统战略画布（第 106 页）中"蓝图"的最终文档为定义恰当的治理（第 240 页）提供了基础，并有可能将数据生态系统作为价值流定义中的子系统进行扩展（见第 257 页中的示例）。

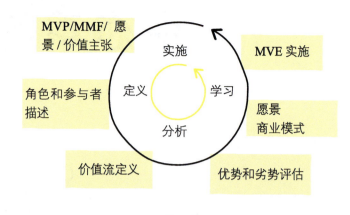

典型活动

MVP/MMF/ 愿景 / 价值主张　MVE 实施　角色和参与者描述　愿景商业模式　价值流定义　优势和劣势评估

已经实现的ＭＶＥ是最简单的生态系统，它使参与系统的参与者能够以较少的成本在市场上构建核心价值主张的第一部分。

适合的方法和工具：

生态系统设计的关键问题

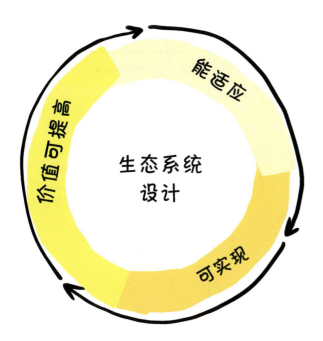

能适应

- 如何确保系统中其他参与者支持解决方案？
- 如何创造持续性价值（如驱动、锁定、排他）？
- 其他参与者如何发展创新并将其整合到生态系统中？
- 如何选择参与者？在技能、质量、技术和处理客户界面方面的要求是什么？
- 如何与其他参与者共享客户和产品的数据？

可实现

- 还需要哪些额外的技术，来与系统中的其他参与者进行整合和交互？
- 哪种系统架构会支持数字化交互？
- 应该建立什么样的伙伴关系和利用什么样的供应商？
- 是否有必要的技能和资产，或者它们是否可以由其他参与者 / 供应商提供，用来开发、启动和扩展技术平台？

价值可提高

- 自身的商业模式和系统中其他参与者的商业模式是什么？
- 下游有哪些价值流？
- 如何在生态系统中共创价值？
- 生态系统经济是什么样的？
- 如何确保遵守规则？
- 如何利用网络和生态系统效应实现指数级增长？

生态系统设计画布

确定用户 / 客户需求

- 谁是客户或用户？
- 描述客户 / 用户的档案信息（痛点、收益、待完成工作和用例）。
- 要解决什么问题？

描述参与者

- 商业生态系统中的参与者是谁？
- 它们在系统中的角色和功能是什么？
- 它们参与商业生态系统的动机有多高？

核心价值主张陈述

- 为用户 / 客户提供的核心价值主张是什么？

设计 / 重新设计

设计

- 哪些参与者对于在商业生态系统中提供核心价值主张至关重要？
- 还需要配置提供高级和补充性产品、激活功能，以及直接或间接参与系统的其他参与者。

重新设计

- 不同的参与者是否会涉及大量不同的场景？
- 可以淘汰哪个参与者？
- 是否有拓展多维度价值流或更好价值流的参与者？
- 商业生态系统是否具备鲁棒性？是否能够在新的场景中存活？

探索 / 构建 / 测试

定义价值流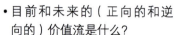

- 目前和未来的（正向的和逆向的）价值流是什么？
- 有哪些产品 / 服务流、货币 / 信用流、数据和信息流？
- 数字化的价值流 / 资产是什么？

原型、测试和改善商业生态系统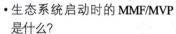

- 生态系统启动时的 MMF/MVP 是什么？
- 如何测试首个 MVE？
- 哪些交互 / 测试和测量方法可以帮助我们以迭代的方式改进价值流、商业模式和参与者在生态系统中的角色？

对每个参与者进行优劣势分析

- 每个参与者的优势和劣势是什么？
- 它在系统中的优势 / 劣势以及机会 / 风险是什么？

商业模式的多维视角

- 每个参与者的最终商业模式和价值主张是什么样的？
- 商业模式如何促进核心价值主张？
- 定义的核心价值主张是不是所有参与者价值主张的集合？

生态系统设计画布

模板下载

确定用户 / 客户需求	核心价值主张陈述 [1] 第248页	定义价值流 [5] 第255页
	设计 / 重新设计	
描述参与者 [2] 第250页	探索 [4] 第253页 [9] 第262页 构建 / 测试 [3] 第252页 [8] 第261页	原型、测试和改善商业生态系统 [10] [11] [12] 第263~265页

从镜头 3 输入

对每个参与者进行优劣势分析 [2] 第250页	商业模式的多维视角 [6] 第258页 [7] 第260页

工具和方法

1. 核心价值主张陈述
2. 参与者识别和描述
3. 角色扮演：系统中的参与者
4. 生态系统地图的变体
5. 定义价值流
6. 生态系统收入模式的探索

7. 商业模式的多维视角
8. 生态系统（重新）设计中的共创
9. MVE 原型、测试和提升
10. 最终 MVE
11. 实施中的设计错误
12. 将 MVE 嵌入生态系统战略

生态系统设计画布帮助我们记录每个步骤及所用工具和方法的结果。

下载工具

核心价值主张陈述

　　对于核心价值主张陈述的开发，可以借助于用户档案画布定义的经验证的用户画像；或者也可以用奥斯特瓦尔德的价值主张画布中的两个区域：右边区域描述了当前正在考虑的生态系统的选定客户群体；左边区域描述了所设想的生态系统的核心价值主张。最终，生态系统的业绩承诺需要和潜在客户的需求保持一致。核心价值主张画布记录价值主张的所有观点。

核心价值主张帮助商业增长设计思维团队：

- 为生态系统设计设置一个共同的起点。
- 与系统中的其他参与者讨论核心价值主张陈述或在共创前与合作伙伴分享价值主张活动。
- 把握 MVE 更高层次的需求、客户细分和解决方案。

程序和模版

1. 与商业生态系统设计团队一同绘制核心价值主张画布（第249页）中每个客户细分群体和系统中各个参与者的要素。利用面向客户的价值主张画布，并整合之前设计阶段已经验证的用户配置文档。
2. 可以使用两种格式进行价值主张陈述。在制定核心价值主张时，强调独特性非常重要。另外，客户／用户和潜在参与者必须注意到系统中客户需求的满足是有差异的；并且需要知道所期待的价值主张只能在网络中成功实现。

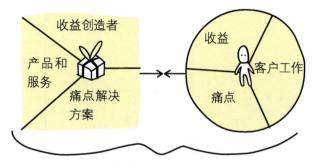

在原型 MVP 中适配问题的解决方案

客户／用户价值主张陈述格式的示例

示例 1：

为帮助 ＿＿＿＿＿＿（目标客户），

解决 ＿＿＿＿＿＿（问题陈述、需求），我们的产品提供 ＿＿＿＿＿＿（解决方案）通过承诺 ＿＿＿＿＿＿（独占性优势、产出）。

示例 2：

我们帮助 ＿＿＿＿＿＿（目标客户），

解决 ＿＿＿＿＿＿（问题），

通过 ＿＿＿＿＿＿（解决方案）。

> "生态系统核心价值主张"就像客户与商业生态系统中所有参与者之间签订的合同。客户会获得单一公司无法独自提供的独特的体验。

核心价值主张画布

客户 / 用户	协调者 / 发起者		参与者 / 角色
需求 应当重视哪些客户？ 客户的主要需求是什么？ 客户面对的问题是什么？ 哪里有改进的机会？ 生态系统的机会在哪里？ 主要问题是什么？	**需求** 发起者 / 协调者的机会在哪里？		**需求** 需要重视哪些参与者？ 相关参与者的主要需求是什么？ 机会为每位参与者带来了什么？ 参与者可能担心什么？
活动 客户需要执行什么任务？客户如何购买服务？客户如何与商业生态系统交互？	**活动** 发起者 / 协调者开展了哪些活动？		**活动** 商业生态系统中的各个参与者 / 角色应当执行什么任务？
利益 带给客户的利益是什么？ 客户的定性和定量利益是什么？ 讲述故事时，与客户/用户沟通的最好方式是什么？	**方法（解决方案）** 解决方案的方法或业绩承诺是什么？ 产品、服务或流程的建议是什么？ 如何开发产品或服务并将其投放市场？ 生态系统如何利用它（商业模式）赚到钱？ 哪些技术驱动因素影响商业模式？		**利益** 对每个参与者有什么好处？ 对参与者来说，定性和定量的利益有哪些？ 通过讲故事与参与者进行沟通的最佳方式是什么？
竞争（已有选择） 现在和将来还有哪些替代方案？ 风险是什么？ 到目前为止，问题是如何解决的？	**独特性** 对客户来说，我们产品的哪个维度是独特的？	**价值流** 哪些激励措施 / 价值流会使参与者对生态系统产生兴趣？	**竞争（已有选择）** 现在和将来有哪些替代方案？ 风险是什么？ 参与者还有哪些实现增长的选项？
价值主张 客户 / 用户、特定目标群体、细分市场的价值主张是什么？	**核心价值主张** 生态系统中的价值主张是什么？		**价值主张** 对于系统中的参与者、特定角色或个人参与者，其价值主张是什么？

下载工具

参与者识别和描述

对现有或未来商业生态系统中所有参与者的描述有助于系统配置，更好地理解参与者的能力，并评估各参与者和角色是否适合实现期望的价值主张。对参与者参与所规划的生态系统的动机强度的分析也很重要。如果了解参与者的参与动机，那么在这个阶段可能涉及承担相关角色的公司。

参与者识别和描述帮助商业增长设计团队：

- 全面了解生态系统的潜在参与者及其能力。
- 了解现有的合作伙伴关系是否可以用于快速获取技能、产品和其他资产。
- 对参与者是否符合已定义的核心价值主张进行初步评估。
- 评估参与者可能对生态系统的影响。

程序和模板

首先进行头脑风暴会议，讨论现有生态系统中所有当前参与者或与构建新的生态系统相关的参与者。用现有的信息描述相关的参与者。缺失的信息可以在稍后逐步补足。使用模板在 A4 大小的纸上对每个参与者进行描述，或者回答以下问题："参与者参与到所定义的生态系统的优势和劣势是什么？"进一步的问题有助于评估参与者参与系统的动机，或者找出各个参与者在扮演不同角色中可能产生的影响。使用诸如系统中的潜在参与者进行角色扮演（请看第252页）之类的工具来完善陈述，以便稍后与参与者进行检视。

商业生态系统设计中的一个简单规则：没有优势或相应的经济激励，参与者不会对系统充满热情！商业生态系统中参与者获得的其他可能好处示例：

从创新中获益　　效率提高　　更好的算法和数据质量

加速规模化　　新价值主张的一部分　　新技术的应用

数据接口和知识产权（IP）　　更好地获得资源和人才　　新接触点和新的客户访问

访问现有关键客户　　……　　……

模板下载

参与者 / 角色的职能
参与者承担什么职能或扮演什么角色？

示例
什么公司应当承担这个角色？

参与动机
参与者参与定义的生态系统的最初动机有多高？

时间轴
哪个时间点上需要这个参与者？参与价值主张的哪部分？

MVP   MVE   拓展阶段 1   ……

与价值主张的契合程度（强、中、弱）
参与者与价值主张和目标图景的契合程度如何？

+	0	-

市场支配地位（强、中、弱）
参与者对生态系统的影响如何？

+	0	-

各参与者的优劣势分析
参与者参与定义的生态系统的优势和劣势是什么？

+	-

参与者对价值的贡献
参与者能够带来什么样的价值贡献？

参与者当前的商业模式
参与者当前 / 首要的商业模式是什么？
目前参与者如何赚钱？

下载工具

角色扮演：系统中的参与者

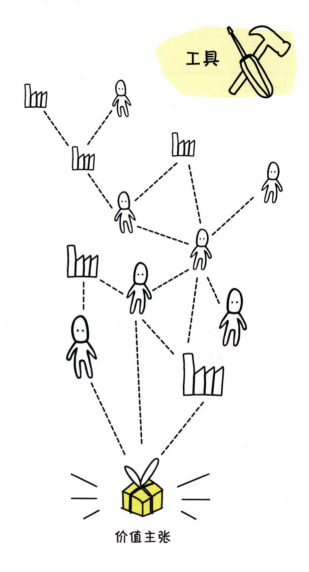

基于参与者描述的角色扮演有助于更好地理解其他观点，并将它们置于价值主张或商业生态系统的整体目标图景的背景之下。参与者和价值主张的交付，以及与其他参与者之间的距离显示出它们在每种情形中的系统相关性。每个团队成员可以在角色扮演游戏中扮演 1~2 个参与者并发表看法。

角色扮演帮助商业增长设计思维团队：

- 听取所有参与者（由团队成员所扮演）关于其立场的假设或经过验证的陈述。
- 与团队成员分享、讨论和参与者相关的知识。
- 思考相关参与者是否适合生态系统。
- 厘清与价值主张参与者之间的距离。
- 识别缺失的技能或参与者。

程序

1. 每个团队成员都扮演一个确定的角色（在第一阶段最多分配 12 个角色）。价值主张贴在房间的中间位置。"参与者"按照重要性或他们与房间内其他"参与者"、价值主张的直接或间接关系进行分组。
2. 每个团队成员（参与者）都要解释他的角色、优势和劣势，以及扮演这个角色的原因。作为讨论的结果，参与者对价值主张的立场可以改变；可以添加新的角色或者改变距离。
3. 将结果整合到对各个参与者的描述中，有助于在接下来的步骤中创建或者迭代推进生态系统。

价值主张

设计生态系统地图的变体

　　生态系统设计团队对当前和潜在参与者的描述以及角色扮演活动使将参与者放置在商业生态系统地图上变得更容易。对于大多数商业生态系统计划，从客户和相关价值主张的角度进行一致的思考才是正确的方法。客户处于中心的位置。各个圆圈显示了参与者与客户之间的距离，以及为创造价值主张做出直接贡献的重要性。圆圈的数量取决于系统的复杂性。对于初步的思考，2 个或 3 个圆圈就足够了，可以快速地把参与者、协调者和供应商放在其中。

生态系统地图变体的设计帮助商业增长设计团队：
- 将已有的发现、参与者和角色整合到地图中。
- 构建动态、敏捷的工作方式，以绘制新的地图或者调整已有的生态系统。
- 将不同的变体和场景视觉化并加以讨论。
- 全面了解系统、参与者和潜在供应商，如技术组件。

程序和模板
1. 将纸放在一张大桌子上，这样团队全员就可以方便地看到生态系统地图。
2. 划分区域（依据与核心价值主张的紧密程度），这可以通过在纸上画出相应的圆圈来完成。
3. 将各个参与者放在生态系统地图上。
4. 与商业生态系统团队讨论呈现商业生态系统变体或作为与参与者共创的一部分。

工具

当前的生态系统

迭代到新的生态系统

或

绿地方法

253

当前生态系统（实际状态）或绿地方法

示例

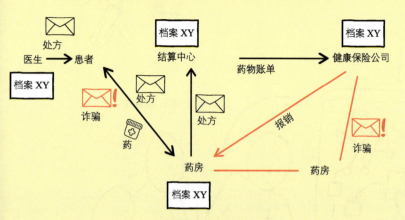

生态系统（重新）设计

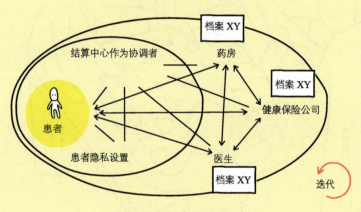

新优化的生态系统变体

生态系统地图模板

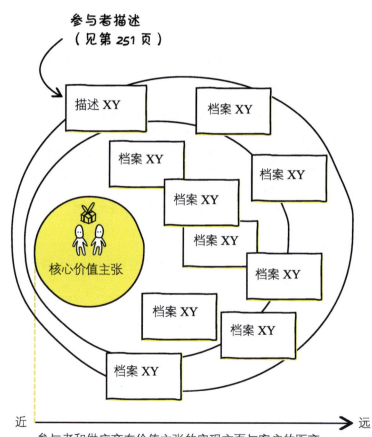

参与者描述
（见第 251 页）

参与者和供应商在价值主张的实现方面与客户的距离

定义价值流

在定义价值流时，基本的考虑是，由于其性质和长期的存续，整个商业生态系统产生的价值超过了独立开展业务的单个参与者产生的价值之和。在价值流的传统观点中，价值创造是增量的，即各个参与者通常基于"成本加成"来获得一定的投资回报。在商业生态系统中，参与者通过参与整个系统中来创造价值。客户/用户与生态系统或系统中各个参与者进行交互（取决于配置）。

定义价值流帮助商业增长设计思维团队：

- 设计一个运作系统，该系统产生的投资回报高于所有参与者各自获得的投资回报之和。
- 设计一个能够产生生态系统资本的关系网络。
- 创建超越单纯的产品、服务和金钱交易的系统。
- 以系统可行的方式配置价值流的交互。

程序和模板

对于价值流的初步讨论，可以使用现有的商业生态系统地图；作为替代方案，可以使用子系统（第257页）作为框架。可以在两个版本中勾画价值流，然后进行讨论。

使用"价值流映射"模板，可以评估并描述最重要的价值流，并展示价值流实现的参与者之间的交互。

对于复杂项目和主要的生态系统规划，可以运用数字化的工具。这种应用程序可以帮助绘制参与者和价值流之间的映射关系。

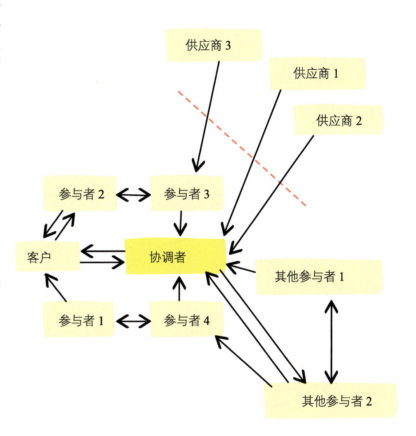

价值流

哪些类型的价值流和生态系统相关?

例如：服务、货币、信息、数据、创新 / 知识产权、无形资产。

表现

价值有哪些表现形式?

价值流

典型的（特定类型的）价值流是什么样的——参与者之间，参与者与协调者之间或与客户之间?

子系统或整个生态系统地图中单个价值流的可视化

在生态系统地图中标记价值流在参与者之间是如何流动的。

下载工具

将数据生态系统扩展为价值流定义中的子系统

在很多商业生态系统中，数据是确保快速、敏捷创新的润滑剂。因此，可能会出现数据生态系统这样的子系统，这些子系统包括与商业生态系统及其参与者的价值流，并允许将其进一步货币化。

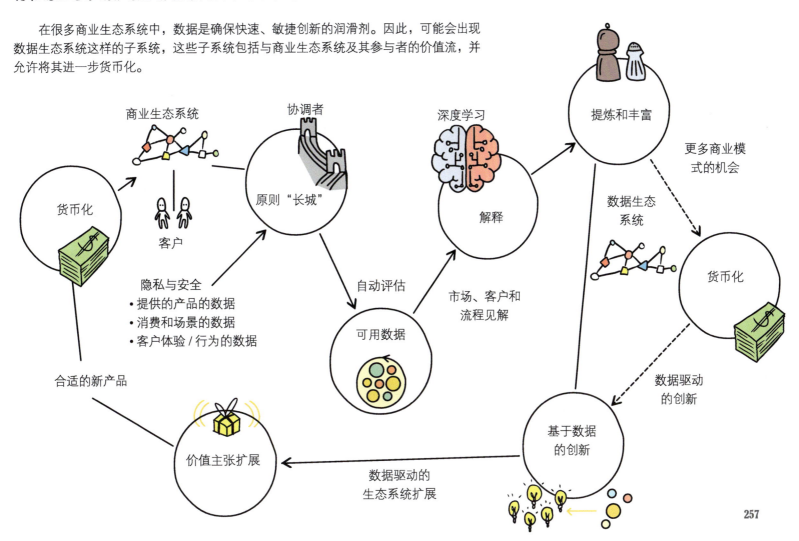

商业生态系统

协调者

深度学习

提炼和丰富

货币化

原则"长城"

客户

更多商业模式的机会

数据生态系统

解释

隐私与安全
• 提供的产品的数据
• 消费和场景的数据
• 客户体验 / 行为的数据

自动评估

市场、客户和流程见解

货币化

可用数据

合适的新产品

价值主张扩展

数据驱动的生态系统扩展

基于数据的创新

数据驱动的创新

257

生态系统收入模式的探索

有多种方法可以被用来设计真实商业生态系统的收入模式。许多新模式依靠独特的客户体验、不同市场参与者的协作，以及不断创新的循环来应对新的或者不断变化的客户需求。优步、Lyft和爱彼迎等数字平台使用按需模式；Salesforce和奈飞主要是订阅模式；脸书和谷歌依赖广告和广告支持模式，而阿里巴巴和亚马逊已经从100%电子商务模式转向新的数字化模式。除了100%的数字化模式，

混合模式也被用于商业生态系统。例如，腾讯，除了其他很多模式，生态系统协调者还结合了支付领域的交易促进者（微信支付）的形式；具有实体和数字化服务的线上—线下（O2O）业务；以及与腾讯生态系统合作伙伴（京东）整合的在线购物产品。货币化的范围包括技术费用、高级服务费用、第三方访问费用、数据费用和既定的收入模式。

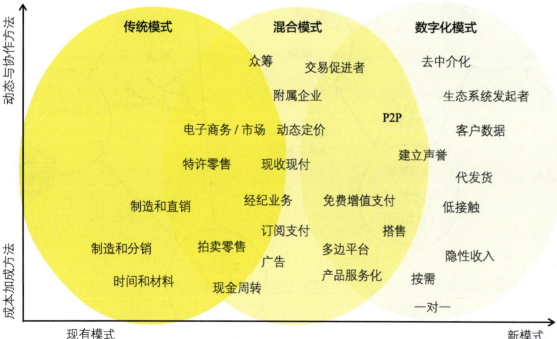

新模式的属性
- 更低、更灵活的成本基础
- 利用自动化实现高效运营
- 通过产品连接和通过交叉补贴降低价格，获得竞争优势
- 在"试错"文化中学习
- 专注于客户体验和独特的价值主张
- 参与者之间的动态网络化合作
- 主动去除中介
- 提供生态系统的增值数字化要素

商业生态系统设计中的商业模式拓展视角

　　除了为商业生态系统定义商业模式，领先的生态系统发起者和协调者还为系统中所涉及的参与者设计可能的商业模式。毕竟，商业生态系统资本只能通过与参与者的联系及其增值活动产生。因此，建议扩大传统商业模式的思考范围，将生态系统视角与目标、技能、领导力、战略远见和市场动态结合起来。生态系统视角能为所有参与者创造共赢局面。

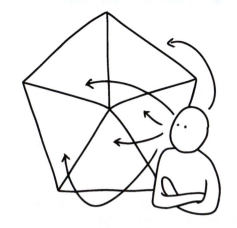

生态系统商业模式（发起者／协调者）

- 愿景
- 价值
- 原则

- 数字化
- 敏捷
- 创新

- 治理
- 拓展价值主张
- 协调

目标　战略远见

资本　生态系统

领导力　市场动态

- 趋势与潮流
- 应对不确定性
- 识别市场机会

- 双赢状态
- 共创
- 接受复杂性

- 改变用户行为
- 裂变
- 新技术

商业模式多维视角（参与者）

拓展视角
- 生态系统参与者的商业模式
- 参与系统带来的收益
- 增长和营收的多重机会

生态系统资本采购杠杆

商业模式的多维视角

如前面的工具所言，设计商业生态系统的商业模式是商业生态系统发起者 / 协调者的一项关键任务。但是，考虑生态系统中的每个参与者如何获利同样重要。经过深思熟虑的商业生态系统不仅给每个参与者提供积极参与其中的机会，还指出如何利用其他可能性来创造收入。如果生态系统的目的是开拓一个不受协调者控制的更广阔的市场，那么这些考虑就更加重要了。因此，发起者 / 协调者的任务是更多地了解整体（整个生态系统的宏大目标）。商业模式的多维视角有助于制定战略和商业模式，为整体而非发起者 / 协调者定义机会。

商业模式的多维视角帮助商业增长设计思维团队：

- 不忽略大局，也不主要关注自身商业模式的设计。
- 寻找更多依据来说服潜在的参与者加入商业生态系统。
- 检查现有价值流是否足以满足更全面的考虑。
- 全面了解潜在的生态系统资本。
- 探索进一步的想法和可能性，以扩展价值主张。

程序

对商业模式的多维视角，可以分两步来看。

1. 考虑一种参与者可以根据定义的价值流获得收入的商业模式。带有相应扩展的精益创业画布（第 210 页）有助于定义商业模式。
2. 假设各个参与者 / 角色的观点。自问这些参与者如何在生态系统所提供的服务的基础上获得额外收入，如特定技能、客户访问、区域表现、物理位置或某些关键知识技能。初始商业模式和拓展商业模式为特定参与者及协调者 / 发起者提供了全部机会。

示例

生态系统商业模式

生态系统中参与者 1 的商业模式

生态系统中参与者 1 的商业模式多维视角

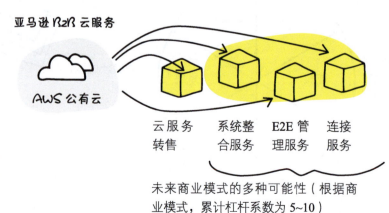

亚马逊 B2B 云服务

AWS 公有云

| 云服务转售 | 系统整合服务 | E2E 管理服务 | 连接服务 |

未来商业模式的多种可能性（根据商业模式，累计杠杆系数为 5~10）

生态系统（重新）设计中的共创

系统中的共创有助于构建复杂的问题陈述，并在不同的参与者协同工作以交付价值主张的商业生态系统中构建适应性强和可行的变化。共创有助于处理商业生态系统的不同观点，并且适用于商业生态系统的初始设计，以及具有不同参与者的类似系统的重新设计。

共创帮助商业增长设计思维团队：

- 与生态系统地图中的不同参与者讨论系统。
- 直接讨论变化带来的影响。
- 确保商业生态系统设计的透明度。
- 更好地理解每个参与者的需求。
- 认识到变化对价值主张和价值流的影响。

程序

从商业生态系统地图的第一个目标图景开始，共创可能会改变系统中每个人的状况。改变可以用这样一句话来表达："活动系统导致……"，然后是想法。这个句子指出改变的内容，由谁改变，以及改变的目的。不同的问题和视角的改变支持了这个过程：

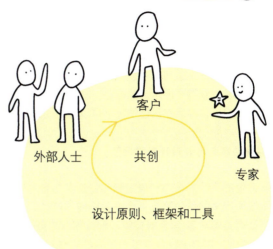

定义：设计原则、思维方式、目的	问题与视角	明确参与者与责任	合作	实现
• 需要一起做什么？ • 目标是什么？	• 为了实现生态系统目标，需要回答哪些问题？ • 需要哪些信息和见解？	• 谁来贡献什么？ • 谁将承担什么任务？	• 有哪些场景？ • 有什么收益？ • 还有其他选项或更好的想法吗？ • 有没有相近的思维方式？	• 如何共同实现首个MVE？ • 价值主张如何实现？ • 有什么要求？

MVE原型、测试和提升

    MVE将初始技术组件与价值主张和价值流设计整合在一起。它比提供给客户的产品或服务更为复杂。MVE需要多个参与者，它们共同为客户提供附加价值。"能生存"意味着系统中的每个角色都有相应的参与者，因此系统可以被测试。验证表明系统在技术上可行，并且参与者和客户获得了所承诺的收益。MVE证明系统是可行的，它可以获得相应增长，并且在最佳情况下可以随时间的推移而扩展。

MVE帮助商业增长设计思维团队：

- 验证生态系统的核心价值主张和特定参与者的价值主张。
- 测试所定义的价值流是否会产生所需的产品。
- 测试有关参与者/角色的技能、利益和合作意愿的假设。
- 测试MVP或MVP组合的多个场景和表现形式，以创建初始的整体生态系统产品。
- 以商业模式的多维视角来测试、测量和改进生态系统的商业模式与假设。

程序

    实现MVE需要相关的MVP/MMF（为初始的整体交付物选择必要的单个组件）。系统中的每个角色都至少应该有一个参与者承担，每个系统都有一定数量的客户参与。MVE的目标和基本假设必须以透明的方式进行沟通。鼓励参与者在早期阶段贡献它们的改进想法。客户应积极参与各自的改进循环。

工具

MVE 的 8 个黄金法则

1. 结合设计思维和系统思维。
2. 不仅要考虑转型，还要考虑系统如何演变。
3. 在生物生态系统的运作中获得灵感。
4. 从各个层面思考：客户、参与者间的关系和技术。
5. 首先考虑每个参与者的利益，并使用价值流来显示参与者的生存能力。
6. 接受多种商业模式的复杂性，并从其他参与者的视角出发。
7. 从基于良性设计循环、验证循环、实现循环和实验循环的生态系统实施开始。
8. 如果系统在最低版本中不能运作，请调整系统。

最终 MVE

最终 MVE 不仅仅是原型或实验。它实际上是一个系统的最小化实现方式，然后逐步扩张和发展。这个蓝图证明了商业生态系统设计已经产生了一个可行并能产生价值的系统。在最终 MVE 的基础上可以增加更多的特定角色；或者核心价值主张可以逐步完成和扩展。

最终 MVE 帮助商业增长设计思维团队：

- 获得功能运作系统的蓝图。
- 运用有效配置创建初始价值，并向客户提供产品的第一部分。
- 为价值主张的逐步扩展奠定基础。
- 与传统方法相比，选择一种敏捷的替代方式；首先构建和实验所有的功能和体验，并且在此基础上推出。

程序

1. 在市场上发布 MVE，确保所选功能和体验令人惊叹！从一开始就对客户产生影响。调整参与者的协作方式，以便在早期阶段就提供产品。
2. 利用市场趋势，在生态系统的逐步发展中继续另一种发展路径。利用生态系统规模化的方法和工具（第 270 页）。
3. 充分发挥所有参与者的潜力，进一步创新，利用网络化效应，并实现指数级增长。不断调整和扩展产品，快速响应新的或刚出现的客户需求。

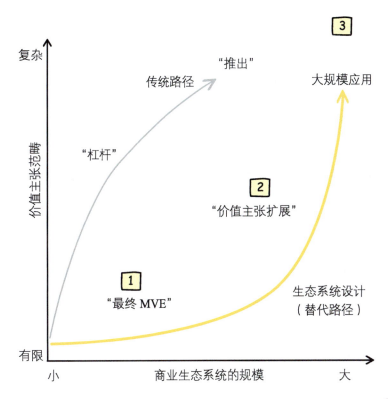

实现过程中的设计错误

最终 MVE 构成了进一步增长的基础。精心设计的商业生态系统吸引了新的参与者，它们反过来增加了商业生态系统资本。有长远目标的商业生态系统举措从一开始就瞄准"黑海"战略；它们为核心价值主张提供了正确的推动力，并且拥有能够快速有效地启动 MVE 市场投放的治理结构。通常，类似的生态系统举措会出现在某个地区或国家的某些主题域。对个别措施的详细分析表明了在大多数状况下，没有应用经过深思熟虑的商业生态系统设计会降低成功的概率。

商业生态系统实现过程中最普遍的设计错误：

- 对新的或变化的客户需求关注不足。
- 核心价值主张薄弱。
- 商业生态系统配置错误。
- 缺乏协调商业生态系统的治理结构和技能。
- 商业生态系统目标与商业模式不匹配。
- 商业模式多维视角中的承诺过少。
- 生态系统举措实施缓慢，在规模化实施过程中采取了错误的领导方法。

根据亨德森研究所（2020）的一项调查，商业生态系统失败的主要原因（85%）是生态系统设计羸弱；由于错误的实施，只有 15% 的措施被审查为无效。在治理方面，必须克服现有的思维方式，这就是为什么传统公司难以对外开放并接受其中的透明度。

你能避免最常见的设计错误，如果：

- 从设计思维和客户问题开始。
- 实现初始 MVP 并制定有说服力的价值主张。
- 通过各种循环来设计商业生态系统，直至实现 MVE。
- 关注适合系统的治理形式和适当的生态系统领导力方法。

264

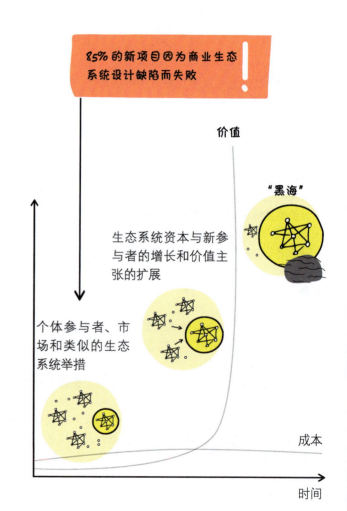

85% 的新项目因为商业生态系统设计缺陷而失败 ！

价值

"黑海"

生态系统资本与新参与者的增长和价值主张的扩展

个体参与者、市场和类似的生态系统举措

成本

时间

将 MVE 嵌入生态系统战略

与商业生态系统配置相关的活动对于定义"在哪实施"和"如何取胜"相当重要。只有由价值创造、价值交付和价值捕捉构成的运作系统才能持续成功。

为什么需要商业生态系统?　　　商业生态系统应当如何配置?　　　商业生态系统实现增长需要什么?

价值创造

价值交付

价值捕捉

步骤 1: 设计思维和精益创业
- 意识到商业生态系统的设计、初始化或参与其中所产生的市场机会。
- 利用前瞻性、未来用户画像概念和网络化与动态方法的成功蓝图。
- 重新定义客户体验并创造独特的价值主张。

步骤 2: 配置
- 使用数字化赋能技术实施价值主张的交付。
- 扩大活动,使之囊括认知技术和数据平台。
- 将团队理念应用于敏捷和网络化组织发展。
- 在商业模式的构思中考虑运用混合模式。
- 应当更关注开发还是探索?

步骤 3: 规模化
- 协调指数级增长。
- 找出合适的利润增长杠杆。
- 向参与者/股东展示获得可持续回报的机会。
- 为价值流的敏捷调整、客户体验和核心价值主张的扩展建立结构,进行治理。

要点！

生态系统设计有助于验证共同的价值主张、价值流、系统中各参与者的利益，尤其是完善愿景和各个参与者所承担的角色。

以最终 MVE 为终点的迭代过程有助于以较少的努力和支出测试新系统的可行性。在每个设计循环中，系统和各个参与者的交互都会变得更优。

调查结果用来对最终 MVE 以及所有商业模式进行调整，并且定义解决方案和系统的实施计划及扩展活动。

最终 MVE 的目标是在系统中每个角色的参与者数量最少的情况下实现最大效率。

维度	输出：#3 生态系统设计 MVE	行动：#4 规模化 实施与增长
目的	在设计镜头的各个层面进行验证（可实现、能适应、价值可提高）。原则：以系统中每个角色的最小参与者数量实现学习效率最大化	在设计镜头的各个层面进行验证（可实现、有吸引力、有节奏）。原则：利用网络和锁定效应实现快速、高效增长
焦点	在所有参与者和（测试）客户的参与下，使用 MVP 作为测试正常运作的商业生态系统的基础	聚焦于使用最先进的技术、端到端自动化和相应机制来快速留存新客户
特性	根据所定义的价值主张，为客户提供至少一种关键体验的所有必要体验和功能	根据客户需求，通过系统中其他参与者共同进化和共创，来逐步构建功能和体验
目标群体	与系统中参与者交互和共创，以构建和验证商业生态系统	与客户的交互和数据用于改进和扩展价值主张。与系统中其他参与者共创，以优化整个生态系统
遗产	对正常运作的商业生态系统的首次验证	增长动力、举措和不同的客户渠道的验证
反馈类型	对 MVE 范围内的价值流、客户界面、数据和算法的反馈	来自客户的反馈和为整个系统的绩效定义 KPI
设计	以体验或功能的形式设计价值主张或其部分组件之间的交互	利用 4 个设计镜头的所有内容；运用最先进的信息技术和可扩展的基础设施；端到端自动化
客户收益	交付 MVE 中参与者已验证的价值主张	根据新需求逐步扩大客户收益
整个设计周期的创造时间	验证参与者和价值流的交互；从商业模式多维视角出发；探明商业生态系统的商业模式；由发起者或系统中其他参与者提供资金；风险增加	在市场上形成初步体验、功能和特性；市场上已知且独特的价值主张；通过新的客户需求实现市场上其他参与者的创新
测试	对价值主张和相关服务、价值流和参与者互动的测试；检查客户界面	测试新功能、渠道和扩展的价值主张；与领先用户和极端用户进行测试
收入	可能在与（测试）客户共同运作的生态系统中产生初始收入	成熟的商业模式具有锁定效应，并为客户带来明显的附加价值

267

镜头 #4
规模化

规模化简介

实施MVE之后，生态系统需要不同的时间进行规模化。根据价值主张和市场领域的不同，可能需要几个月或几年的时间。在某些情况下，已有的依赖关系只能在有限的程度上受到生态系统的影响，但这又是规模化所必需的。商业生态系统的规模化是极大的挑战。指数思维意味着确保增长（如客户群每6个月翻一番）。但是，它还包括对如何颠覆自己的商业模式以从现有组件、功能和网络连接中获得更大影响力。指数级增长的规模取决于商业生态系统的类型、区域范围和为其定义价值主张的目标群体。指数思维需要适应问题和目标，这些问题和目标与我们熟悉的商业模式考虑因素截然不同。大部分商业模式是线性的，目的在于提高利润或降低成本，如一年内利润增长15%。要成功地进行规模化，必须有勇气以指数级的方式进行思考，即处理比当前值大5倍、8倍、10倍的杠杆。术语"10x"通常用于指数级增长。成功利用指数级增长战略的商业生态系统往往在商业模式和规模化方面发生了范式转换。这种思维方式与组织的快速学习和实现最大客户利益相一致。进一步的开发和颠覆是在跨公司边界合作的敏捷团队中完成的。职责明确，但角色和职位名称不断变化。治理更多的是以指数级增长操作手册的形式出现的，而非严格的规章。个人管理任务以多功能的方式执行。

商业增长的规模化举措已经以多维度构建了商业模式，并围绕价值创造战略构建了商业增长设计思维，该战略是通过产品的互相锁定和敏捷的设计镜头而迭代制定的。

典型活动

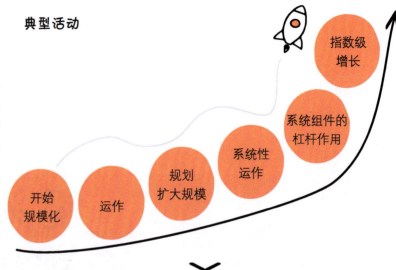

除了可扩展的商业模式，指数级增长还需要适当的治理方式和可扩展的IT。

合适的方法和工具

规模化的关键问题

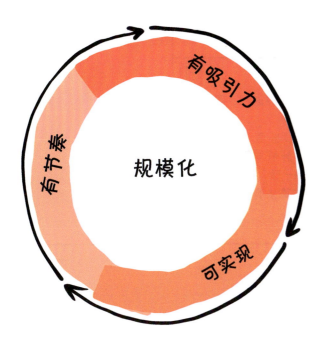

有吸引力

- 解决了哪些基本需求?
- 如何在生态系统中留存客户?
- 如何提高交易频次?
- 哪些体验和功能有利于在每天、每月、每年与客户进行交互?
- 客户和细分市场的哪些数据为开发新产品带来了最高的附加价值?
- 如何以有意义的方式增强和传递价值主张?

有节奏

- 需要哪些活动来使流程、IT、分析与需求同增长保持一致?
- 哪些算法有助于与客户交互?
- 与系统中的其他参与者协调开发、实施和扩展数字化举措需要具备哪些技能?
- 如何加速向大量客户提供新产品、服务和体验,同时关注自身的生存能力?

可实现

- 使用的技术是否面向未来?
- 可以通过使用赋能技术提高自动化吗?
- 可以通过人工智能、机器学习和深度学习向大量客户提供功能吗?
- 技术组件、算法或整个基础设施能否用于额外的 **B2C** 和 **B2B** 服务?
- 是否为动态变化构建了正确的能力和技术专长?

指数级增长和规模化画布

生态系统中不同参与者的杠杆效应
哪些参与者在商业生态系统的规则内进行创新?

多渠道、全渠道和最佳渠道
需要哪些渠道?
如何在数据的基础上制定最佳渠道战略?

网络化效应和生态系统文化
如何利用团队理念实现跨公司协作? 网络效应如何应用于生态系统的增长?

价值主张扩展
可以解决哪些其他的需求和客户问题?
如何扩展价值主张?
体验如何? 提供了哪些功能?
哪些新产品可以从数据和算法中生成?

构建客户群和社区
使用哪些机制和方法来增加客户数量、交互和与系统的联系?

可扩展的进程、IT 和数据分析
需要哪些活动来使流程、IT、分析与需求同增长保持一致?
哪些算法有助于与客户交互?

解决多重问题
客户是谁?
细分市场考虑因素是否发生了变化?
如何应对新的需求和目标群体?

优化成本结构
譬如，如何使客户获取成本低于客户生命周期价值。

扩展价值流
客户激发了哪些新的价值流?
支付意愿存在于哪里?
哪里有捆绑销售、交叉销售或追加销售的选项?

模板下载

指数级增长和规模化画布

生态系统中不同参与者的杠杆效应 **7** 第281页	多渠道、全渠道和最佳渠道 **5** 第279页	价值主张扩展 **2** 第275页	构建客户群和社区 **3** 第276页	解决多重问题 **1** 第274页
	网络化效应和生态系统文化 **6** 第280页		可扩展的进程、IT 和数据分析 **4** 第277页	

从镜头 3 输入

优化成本结构	**8** 第282页	扩展价值流

工具和方法

1. 解决多重问题
2. 价值主张扩展
3. 可扩展的进程、IT 和数据分析
4. 构建客户群和社区
5. 多渠道、全渠道和最佳渠道

6. 网络化效应和生态系统文化
7. 生态系统中不同参与者的杠杆效应
8. 优化成本结构和扩展价值流

指数级增长和规模化画布帮助我们记录每个步骤及所用工具和方法的结果。

 下载工具

解决多重问题

各种赋能技术使与大量客户进行接触成为可能。技术主要用于解决基本需求，如对社交联系（脸书）或移动性（优步）的渴望。基于核心功能，在现有体验和功能的基础上使商业生态系统扩展其产品。商业生态系统中成功且可扩展的产品覆盖了4种需求的基本要素和价值：功能性需求、情感化需求、改变生活的需求和具有更大社会影响力的需求。价值主张包含的元素越多，客户忠诚度越高，生态系统的指数级增长就越快。

问题"可以为大多数人解决哪些问题"帮助商业增长设计思维团队：

- 根据明确定义的需求推进价值主张。
- 检查机器人、自动化等新技术在何处可以帮助客户创造功能性附加价值。
- 利用深度学习、机器学习和人工智能方法进行技术赋能。

程序

1. **承诺**：哪些需求可以确保产品、服务、功能或体验定期/每天被使用？
2. **社区**：如何为社区创造附加价值？客户群如何为商业生态系统创造附加价值？
3. **数据**：哪些关于客户的数据是可被利用的？如何收集创造价值的算法和自动化流程的数据？
4. **实施和推广**：产品是否简单到让儿童和老人也知道如何使用？

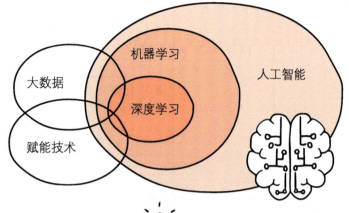

大数据　机器学习　人工智能　深度学习　赋能技术

具有更大社会影响力的需求

改变生活的需求

自我实现、自我效能和行动能力

根据变化的需求重新定义价值、成长、意义和目的

情感化需求欣赏与尊重

人工智能、机器学习、深度学习

功能性需求

机器人、自动化

价值主张扩展

在很多情况下，价值主张的扩展需要进一步的数字化步骤、新技能和治理观念。扩展遵循与实际商业生态系统设计类似的步骤。现有的价值主张被数字化并成为生态系统产品的一部分；或者根据新的客户需求增加体验和功能。在扩展价值主张时，重要的是确保相关的参与者能够为商业生态系统的创新做出贡献。它们也必须有机会根据动态的变化调整自己的角色。协调者的工作是提供必要的自由，让参与者即便在规则的限制下也能保持活跃：譬如，当观察到新的客户行为或需求时，必须快速、迭代地对其进行测试，以获得扩展的产品，让它成为价值主张的一部分。通过这种方式，成功的协调者以"杠杆、创新、扩展"的形式控制商业生态系统中的活动。此时，循环回到设计思维的第一阶段，精益创业和商业生态系统的（重新）设计。

价值主张扩展帮助商业增长设计思维团队：

• 实现整个商业生态系统的可持续增长。
• 将现有客户和新客户与生态系统更紧密地联系起来。
• 始终关注客户，通过 MVP 逐步扩展产品。
• 将系统中所有参与者整合到创新活动之中。

程序
1. 杠杆。
2. 创新。
3. 扩展。

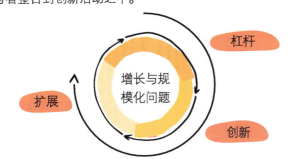

工具

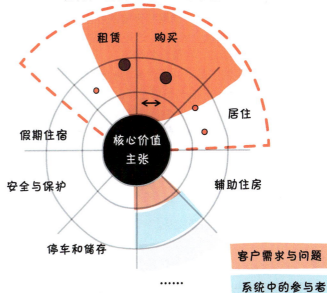

"租赁、购买、居住"生态系统

租赁　购买

居住

假期住宿

核心价值主张

安全与保护

辅助住房

停车和储存

……

客户需求与问题

系统中的参与者

主题域

图例

扩展到新主题域

与更多拥有相同技能 / 角色 / 产品的参与者合作

系统中的新参与者或角色

识别客户对现有、补充和新价值主张的进一步需求，如合同、搬迁、评级等

275

构建客户群和社区

希望呈现指数级增长的商业生态系统依靠客户的支持，并且应当思考如何建立共享成功、结果和经验的社区。社区中的接触点越多种多样，实现增长的机会就越多。这些渠道被广泛用于销售和营销。结合"上瘾模型"框架，在最好的情况下，客户将尽可能长时间地使用生态系统提供的产品，并通过其他社交媒体分享他们的体验，这反过来又会吸引新客户参与价值主张。

使用"增长循环和上瘾"模型帮助商业增长设计思维团队：

- 以各种方式实现指数级增长，包括获取新的和"回头"的客户/用户。
- 建立内驱增长的系统。
- 降低增长成本。
- 建立与客户和用户的频繁交互。

程序

程序模型首先包含了由尼尔·伊尔斯建立的"上瘾模型"。它包括以下步骤：

> **驱动 <-> 行动 <-> 回报 <-> 投资**

这反映在"增长循环"中，两个循环中都有"驱动"和"行动"的部分。接下来的步骤是：

> **新客户 <-> 输出**

关于行动，"增长循环"需要外部行动，使潜在客户/用户熟悉价值主张；相比而言，"上瘾模型"旨在培养一种习惯。

驱动：提示用户采取行动的内部或外部动力。

行动：客户在产品、服务或体验方面执行所期望的行动。

回报：客户需求得到满足；同时，重复参与产品、服务或体验的愿望也会增加。

投资：由两部分组成。一部分是对未来回报的预期；另一部分是客户继续应用生态系统所提供产品的原因。

新客户：客户参与输出并决定试用产品、服务或体验。

输出：在生态系统和当前客户群之外感知到的外部成果。

可扩展的进程、IT和数据分析

技术有助于持续分析商业生态系统中的日常活动/产品，并使之自动化，从而打破传统的价值链（商业生态系统的不断重新设计）。譬如，长期以来亚马逊一直在使用机器人存储和取出产品，并越来越多地通过无人机交付其产品。同样，亚马逊很早就意识到，向商业客户提供"云计算服务"的战略选择可能成为关键的收入来源。亚马逊网络服务（AWS）于2006年推出，提供对运算基础设施的访问。如今，该服务为亚马逊的增长贡献率为60%。

关注程序自动化、IT和数据分析帮助商业增长设计思维团队：

- 了解数字化技术并评估其对生态系统的影响。
- 构建使用这些技术的能力并进行配置，以使之有助于IT、流程和基础架构的扩展。
- 为其他公司、初创企业和科技公司的参与明确治理方式和流程。
- 为选择合作伙伴和技术组件引入合理的绩效测量和决策依据。

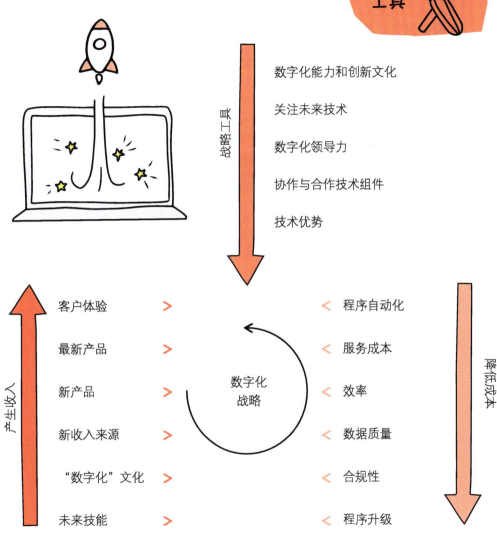

战略工具

数字化能力和创新文化

关注未来技术

数字化领导力

协作与合作技术组件

技术优势

产生收入

客户体验 > < 程序自动化

最新产品 > < 服务成本

新产品 > < 效率

数字化战略

新收入来源 > < 数据质量

"数字化"文化 > < 合规性

未来技能 > < 程序升级

降低成本

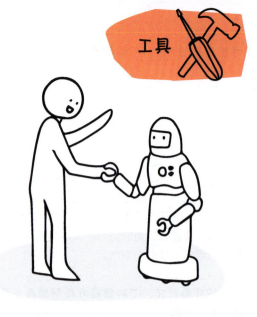

利用数字化、物理和混合接触点

在指数级增长成为可能之前，必须实现数字化成熟度，以便在混合和数字化世界中以商业生态系统的方式进行交互。物理和数字化交互的混合对于把信任视为关键因素的产品来说尤为重要。由客户产生并由外部网络效应推动的内容有助于进行扩展。成功的商业生态系统将此战略作为获取客户的动力。譬如，"Waze"交通应用程序将 GPS 数据与客户输入的实时交通信息连接起来，游戏化的设计使过程更为有趣。此外，它还提供了沿途加油站、餐馆和 DIY 商店 / 五金店的真实信息。在北美，"Waze"成为最受通勤者欢迎的应用程序之一。

利用数字化、物理和混合接触点帮助商业增长设计思维团队：
- 将产品从物理世界逐步转移到数字化世界。
- 根据需求形成最佳的客户互动（参见多渠道、全渠道和最佳渠道）。
- 分析和使用来自数字化交互的数据。
- 为客户提供量身定制和准备大规模定制的产品。
- 以数据驱动的方式进行创新。

程序

1. 从物理世界收集信息，创建物理交互和有意义的价值链的数字化记录。
2. 为客户提供满足其需求的最佳渠道，而非提供多渠道供他们选择，这会让他们无所适从。
3. 机器互联通信以交换信息，从而实现高级分析、可视化和使用来自各种来源的实时数据，进行定制的和数据驱动的创新。
4. 使用算法和自动化，以便让数字化世界中的决策和行动与数字化世界和物理世界中的客户进行交互。

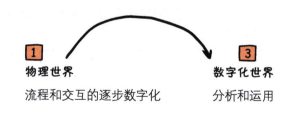

2 混合世界
譬如，使用最佳渠道战略
获得顶级客户体验

1 物理世界
流程和交互的逐步数字化

3 数字化世界
分析和运用

4 产生行动

示例

多渠道、全渠道和最佳渠道

尽管许多公司仍在多渠道和全渠道的概念中挣扎，但指数级增长的生态系统已经向最佳渠道发展，因为这种方法是规模化的一个关键模块。已经通过全渠道活动收集数据的公司可以通过新技术（人工智能、大数据分析、机器学习）个性化地与客户交互，并提供满足客户需求和偏好的最佳渠道。

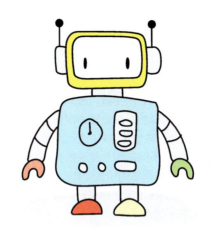

多渠道

- 提供不同的渠道（电子邮件、网站、聊天）
- 受互联网和日益增长的数字化客户行为的驱动

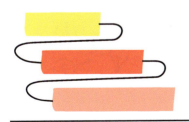

全渠道

- 不同渠道的无缝整合
- 通过客户渠道优化客户旅程

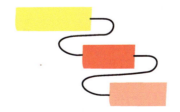

最佳渠道

- 提供最佳的客户交互，作为生态系统旅程的一部分
- 使用语音机器人
- 与客户的个性化交互
- "情感化人工智能"的未来运用

网络化效应和生态系统文化

网络化效应是规模化和指数级增长的关键。成功的商业生态系统使用基于里德定律的战略。这样的系统能够与网络用户的数量（n）成比例地增长，但通常会形成价值（V）上比其他系统更快扩展的群组。这是基于它们之间不同的相互关系发生的。集中式商业网络遵循萨诺夫定律。这里，网络的价值（V）与网络用户的数量（n）成正比。许多平台根据梅卡夫定律运行，其中，价值（V）与网络用户的数量（n）的平方成正比。

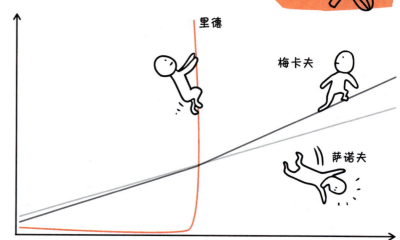

里德

梅卡夫

萨诺夫

用户数量，N

萨诺夫定律

$$V = N$$

梅卡夫定律

$$V = n^2$$

里德定律

$$V = 2^n$$

生态系统文化"赋能思想"

在自己的公司或与系统中的其他参与者一起参与商业增长设计思维举措的员工应当尽可能以网络的方式工作，以便建立联络并交流见解和经验。如果员工和团队被赋予自主权利，则可以在商业生态系统所需的开放文化中有所作为，以便更快地做出有针对性的决断，这会使指数级增长成为可能。当前，许多公司和生态系统举措正在使用 Teams、Zoom、Mural 和其他协作平台软件来支持自发协作，并促进物理、混合和虚拟空间中的网络的形成。

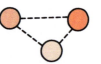

弹性组织结构有明确的角色和责任

会议和协作的新模式，旨在采取行动，而不是过度分析一切

赋予团队和员工个人更大的自主权。这意味着员工必须能够自主解决问题，避免繁文缛节

独特的决策方式持续改进增长中的生态系统和组织架构

生态系统中不同参与者的杠杆效应

许多指数型商业模式基于商业生态系统中不同参与者的特别组合。在大多数情况下，来自不同行业的不同类型的公司进行合作，共同实现价值主张并从整合价值中受益。无人机公司 Matternet 和汽车公司梅赛德斯－奔驰的合作就是很好的例子。这些公司将它们的力量凝聚在一起，在一个生态系统概念中设计一个整合的交付解决方案，旨在改变并简化商品采购和交付的方式。从集中式数字化平台向生态系统的转变提供了指数级增长的机会。基于参与者的数据和技能／能力以及其他资源，共同进化成为商业生态系统中的一种稳定变化动态。

共同进化视角帮助商业增长设计思维团队

- 不必自己构建所需的资源和技能，而是在生态系统中与合适的参与者一起逐步开发。
- 在资本密集型的项目和资产购买中，与更多人分摊负担。
- 在商业生态系统中寻找实现价值主张的可能性，而非试图自己构建所有的能力。

程序

1. 识别新市场机会和客户问题。
2. 转型和关键问题：
   共同进化：发展什么？／谁对此做出贡献？
   机制：它是如何发展的？
   战略／治理：如何协调发展？
3. 通过整合资源逐步实施。持续交换数据、信息和指导原则，以实现创新，获得进入市场和接触客户的新方式。

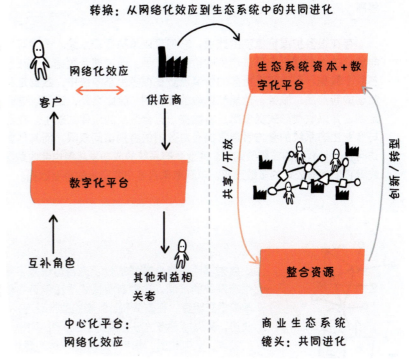

转换：从网络化效应到生态系统中的共同进化

网络化效应

客户　　供应商

数字化平台

互补角色　　其他利益相关者

中心化平台：网络化效应

生态系统资本＋数字化平台

共享／开放　　创新／转型

整合资源

商业生态系统
镜头：共同进化

优化成本结构和扩展价值流

成本结构优化和价值流扩展需要在商业生态系统中采用整体且量身定制的概念。但是，绝对不能让成本管理阻碍商业生态系统的发展。保持"正"成本（促进未来指数级增长的成本）对于商业生态系统的发展来说很重要；而"负"成本必须通过战略性成本削减措施来降低。为此，可以有针对性地选择采取各种措施的组合、所需的技能，建立组织和管理模型，直到高效运营。

程序

存在很多扩展价值流的选项，它们可以单独适应系统。一种可能性是，向独立的大数据生态系统产生的价值流扩展。通过整合数据，并在市场上匿名获取数据，可以实现更多的价值流。在很多生态系统中，数据是开发数据驱动的新产品、服务、功能和体验的催化剂；除此之外，还可以进行大规模定制，并以收费形式提供第三方数据（符合适用的法律法规）。在财务上参与商业生态系统的参与者通常拥有对数据的特别访问权限，而其他参与者的访问权限是有限的或需要购买。商业生态系统的成功发起者也会收购参与者，或者它们拥有公司的多数股权，以获取来自客户和交易的重要数据。

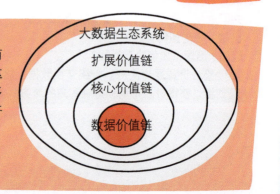

工具

什么？

| 产品组合的动态开发 | 零基础能力 |

何处？

| 运作模式 | 技术与设施资源 | 接触点优化（最佳渠道） |

如何？

| 流程优化与自动化 | 未来工作方式 | 组织设计与生态系统领导力 | 数字化战略 | 商业生态系统设计 |

示例

数据驱动的商业模式结合了来自传统数字服务的洞察力和来自商业生态系统的产品。这种商业模式的比例正在稳步上升。2020 年，这一增幅相当明显。在疫情和封锁措施的推动下，虚拟会议室被越来越多地使用，并通过更多的服务得到扩展。为了进一步优化或降低研究和开发的成本，数字化的"孪生兄弟姐妹"的数量也有所增加。

大数据生态系统
扩展价值链
核心价值链
数据价值链

从线性增长到指数级增长的转换

维度	线性增长 标准程序	指数级增长 商业生态系统规模化中的升级实践
数字化战略	将技术视作实施生态系统战略的推动力量，开发有助于产生差异化和实现竞争优势的专业知识	协调者指出了明确的战略目标和愿景，然后提出动议，以形成一个数字化的生态系统。拥有与系统中的其他参与者协调发展和实施数字化举措所需的技能
关注未来技术	分析用于商业生态系统的现有技术和新技术 在早期阶段测试新技术并检查其创新、降低成本和增长潜力的能力	具备理解数字化技术的能力，以评估其对生态系统的影响 能够使用这些技术并对其进行配置，以帮助扩展 IT、程序和基础架构
数字化领导力	在核心流程之外横向嵌入技术专长 将有关技术决策的职责明确分配给生态系统团队	组建跨职能的小组和技术与创新分会 与商业生态系统中的其他参与者密切合作，研究和使用数字化技术的特殊创新实验室
数字化资本和创新文化	重点在于培养员工在数字化领域的技能 在组织内收集创新想法，并作为"开放式创新"的一部分，与其他参与者一起获得可以实现的改进机会，然后通过数字化来实施	与选定的初创生态系统密切合作；为数据分析、人工智能或其他技术领域的问题陈述举办"黑客马拉松" 为员工和其他利益相关者提供积极的环境，以应对新的挑战、创新，明智地运用新的促进技术
协作与合作技术组件	意识到作为初创企业或商业生态系统，市场中的新参与者具有颠覆性的运作方式。专注于与知名技术提供商合作，以数字化层和特定 API 作为市场接口进行扩展	明确定义其他公司、初创企业和科技公司参与的治理和流程。对合作伙伴和技术组件的选择进行全面的绩效测量
技术的差异性	利用技术使自己从竞争对手中脱颖而出。建立首个值得信赖的联盟	掌握技术并具有对其进行基准测试的能力。差异化主要是为了使用各自技术实现出色的创新和客户体验

283

要点！

商业生态系统的规模化和指数级增长需要在各个层面实现商业模式的正确运作和有目的的治理。

指数级增长的商业生态系统本质上利用了所有为参与者提供的跨市场和跨部门合作的机会。它们为价值主张的进一步发展、新客户群的挖掘和尚未解决的客户需求提供跨职能的输入。

主要目标是解决多重问题，并通过优化成本结构和扩展价值流来提高系统营收能力。最佳渠道的概念适合个性化的客户联络。

可扩展的进程、IT、数据分析，以及数字化、物理和混合接触点的使用，有助于实现所期望的有效性和效率。

关于设计镜头的扩展阅读材料

市场上关于适合深化主题域的设计镜头的书籍已经很多。还有一些相关书籍，特别是关于设计思维、精益创业和扩展系统机制的书籍在市场也不难找见。关于平台经济的文章也有不少。到目前为止，市场上只有极少数关于商业生态系统塑造的权威书籍。据作者所知，《商业增长设计思维》是第一本全面讨论此领域的书。

设计思维

- Lewrick et. al. (2018). *The Design Thinking Playbook Mindful Digital Transformation of Teams, Products, Services, Businesses and Ecosystems*
- Lewrick, et. al.(2019). *The Design Thinking Toolbox: A guide to master the most popular and valueable innovation methods*
- Lewrick (2018). *Design Thinking: Radical innovations in a digitalized world (Beck)*
- Martin (2009). *The Design of Business: Why Design Thinking is the Next Competitive Advantage*
- Cross (2011). *Design Thinking: Understanding How Designers Think and Work*
- Brown (2009). *Change by Design: ow Design Thinking Transforms Organizations and Inspires Innovation*
- Leifer et al. (2014). *Design Thinking Research: Building Innovation Eco-Systems*
- Uebernickel (et. al.). *Design Thinking: The Handbook*

精益创业

- Maurya (2016). *Scaling Lean: Mastering the Key Metrics for Startup Growth*
- Maurya (2012). *Running Lean: Iterate from Plan A to a Plan That Works*
- Ries (2012). *The Lean Startup: How Today's Entrepreneurs Use Continuous Innovation to Create Radically Successful Businesses*
- Van der Pijl et al. (2016). *Design a Better Business: New Tools, Skills, and Mindset for Strategy and Innovation*
- Van der Pijl et al. (2021). *Business Model Shifts: Six Ways to Create New Value For Customer*
- Blank (2020). *The Startup Owner's Manual: The Step-By-Step Guide for Building a Great Company*
- Osterwalder et. al (2019). *Testing Business Ideas*
- Alvarez (2014). *Lean Customer Development: Build Products Your Customer will Buy*

平台经济商业生态系统

- Cusumano et. al. (2019). *The Business of Platforms: Strategy in the Age of Digital Competition, Innovation, and Power*
- Parker et al. (2016). *Platform Revolution: How networked markets are transforming the economy and how to make them work for you*
- Reillier (2017). *Platform Strategy: How to Unlock the Power of Communities and Networks to Grow Your Business*
- Choudary (2015). *Platform Scale: How an emerging business model helps startups build large empires with minimum investmen*
- Geoffrey, et al. (2017). *Platform Revolution: How Networked Markets Are Transforming the Economy and How to Make Them Work for You*
- Evans et al. (2016). *Matchmakers: The New Economics of Multisided Platforms*

规模化与指数级增长

- Parker, et al. (2016). *Scaling Up Skalieren auch Sie! Weshalb es einige Unternehmen packen... und warum andere stranden*
- Eyal (2014). *Hooked: Wie Sie Produkte erschaffen, die süchtig machen*
- Ismall, et al. (2014). *Exponential Organizations: Why new organizations are ten times better, faster, and cheaper than yours (and what to do about it)*
- Ismall, et al. (2019). *Exponential Transformation: Evolve Your Organization (and Change the World) With a 10-Week ExO Sprint*
- Gascoigne (2019). *The Business Transformation Playbook: How To Implement your Organisation's Target Operating Model (TOM) and Achieve a Zero Percent Fail Rate Using the 6-Step Agile Framework*
- Highsmith (2019). *EDGE: Value-Driven Digital Transformationfew*

通过反思学习并采取适当的行动

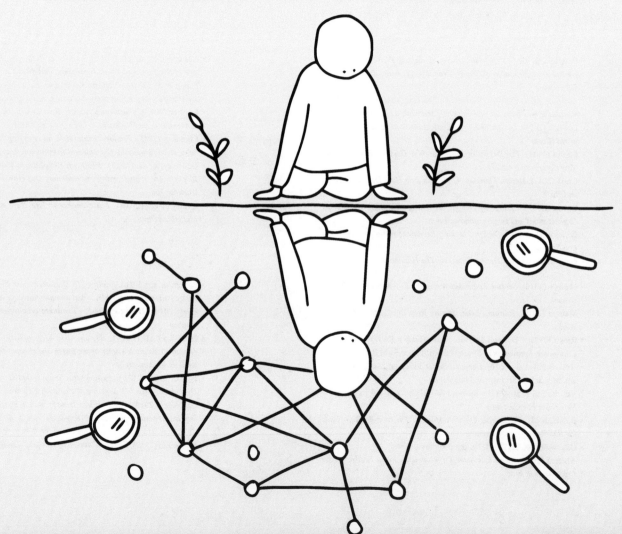

商业增长设计
思维的反思

对范式转换的反思

事实证明，在所有敏捷和迭代程序模型中，在不同层次上反思每个步骤是值得的。例如，在设计思维中，在完成一个微循环之后，或者在MVP的敏捷开发过程中，在每个冲刺之后。典型的问题有：我们实际上合作得如何？我们在团队中如何相处？有些事情可以改善吗？如果有的话，是什么事情？

特别是在动态环境中，个人和团队都必须定期反思，找出团队的立场以及如何改进协作。如果不能定期检查并公开讨论协作是如何进行的，就无法确保团队能够真正齐心协力，实现商业生态系统的更大目标。典型的问题有：我们对上次MVE的结果有多满意？我们实现目标了吗？如果没有，为什么？我们如何改进团队与其他参与者的协作？我们如何通过共创优化成果、责任和未来的实施活动？

此外，还有对商业生态系统设计的个人反思以及相关的思维转换，这些思维转换要求质疑现有的假设并使个人和组织离开舒适区。典型的问题有：我真的专注于解决客户问题吗？作为生态系统领导者，我是在"发起和协调"的框架内充当生态系统领导者，还是回到旧的思维模式？如果选择其中某个模式，原因是什么？

本节简要讨论商业增长设计思维反思画布，并介绍所选的工具。

个人反思

看待变化和程序的更广阔的视角

对具体举措的看法

"在 21 世纪，你必须赋能他人，确保下属比你更优秀，这样你才能成功。"

——马云，阿里巴巴创始人和 CEO

关键问题反思

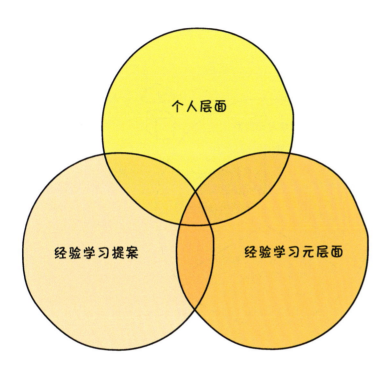

个人层面

经验学习提案

经验学习元层面

- 你对主题域和增长的个人看法有什么变化？
- 哪种模式转变容易实现？哪里存在心理障碍？
- 你个人愿意为一种新的生态系统领导力而改变的意愿有多大？
- 在多大程度上，生态系统设计团队、决策者和生态系统合作伙伴回到了旧的思维模式？
- 我个人如何为变革做出贡献？

经验学习元层面

- 什么是生态系统设计？
- 它有什么优点和缺点？
- 变革带来了哪些挑战？
- 与其他的方法有什么区别？
- 如何结合不同的方法？
- 用例在自己的环境中位于何处？
- 如何全面引入？直接的好处是什么？

经验学习提案

- 项目中什么进展顺利？
- 项目中使用了哪些方法？如何使用？为什么？
- 目前有哪些进展不好？
- 在未来的项目工作中，应当做哪些不同的事情？
- 学到的主要经验有哪些（正面和负面的）？

商业增长设计思维反思画布

设计镜头
- 每个设计镜头中最重要的洞察和行动是什么?

数字化流畅度
- 构建了什么样的数字化技能和专长?
- 还需构建什么样的数字化技能和专长?

生态系统领导力
- 目标图景传达清楚了吗?
- 团队是如何管理的?
- 生态系统的创新发生在哪里?

市场机会
- 实现了什么市场机会? 扩展价值主张的更多的潜在市场机会在哪里?

能力
- 构建了什么新技能?
- 在下个开发阶段, 需要什么新技能?

经验学习提案
- 项目中什么进展顺利?
- 项目中使用了什么方法? 如何使用? 为什么?
- 目前有哪些进展不好?
- 在未来的项目工作中, 应当做哪些不同的事情?
- 学到的主要经验有哪些 (正面和负面的) ?

经验学习元层面
- 什么是生态系统设计?
- 它有什么优点和缺点?
- 变革带来了哪些挑战?
- 与其他方法有什么区别?
- 如何结合不同的方法?
- 用例在自己的环境中位于何处?
- 在自己的环境中引入 / 使用。

思维
- 公司、价值观和商业生态系统适配什么样的思维模式?

思考可能性
- 商业生态系统未来发展存在哪些可能性?

原则
- 现在和未来的商业生态系统根据哪些原则进行设计? 哪些原则促进了生态系统提案在当前阶段的成功?

数字化 (赋能) 技术
- 用到哪些 (赋能) 技术?
- 技术更新要解决哪些问题?

大数据分析 / AI / ML / DL
- 数据处理的成熟度如何?
- AI、DL、ML 等技术如何帮助实现功能自动化?

资本和资产
- 如何为启动、实施和增长提供资金? 商业生态系统拥有哪些资产?

管理
- 提案如何管理? 哪些 KPI 被用来衡量成功?

商业增长设计思维反思画布

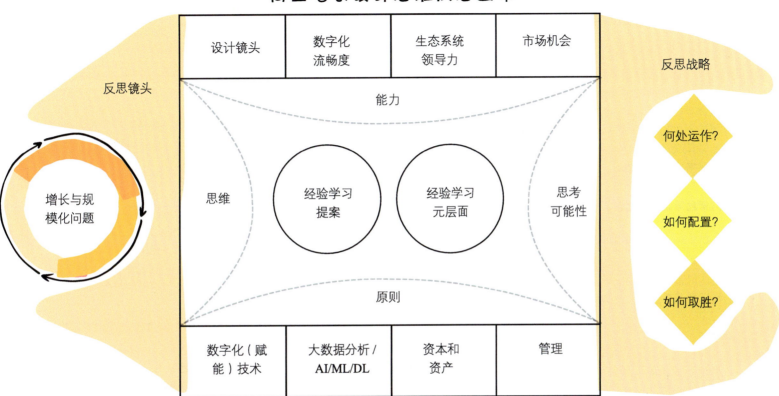

反思镜头

增长与规模化问题

设计镜头	数字化流畅度	生态系统领导力	市场机会

能力

思维

经验学习提案

经验学习元层面

思考可能性

原则

数字化（赋能）技术	大数据分析 / AI/ML/DL	资本和资产	管理

反思战略

何处运作？

如何配置？

如何取胜？

商业增长设计思维反思画布有助于反思当前在项目层面和元层面的活动；学习和发展合适的活动。

下载工具

不断反思从问题陈述到规模化的整个周期

　　商业增长设计思维举措有一定的复杂性。需要不断地反思，以在每个设计镜头中找到程序（经验学习——元层面）的指导，并在过渡到下一个镜头以及当前正在实施的具体举措（经验学习提案）中找到指导。画布有助于反思自己的行动和学习。对于更广泛的项目，也建议在项目期间使用反思。此外，可以在每个画布后使用反馈捕获网格启动改进循环。

反思练习帮助所有相关团队：

- 以结构化的方式收集和评估项目中的经验。
- 从经验中学习，并在下一个项目中加以利用。
- 积极地认识错误以及由此而来的进步。
- 识别和记录调查结果，使其最终适用。

程序和模板

　　反馈捕获网格提供随时记录当前状态的机会，并将得到的经验应用于下一阶段或下一个项目。网格由4部分组成。不仅包括进展顺利的事情，还包括建设性批评。其中也有很多在合作过程中出现的开放式问题和想法。

我喜欢
你喜欢或觉得需要
重点标记的事情

我希望
建设性批评

+ ☆

? 💡

问题
从体验中产生的问题

想法
在体验或展示中
出现的想法

设计和实施团队的
成员就行动和改进达成
一致，并以商定的形式
来实施。

下载工具

帆船回顾

在对冲刺进行反思的背景下，"帆船回顾"经常与 Scrum 方法一起运用。该方法也非常适合在每个设计镜头之后或在完成一个步骤或子项目之后运用。在联合举办工作坊、共创会议或与商业生态系统的潜在参与者面谈之后，帆船回顾可以被用作一种汇报形式。该工具有目的地处理加速、限制和环境因素；它提倡"失败心态"，在这种心态中，错误不被视为失败，而是被视为改变和学习的机会。

回顾帮助所有相关团队：

- 以快速、有针对性、受欢迎和结构化的方式改善团队互动和协作。
- 回顾过去，看看哪些进展顺利，哪些需要改进。
- 思考哪些因素可以改变，哪些因素必须改变。
- 营造积极的氛围，让所有团队成员都能够被倾听并做出贡献；这反过来又能培养自组织团队的心态。

程序和模板

1. 开始：介绍回顾会议的目标和顺序。
2. 收集信息：收集贴在帆船模板相应部分的便利贴信息。典型问题有：最近发生了什么？什么是好的？是什么让我们充满动力（风）？是什么在团队中表现不佳且拖慢了我们的速度（锚）？团队无法应对的危害和风险（悬崖）有哪些（如市场、新技术、竞争对手）？团队有什么共同的愿景和动机（岛）？每个人都大声读出他的便利贴。
3. 对结果进行归类和优先级排序：选择并深入地了解最重要的主题。找出事情的真相，即找出原因，这样可以不仅缓解症状，还可以解决令人不快的问题并为改进奠定基础。
4. 制定措施：在最后一步要制定措施。这意味着我们准确地记录了要在后续迭代中更改或尝试的任何内容。
5. 总结回顾：每个人都要对回顾会议提供简短的反馈，如运用反馈捕捉网格。最终，团队成员应该感觉良好。

工具

目标图景
譬如，"世界上最好的保险公司，客户会喜欢它"

加速因素
譬如，定期磋商和每日会议

环境因素
譬如，新法律法规

限制因素
缺乏规则、未定义参与者、没有合适的工具

回顾议程
开始
收集信息
对结果进行归类和优先级排序
制定措施
总结回顾

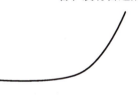

下载工具

293

以"我喜欢，我希望"给出反馈

每次迭代和每个设计镜头都需要有反馈。反馈被用于改进原型、故事、商业模式和整个商业生态系统。"我喜欢""我希望"特别适合敏感的项目。通过保持积极的情绪，反馈的提供者和反馈的接受者之间建立了一种伙伴关系。它可以用于反映协作以及特定结果。譬如："我喜欢你激励我们进行下一次客户调研的方式。"；或"我希望不仅可以使用数字化的渠道，还可以使用物理的渠道。"

我喜欢潜在客户在生态系统中的各种互动选择。

"我喜欢，我希望"形式的反馈有助于：

- 建立一种反馈模式，仅包括"我喜欢""我希望"。
- 认可在迭代、原型或测试中取得的微小成功。
- 将反思作为持续改进的基础。
- 提供和接收书面反馈和口头反馈。

我希望可以使用地理数据和位置数据来查看客户的实际位置。

程序

1. 清楚地传达反馈规则并鼓励积极的情绪。
2. 写下反馈，表达感谢，并用它来改善协作、原型和整个商业生态系统。
3. 用"我希望"为新想法和可能性创造空间。

我好奇为何到目前为止我们还没参与商业生态系统。

重要：应该避免以反馈的接受者的身份开始讨论。这会改变人的情绪，让积极的情绪消失。该工具的应用旨在避免人身攻击，保持积极的情绪。

任何反馈都是宝贵的礼物。礼物必须使人保持积极的基本情绪。

下载工具

294

要点！

在整个商业增长设计思维循环中以及各个镜头之后不断反思，有助于在不同层面上学习。一方面，在特定举措层面；另一方面，在更普遍的意义上，如何应对重大的思维转换和模式转换，以实施进一步的举措或参与商业生态系统。

在单一冲刺之后和过渡到下一个设计镜头期间的积极反思有助于团队建设，并有助于消除可能使整体计划延迟的障碍。

借助全面的反思画布，可以记录所用的技术、领导力和治理理念方面的各个里程碑。

在个人层面上，反思有助于了解新思维方式已经在多大程度上得到应用，以及在哪些方面还存在改进的空间。

洞察当前全球知名企业的商业生态系统战略

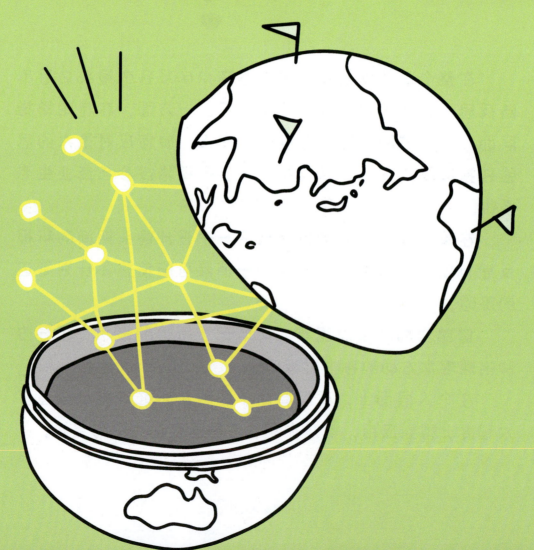

商业增长设计
思维案例

生态系统和商业增长举措

到2030年，全球将有1/3以上的销售额来自生态系统。专家认为，商业生态系统的这种演变将发展到足以将100多个不同的价值链整合其中。这些系统的发起者会逐渐从这些系统的参与者中获得经济利益，而这些系统是否会掌控在少数几家大公司手中，或者这些庞大的系统是否也可以存在于分散的结构中，仍然是悬而未决的问题。然而，目前的趋势似乎是相关行业的某些主导市场的参与者在掌控生态系统。观察不同地区的事态如何发展仍然令人兴奋。亚洲目前具有在生态系统领域发挥决定性作用的最佳条件。尤其是百度、阿里巴巴和腾讯等中国企业，正在按照商业生态系统的理念转换其数字化的商业模式。2020年，这三家中国企业已经占到中国GDP的30%左右，也就是超过3万亿欧元，而且这个数字还在上升。越来越多的传统企业也开始开放，并试图通过生态系统战略实现增长和获得客户访问数据。在亚洲，包括中国平安和星展银行（金融服务）等企业；在欧洲，戴姆勒和宝马（移动性）及瑞士联邦铁路（可持续的移动性）是广为人知的例子。像亚马逊这样的参与者在全球运营。譬如，WeWork（专注于空间、生活、居住）在美国如雨后春笋般涌现。Klara（中小企业服务）和Cardossier（汽车生命周期）等在国家生态系统中看到了增长机会。其中许多企业都在创新生态系统以及数据和交易生态系统中构建了它们自己的的商业模式。除了技术，积极塑造客户体验也很关键。最后一章介绍了一些示例。疫情等特殊情况进一步加速了全球价值创造的爆炸式增长。新的和不断变化的客户需求为生态系统和商业增长计划提供了尚未开发的市场机会。

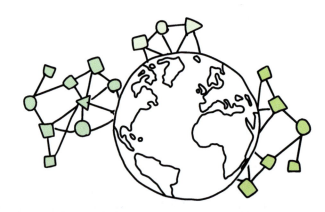

在商业增长设计思维框架内理解商业生态系统进化思想的公司，将在未来的企业活动和增长中发挥主导作用。

平台、生态系统协调者和生态系统发起者的示例

全球快照：2020

欧洲的 50 个顶级公司中，仅有少数公司运用 100% 数字化的商业模式、平台商业模式或商业生态系统。

目前在全球范围内占主导地位的平台经济模式中，欧洲仅占市值的 5%。

美洲

在美国排名前 50 位的公司中，有很多公司都构建了混合或 100% 数字化的商业模式。

苹果、谷歌和亚马逊利用了指数级增长的机会。老牌公司的市场份额正在下降。

亚洲

在亚洲排名前 50 的公司中，有很多公司都构建了混合或 100% 数字化的商业模式。

中国当前有近 100 个数字化平台，并拥有相应的商业生态系统，阿里巴巴在该领域处于领先地位。

图示：

有形资本　金融资本　人力资本　智力资本　生态系统资本

299

腾讯

在过去的几年中，腾讯已经启动了一系列商业生态系统。最初，腾讯是一家专注于游戏和娱乐市场的公司。腾讯最著名的是一个名为微信的生态系统。目前，它已成为亚洲最大的生态系统之一，拥有超过12亿名活跃用户。除了既有的聊天功能，今天的微信还提供支付服务（微信支付），线上到线下（O2O）服务，以及综合在线购物选项。在协调生态系统的过程中，腾讯致力于确保各个参与者为满足客户需求做出实际的贡献。微信生态系统将成为涵盖消费者日常生活各个领域的一站式商店。客户需求主要包括反复的互动，如聊天（持续互动）、打车（每天）和协调医生的预约（每月）。在经过仔细思考的战略决策中，腾讯从系统中的其他参与者那里获得了财务收益，尤其是当这些参与者生成了有关客户的重要数据时，这些数据将有助于在未来为每个客户或服务用户创建720度视角和体验。

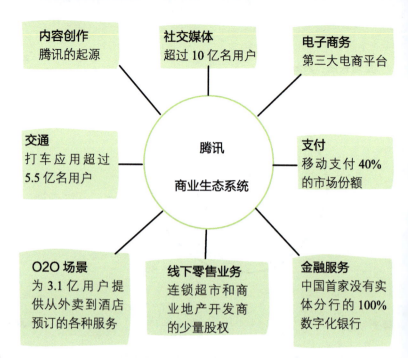

整个腾讯集团的商业生态系统采用不同的客户访问路径。它们覆盖从 100% 的数字互动到为客户提供线上到线下的生态系统旅程。

成功要素

- 一个简单的使命（决策指南针）："通过数字化服务提升人们的生活质量"
- 由创始人管理的公司
- 多元化的产品组合和不断扩展的价值主张
- 根据 6 项原则进行创新：灵活性、开放性、客户至上、速度、弹性和进化
- 积极塑造商业生态系统

说明

腾讯的配置（商业模式 / 资本）

图示：

有形资本　金融资本　人力资本　智力资本　生态系统资本

300

腾讯：微信

微信在很多方面都令人兴奋，详细描述微信的价值主张是如何随着时间的推移而发展的将需要专门编写一本书。微信也是一个令人印象深刻的例子，展示了如何以客户为中心逐步扩展 MVP 和 MVE 中的功能和体验，如何构建一个呈指数级增长的生态系统并与超过 12 亿人进行交易。与用户的互动以超过 100 万个小程序的形式进行，每天有 4 亿名活跃用户（截至 2020 年）。微信已经接管了对 150 万个第三方软件开发商和 6 万家服务提供商的管理。

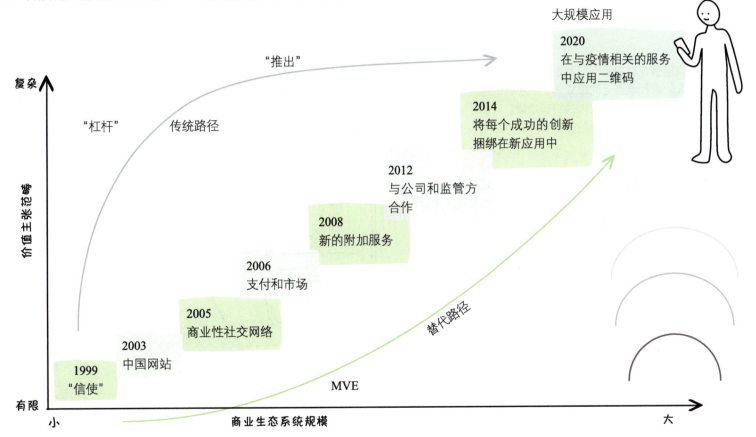

附：疫情与微信生态系统

在疫情期间，微信及其生态系统的新功能和新体验的实施速度令人印象非常深刻。在欧洲，每个国家都在修补用于跟踪疫情的应用程序或功能，而中国则利用微信生态系统来协调活动。总而言之，该系统集成了 100 多个与疫情相关的小程序。

二维码经济在其中起到了决定性的作用。它在微信生态系统中的人、事和地点之间建立起了数字化的连接。功能极其简单，通过微信生态系统内的扫码功能，可以进行各种交易。这个联网系统的基础包括微信用户官方账号、小程序、微信支付和企业微信。

在疫情期间，这些二维码不仅有助于确保信息的顺利交换，还有助于降低疫情大流行预防成本，并提供最佳资源分配，如医疗保健。

"腾讯健康码"在中国第一波疫情期间被下载了 10 亿次，使用超过 90 亿次，相应小程序访问用户超过 260 亿名。

同一时期，地方政府发放了超过 100 亿元的微信消费券，有效促进了消费且支持了中小企业。

在极短的时间内，微信上线了健康相关的小程序，用户数量增长了 347%。1000 多家医院通过企业微信功能处理健康查询达 13 万条。

令人印象深刻的是，从 2020 年 1 月到 2020 年 5 月，"微信多人工作会议工具"的采用和使用。该服务在居家办公期间被使用了 2.2 亿次。此外，中国 1/5 的学校使用微信，与 5000 万名家长及其子女联系。

个人健康评估

识别　行程安排　地点　大数据/分析

感染者/接触者追踪　健康状况

阿里巴巴

阿里巴巴的崛起始于中国智能手机的广泛普及。电子商务平台在当时已经处于领先地位。阿里巴巴发现了市场机会，让消费者尽可能轻松地购买商品（单击鼠标）。很快，在手机上进行的交易数量就超过了传统市场。虽然 2010 年它的普及率仍低于 15%，但如今已有超过 90% 的商品是通过手机购买的。

阿里巴巴的第二次重大转变是在 2014 年。新技术让简单的 P2P 转账成为可能。竞争对手腾讯推出了微信功能"红包"，阿里巴巴对此做出反应，及时推出了支付宝功能以迎接中国农历新年。这两项服务都允许用户以红包的形式向其他人发送少量资金。这种"杀手级"功能从根本上改变了客户使用小额资金虚拟转账的方式。通过网络效应和可扩展的基础设施，移动支付发生的数量呈指数级增长。通过蚂蚁金服，阿里巴巴覆盖了从资产管理、保险到贷款和信用评级的众多领域。

阿里巴巴的"蚂蚁金服"生态系统，追求与腾讯不同的生态系统战略，后者在很大程度上通过其在线保险机构"微保"为定制化的保险解决方案建立一维的合作伙伴关系。

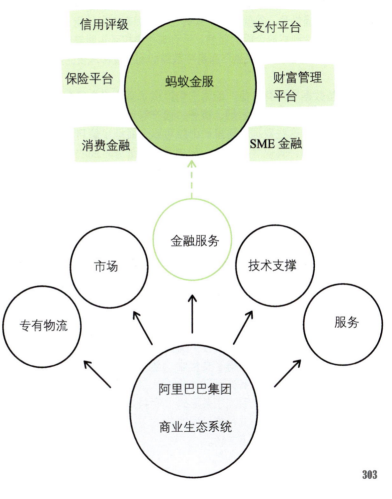

成功要素

- 独特的商业模式
- 非常规的盈利模式
- 可靠的参与者评估模型
- 提高客户支持服务的满意度
- 对新市场机会的敏感度
- 新的交易模式（如 C2B 和 O2O）
- 整体商业生态系统概念

说明

阿里巴巴的配置
（商业模式 / 资本）

图示：

有形资本　金融资本　人力资本　智力资本　生态系统资本

阿里巴巴：蚂蚁金服

蚂蚁金服可以被称为阿里巴巴的金融科技分支机构。分析这个商业生态子系统极具价值，因为数据在这个系统中起到了决定性的作用。商业生态系统拥有 PB 级的数据可供使用，这些数据大部分是由客户和用户免费提供的。谷歌或脸书等其他平台拥有丰富的用户数据，但它们并没有达到蚂蚁金服的程度。没有其他科技巨头能够像蚂蚁金服这样，从移动支付和相关线下服务中获得如此广度和深度的数据。

这些数据非常有价值，因为它们提供了有关用户行为的信息，包括所谓的线下场景（婚姻、孩子、遗产等），具有最大的产品销售潜力。有了这些数据，阿里巴巴就可以全面地了解用户的行为。基于这些数据，蚂蚁金服设计、构建并提供量身定制的金融服务，包括从抵押贷款到资产管理和保险。新技术和智能商业生态系统设计使 20 世纪 90 年代综合融资服务提供商的构想成为可能。

今天，蚂蚁金服和其他生态系统对数据的使用已经超出了全面融资服务的范围。譬如，利用人工智能为投保人开发新的保费模型；同时，在智能图像识别和结构化损失数据的帮助下，瞬间完成理赔评估。

在其他领域，蚂蚁金服还依赖于其他使能技术。传统密码大部分已被生物特征数据取代。新技术允许基于面部、视网膜和指纹扫描进行身份识别，这大大提升了用户的便利性。通过这种方式，蚂蚁保险在寿险、非寿险等保险产品上获得了超过 4 亿名投保人。

蚂蚁金服是一个很好的例子，说明商业生态系统如何通过尖端技术和生态系统领导力实现指数级增长。疫情等外部因素导致客户需求再次发生变化，这意味着在未来虚拟世界的交互肯定会更多。因此，自 2020 年以来，其他扩展价值主张的想法转向个性化医疗也就不足为奇了。

2004年	2007年	2011年	2013年	2014年	2016年	2018年	2020年
支付宝成立	>5000 万名用户 此时，中国仅有不到 3000 万名的信用卡用户。	获得支付业务许可证 支付宝在中国获得了支付业务许可证，并引入了条形码支付来发展线下市场。	余额宝成立 支付宝在理财领域提供服务，并推出了 Wave 支付技术。	蚂蚁金服 支付宝更名为蚂蚁金服。成立财经资讯平台"招财宝"。	B 轮融资 B 轮融资 45 亿欧元（2015 年 A 轮融资）。网商银行应用程序从向中小企业和个人提供金融服务开始。	1.5 亿美元估值 140 亿美元的采购，最大的私人融资，估值 1500 亿欧元。推出支付宝香港和 Gcash 跨境转账服务。	IPO 蚂蚁金服准备上市。

蚂蚁金服的开放商业生态系统战略

蚂蚁金服的商业生态系统战略有目的地依赖于合作竞争。开放系统可供其他金融机构使用。这种方法使其他金融参与者能够使用系统设计和技术，以便它们也可以满足客户的新需求。这一开放举措使蚂蚁金服能够实现全新的价值流，这些价值流产生比传统金融服务更多的收入。因此，蚂蚁金服巧妙地扩展了商业生态系统中的活动，并将为银行和保险公司提供的技术服务置于其发展战略的中心。它也因此得到了回报。至 2020 年，蚂蚁金服的资本市场估值已经超过 1500 亿欧元。凭借其生态系统战略，蚂蚁金服在技术交付方面独立于传统的佣金和交易及高利润的银行。阿里巴巴声称，支付宝及相关组织拥有约 12 亿名活跃用户，且其中 9 亿名在中国。

譬如，财富管理公司有机会在蚂蚁财富上提供养老基金服务。作为蚂蚁金服商业生态系统的参与者，它们还可以访问基于数据的目标客户分析，并发布基于人工智能的服务，如针对各自客户和细分市场的自动化的电子手册。蚂蚁金服是一个典型案例，展现了开放的商业生态系统的巨大潜力，其中，金融科技既是生态系统和平台的发起者，又是参与者。

商业生态系统全球化战略

长远地看，蚂蚁金服专注在全球范围内构建其影响力以进行扩展。目的在于让客户将来有机会在世界各处购物和转账。

商业和数据生态系统

蚂蚁金服认为自己是一个包含了许多不同功能的"超级应用程序"。数据在这里再一次发挥关键的作用，譬如，使供应商能够在蚂蚁金服营销平台上访问期望的客户群；通过优惠券提供促销方案；创建快速、简单且具有成本效益的付款方式；了解有关客户及其行为的更多信息。只要客户出现在一个地区、一个城市或一家商店，相应的推送通知就会通过地理定位发送给他们。对于出国购物的游客，该应用程序具有自动退税功能。此外，该应用程序还提供了通过社交网络分享独特购物体验的机会。

倘若阿里巴巴钱包的交易数据可用，蚂蚁金服就可以提供与客户风险状况相匹配的合适的金融产品。这些产品有助于实时检查客户的信用状况，并在 POS 机提供小额贷款，甚至提供货币市场基金产品。目前，中国近 70% 的人将"芝麻分"作为信用等级，以获得个性化的金融产品。

"如果您的合作伙伴网络都位于同一技术堆栈上，那么相互之间的操作就不是问题。将来，使用菲律宾版支付宝的人可以来中国香港，在任何接受支付宝的商店进行购物。这就是我们的愿景。"

——蔡崇信，蚂蚁金服 CEO

无纸化支付领域的黑海战略案例

　　在移动支付领域，中国领先于其他地区，约 47% 的智能手机用户使用数字钱包。微信和蚂蚁金服因其黑海战略占据主导地位。

　　此外，中国计划将二维码支付生态系统与通用代码连接起来，这将再次加速指数级增长。特别是因为黑海战略的参与者在过去几年中已经扩展了它们在二维码经济中的价值主张。

　　人工智能技术现在还允许通过面部扫描进行支付，这在中国尤其受到年轻人的欢迎。2020 年年初，有超过 1.1 亿名中国用户在超市、商店、购物中心和餐厅使用这种方式付款。

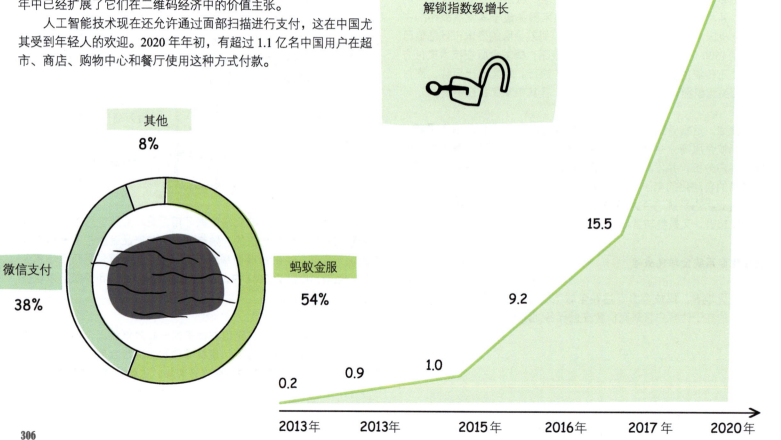

10 亿欧元的交易额

解锁指数级增长

其他
8%

微信支付
38%

蚂蚁金服
54%

0.2　0.9　1.0　9.2　15.5　77.7

2013年　2013年　2015年　2016年　2017年　2020年

中国平安

　　中国平安承担了中国商业生态系统协调者的角色。这家保险公司早已舍弃了单纯销售保险的传统模式，现在在其服务范围内更加专注于健康、住房和出行等主题域。在这些主题域，与商业生态系统中的合作伙伴共同开发产品和服务，如"平安好医生""汽车之家""平安好房"。一方面，中国平安正在成立自己的子公司；另一方面，它正在协调很多为提供价值主张做出贡献的参与者。与微信的生态系统类似，中国平安试图通过使用不同的渠道来提高交互频率。譬如，多达3000万名客户访问"汽车之家"平台购买和销售汽车；同时，他们也是融资和保险产品的潜在客户。中国平安的房地产生态系统已成为房地产购买和融资的一站式服务平台。"客户对客户"租赁平台等功能有助于产生新的客户访问，然后通过直接销售抵押贷款、资产管理产品和保单直接为其提供服务。在健康领域，中国平安与中国最大的在线医生网络平台之一合作。将在线咨询、订购药品的功能和实体医院相结合，通过单一市场参与者无法提供的独特价值主张说服患者。特别是O2O功能使这个系统独一无二。凭借来自特定品牌的客户信息、行为、偏好等海量数据，中国平安能够更好地将未来的产品与客户的需求相适配；预测客户的具体生活事件；创造更好的产品和服务组合；并以有针对性的方式解决诸如预防和滥用等方面的问题。由于"健康、住房和汽车"相结合的数据集提供了特别有意义的信息，因此，这些数据也成了收入来源。与腾讯和阿里巴巴类似，中国平安正在通过子生态系统扩展其范围：如在健康领域，它拥有私人诊所和健康云的解决方案。

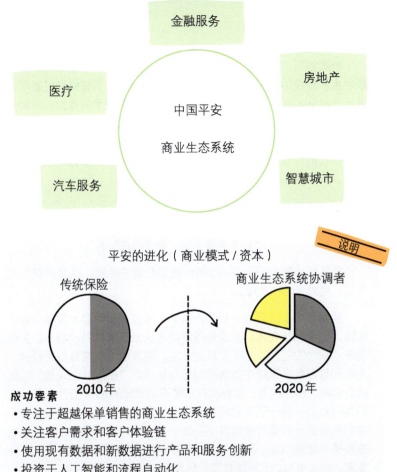

平安的进化（商业模式／资本）

说明

传统保险　　　　　　商业生态系统协调者

2010年　　　　　　2020年

成功要素
- 专注于超越保单销售的商业生态系统
- 关注客户需求和客户体验链
- 使用现有数据和新数据进行产品和服务创新
- 投资于人工智能和流程自动化
- 作为商业生态系统发起者和协调者的积极角色，专注于数据和新服务的货币化

图示：
有形资本　　金融资本　　人力资本　　智力资本　　生态系统资本

星展银行

星展银行（新加坡）通过不断转型，成功地从传统银行转型为数字生态系统的参与者。星展银行依靠数据、人工智能和机器学习进行规模化扩张。同时，星展银行具有试验新技术的能力。作为经历技术变革的首批银行之一，星展银行将从私有云模式转变为多重云模式，并结合了两种方法的优势。数据对星展银行来说至关重要。星展银行的目标是利用大数据分析来获得更强的洞察力，改善客户体验，并提供开发新产品和服务的机会。

星展银行的价值主张很明确：

"更多享受生活，更少银行服务"

星展银行致力于全新的 100% 数字化客户体验，从客户获取到交易，再到关怀和支持。

数据有助于实时地分析客户需求，通过大规模定制实现个性化体验。其目标是在客户问题变得显而易见之前对其做出响应。关键词是"超个性化"。为了实现这一点，星展银行依靠各自的数据、业务和创新生态系统中的共同创造与协作。"星展共创计划"包括来自金融、医疗保健、零售和汽车等不同领域的 65 个合作伙伴。它们共同致力于基于既有和新客户需求的新价值主张。星展银行各个生态系统设计的领导者来自不同的行业；它们中许多来自已经在生态系统中崭露头角的科技公司，其中，并没有传统的银行家和行业专家。星展银行的"系统转型"依赖于：

1. 一切自动化
2. 培养高效能团队
3. 组织成功
4. 从"项目"转向"平台"
5. 尖端系统设计

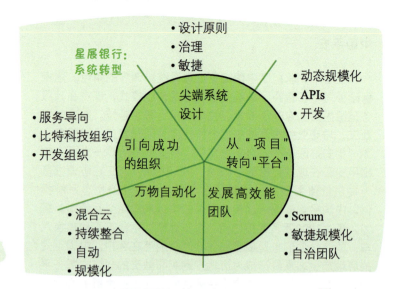

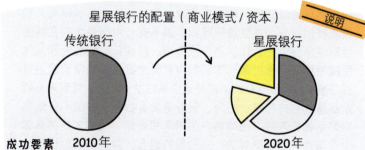

星展银行的配置（商业模式／资本）

传统银行　　　　　　　星展银行

成功要素　2010年　　　　　2020年
- 关注客户交互中的"超个性化"
- 关注客户需求和客户生态系统旅程
- 为产品和服务创新生成新数据
- 投资于人工智能和流程自动化
- 作为商业生态系统发起者和协调者的积极角色，专注于传统银行业务之外的生活领域

图示：

| 有形资本 | 金融资本 | 人力资本 | 智力资本 | 生态系统资本 |

星展银行数字化商业模式的技能和能力

星展银行虽然在过去开发了客户旅程并改善了既有的接触点，但今天，这家银行专注于对客户不可见。银行在认知中消失了，但其独特价值主张的服务将银行与客户多次绑定在一起。

为实现这一愿景，星展银行利用了这几种能力：

1. 获取：通过扩大分布来获取客户，从实体分支机构和客户经理转向数字化营销渠道和社交媒体。
2. 交易：从纸质和实体表格到电子表格、电子结单和数字化开户，再到一键处理订单或端到端的自动化。
3. 参与：以定制化报告、报表和基于客户需求的参与形式与客户进行由数据驱动的交互。
4. 生态系统：启动和参与商业生态系统，为客户提供全面的服务。与各种 API 快速连接，并响应不断变化中的客户需求。

> "未来 10~12 年的赢家将是那些能够把灵活性、适应性和反应能力融入其工作方法中的人。"
>
> ——皮尤什·古普塔，星展银行 CEO（2018）

星展银行 KPI 新的优先级

50% 传统 KPI
- 股东
- 客户
- 雇员

50% 战略
- 地理位置
- 法规
- 社会
- 赋能者

50% 传统 KPI
20% 让银行业务充满乐趣
- 数字化加速
- 通过"客户体验"让客户和员工开心
- 通过数字化捕捉价值

30% 战略

星展银行数字化商业模式的 5 大核心能力

获取	交易	参与
• 通过扩大分布获取客户 • 降低购买成本	• 无纸化，实现即时处理 • 降低成本	• 根据需求增加与客户的锁定，通过情景营销实现交叉销售 • 通过每位客户增加收入

生态系统："平台渠道"

数据："洞察驱动"

除了既定的 KPI，星展银行还将当前使命视为成功的因素。KPI 代表了数字化转型的核心，占计分卡总价值的 20%。通过设计思维和初始 MVP 为客户开发的许多体验和功能都与商业生态系统和扩展的价值主张有关。这里的重点是获取越来越多的客户，他们中的大多数都将得到数字化的服务。

星展银行像初创企业一样运作。不同的是，它有超过 26000 名雇员。

亚马逊

　　亚马逊是一个很好的例子，它通过进化成了一个占主导地位的商业生态系统协调者。亚马逊的数字化旅程开始于1995年，它将既有流程数字化（在线销售图书）。接下来，亚马逊还把内容数字化（如电子书和Kindle格式）。凭借其市场实力，亚马逊已经成功地提供了各种实体的和数字化的产品与服务，包括当今许多领域的B2B服务。近年来，亚马逊越来越关注整个商业生态系统的设计和实现，其中通过商业模式多维视角和新价值流的定义（如亚马逊云服务）出现了新的网络式价值创造架构。此外，亚马逊还知道应该如何通过特殊的激励措施（如亚马逊Prime）紧密地绑定客户，以便他们将更多时间花在亚马逊的相关产品上。同时，这种锚定效应具有高于平均水平的影响力，因为Prime客户在亚马逊其他产品上的花费通常是普通客户的两倍。亚马逊的每个业务部门都以合适的价值主张向客户展现自己的定位。譬如，亚马逊Kindle，客户可以在亚马逊Fire平台上同时消费亚马逊产品组合中的各种产品和服务。此外，Fire平台还可用于消费亚马逊生态系统之外的其他产品和服务，如访问社交网络、娱乐产品和各种应用程序。亚马逊的开放性和作为中间人的定位正在推动其实现指数级增长。亚马逊大约60%的收入来自这一中间业务。亚马逊有40多家子公司，包括制药公司PillPack，该公司每包药品都有单独的标签（标有服药日期和时间）。除了免费送货，客户还能享受到单独的包装和服用药物的说明，并可以轻松添加膳食补充剂、多种维生素和益生菌。亚马逊正在将其价值主张扩展到一个广阔的处方药市场，推出了"PillPack by Amazon Pharmacy"，这是一个新的商业生态系统。

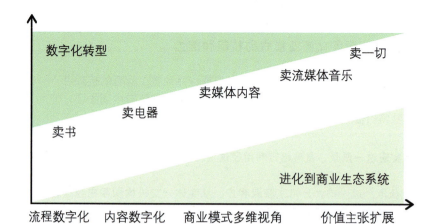

成功要素

- 创新和价值主张设计是开发新价值主张和产品的两个关键因素
- 通过Amazon Prime产生强大的锚定效应（巩固对线上购物的忠诚度）
- 利用成熟的商业模式，如订阅模式、金字塔模式或按需模式
- 从实体流程的数字化到整体商业生态系统的逐渐演变

说明

亚马逊的配置
（商业模式/资本）

图示：

有形资本　金融资本　人力资本　智力资本　生态系统资本

亚马逊生态系统：从线上书店到生态系统的演变

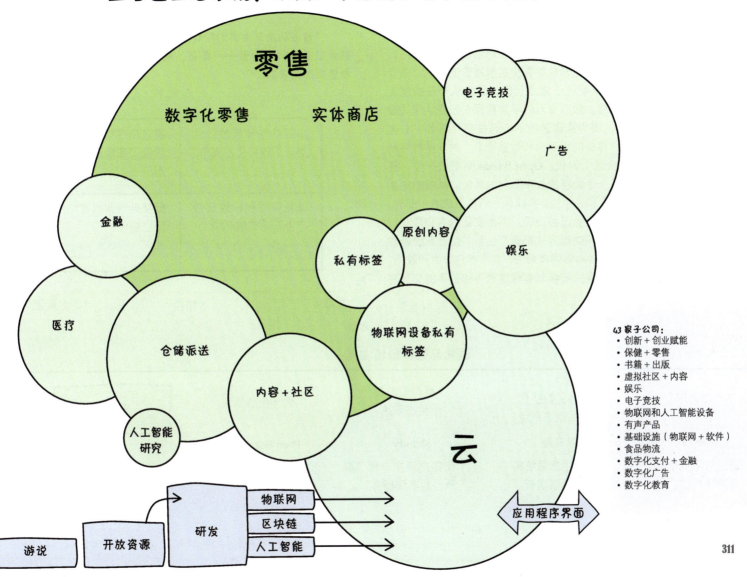

零售

数字化零售　　　实体商店

电子竞技

广告

金融

私有标签　　原创内容

娱乐

医疗

仓储派送

物联网设备私有标签

内容 + 社区

人工智能研究

云

游说　　开放资源　　研发　　物联网　　区块链　　人工智能

应用程序界面

43 家子公司：
- 创新 + 创业赋能
- 保健 + 零售
- 书籍 + 出版
- 虚拟社区 + 内容
- 娱乐
- 电子竞技
- 物联网和人工智能设备
- 有声产品
- 基础设施（物联网 + 软件）
- 食品物流
- 数字化支付 + 金融
- 数字化广告
- 数字化教育

零售中不同的生态系统思维和价值主张案例

比较零售商业生态系统的不同表现形式也很有趣。沃尔玛等传统供应商旨在通过购买力和效率提高其市场地位。如前所述，亚马逊通过向许多市场参与者开放并逐步扩展其价值主张，来专注于指数级增长。Shopify专注于建立社区，因此从一开始就走上了与亚马逊不同的道路。数以百万的零售商现在已经从亚马逊"转移"到了Shopify，因为赢家通吃的心态往往伴随着中心化平台的严格规则、客户界面的所有权和数据需求，对许多零售商来说，这些已不再适合这个时代。Open Bazaar则更进一步，在新技术的基础上建立了一个纯粹的去中心化的系统。系统的主要目的是为客户提供透明度和公平性，并确保它们是系统的一部分。接下来的进化步骤和价值主张已经出现。不断变化的客户需求，以及对环境和所有权的不同处理方式都有产生新的生态系统思维的潜力。此外，对于发起者和协调者来说，共享客户界面和数据，以及与商业生态系统中的客户和参与者保持透明和公平的交易将变得越来越重要。

"商业的未来由我们所有人——合作伙伴、商户、服务供应商、技术推动者和购物者——拥有。是大众，而不是少数人。所以我们需要你加入我们。"

——哈利·芬克尔斯坦因，Shopify COO

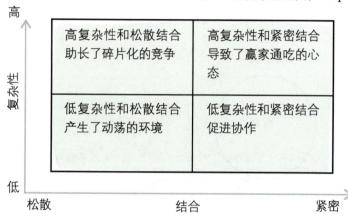

进化思维和价值主张

以产品为中心	实体和数字化产品生态系统	生产型消费生态系统	合作生态系统	未来？
沃尔玛	亚马逊	Shopify	Poen Bazaar	
通过效率竞争提高市场地位。	利用生态系统实现指数级增长。	使客户和参与者"联系、共享和拥有"。	客户参与的公平性和透明度。	幸福而非财富？帮助每一位参与者致富？可持续的产品和生活方式？

WeWork

　　WeWork 成立于 2010 年。其最初提供的服务很容易理解：以灵活的条款租用办公空间。然而，WeWork 的生态系统目标逐渐更进一步，希望在整个生活领域提供服务。为了这个更大的生态系统目标，WeWork 现在创办了一所名为"WeGrow"的私立学校，并创建了以 WeMRKT 为名运营的零售店。通过这种方式，WeWork 社区被创建起来，涵盖了从家到学校的一切，包括交通。换句话说，WeWork 旨在建立一个将所有东西聚集在一起的商业生态系统，无论是在附近或在城市中。自 2010 年起，WeWork 呈指数级增长，其愿景包括从住房（WeLive）到健身工作室（Rise）的方方面面。这就是为什么这家公司及其商业生态系统现在以"The We Company"命名。下面这些价值观反映了成功的生态系统参与者的必备要素：

- 不是卖产品，而是卖愿景
- 放眼全球
- 与客户共同成长
- 创建支持快速增长的文化

　　从一开始，公司的信条就是以社区精神提供产品和服务。WeWork 从向初创企业出租办公空间开始成长起来。

　　此外，这个概念从一开始就在全球范围内构思和实施。生态系统的协调者和发起者并没有将"The We Company"企业文化视为一成不变的。

　　相反，文化被视作一种工具，帮助生态系统根据需要成长、改变和发展。

　　"WeWork 的使命是创造一个人们为生活而工作的世界，而不仅仅是为了谋生。WeLive 的使命是建立一个没有人感到孤独的世界。WeGrow 的使命是释放每个人的超能力。"

　　——瑞贝卡、米格尔和亚当，The We Company 联合创始人

成功要素

- 提出易于理解的价值主张
- 方法与未来客户的需求高度一致
- 通过 MVE 在多个方向扩展价值主张
- 令人信服且定义清晰的商业生态系统图景

WeWork 的配置
（商业模式 / 资本）

图示：

有形资本　金融资本　人力资本　智力资本　生态系统资本

313

Your Now

戴姆勒和宝马建立了一家欧洲合资企业，从规模上看，这家合资企业具有快速发展商业生态系统的潜力。这家合资企业精心策划了五个支柱，共同构成了"Your Now"移动生态系统：REACH NOW（行程规划）、CHARGE NOW（充电）、FREE NOW（叫车）、PARK NOW（停车）和 SHARE NOW（共享汽车）。未来的商业生态系统的目标是满足城市客户对移动性的新需求。这个生态系统拥有一系列智能的、无缝连接的移动服务组合，手指轻触即可使用。宝马和戴姆勒正在接管新商业模式的治理，目标是实现价值主张在全球范围内的快速扩展。通过这种方式，商业生态系统可以应对城市交通的挑战和不断变化的客户需求。城市、市政部门和生态系统中的其他参与者为提高城市生活质量做出贡献。通过协调，它们通过提供电动共享汽车以及便捷的充电和停车设施来推动电动汽车的发展。这些具有可持续性的出行服务因此更易于体验和使用。基于这一价值主张和目前约 6000 万名活跃用户的客户群，这 5 家位于欧美重点地区的公司都希望未来在全球范围内实现扩张。基于 100% 电动和自动驾驶车队的额外移动性，扩展价值主张是可以想象的，还可以设想允许车辆自动充电、独立停放或与公路和铁路以外的其他交通工具联网的服务和概念。

> "我们希望连接更多的交通工具，覆盖更多城市里的更多人，从而提高人们的生活质量。"
>
> ——哈拉德·克鲁格，宝马管理委员会主席

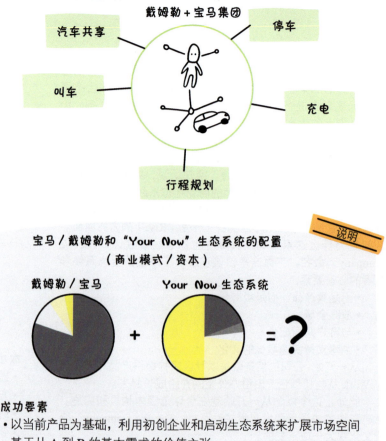

宝马／戴姆勒和"Your Now"生态系统的配置
（商业模式／资本）

说明

成功要素
- 以当前产品为基础，利用初创企业和启动生态系统来扩展市场空间
- 基于从 A 到 B 的基本需求的价值主张
- 在"Your Now"生态系统中设计端到端产品
- 逐步扩展到新领域和组合要素
- 两个强大、知名和富有盛誉的品牌作为商业生态系统的品牌要素

图示：

| 有形资本 | 金融资本 | 人力资本 | 智力资本 | 生态系统资本 |

Hubject

Hubject 是一个商业和交易生态系统，在 43 个国家和地区拥有 760 多个参与者。Hubject 自 2012 年以来一直致力于构建全国性的电动汽车零售网络。它最初是由博世、EnBW、西门子、RWE、戴姆勒和宝马联合发起的。Intercharge 网络的核心价值主张——"通过商业服务和以客户为中心的方法加速电动汽车生态系统"——包括为充电站运营商、牵引电流供应商、能源供应商、车队运营商、汽车共享公司、服务卡供应商甚至汽车制造商提供的服务。2020 年，四大洲超过 25 万个充电点连接到了 Hubject 的开放平台。

Hubject 特别在汽车、技术、能源供应商和电信供应商 4 个行业中推动移动市场的"合作竞争"。此外，Hubject 还与地区性和全国性的公司合作，维护充电基础设施。终端客户可以通过生态系统的协调，访问数千个充电站，并通过智能手机方便地预订充电站，费用类似于移动网络漫游费。Hubject 还为参与者提供了许多收益和额外的营收模式，这反过来又对生态系统资本带来了积极影响。此外，Hubject 还考虑了参与者的多种营收模式，并作为商业模式多维视角的一部分。数据在这里再次发挥了决定性作用。譬如，收集和评估来自 Intercharge 网络中充电站的动态数据。通过二维码或 RFID 卡、NFC 技术或即插充电解决方案，与终端客户进行数字交互并激活各个充电站。Hubject 将这个生态系统中的各种参与者联系起来，它们共同为终端客户提供独特的体验。个体参与者受益于 Hubject 所提供的扩展、创新和尖端 IT 基础设施。

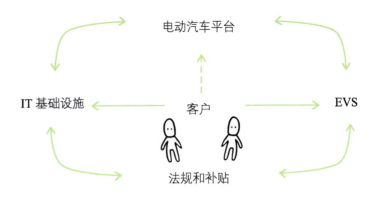

开放和网络化的电子交通市场。充电站运营商与牵引电流供应商的合作。

成功要素

- 参与新的电动汽车增长市场
- 以为参与者和终端客户提供多种附加价值为核心价值主张
- 流程和支付程序的简化与自动化
- 通过简单的界面和强大的 IT 实现快速扩展
- 开放系统，有意识地进行"合作竞争"
- 通过网络效应实现生态系统资本的强劲增长

说明

Hubject 的配置
（商业模式/资本）

图示：

| 有形资本 | 金融资本 | 人力资本 | 智力资本 | 生态系统资本 |

Green Class

Green Class 生态系统由瑞士联邦铁路与宝马于 2016 年启动，最初是作为一个设计思维项目，以共创模式在不到 6 个月的短期冲刺中设计出最小可行的生态系统。它的交付物现在包括公共交通订阅和共享电动汽车。在这个移动概念中，包括所有客户服务、道路税贴纸、轮胎更换、税收和保险。Green Class 商业生态系统满足客户对灵活和无忧出行的需求。

还可以预订的其他服务包括停车、道路充电、汽车共享、自行车共享和出租车服务。通过设计这个商业生态系统，瑞士联邦铁路正在应对电子交通形象的变化，并摆脱受到严格监管的铁路运输。Green Class 的目标客户群是居住在城市或农村且主要到大城市上班的客户。多式联运是其客户主张的一部分，对可持续解决方案的强烈渴望也是其中一部分。Green Class 计划是瑞士联邦铁路更全面的战略考虑中的一部分：沿着整个交通运输链展开的门到门的旅程。

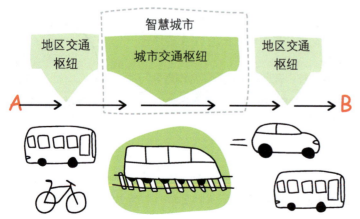

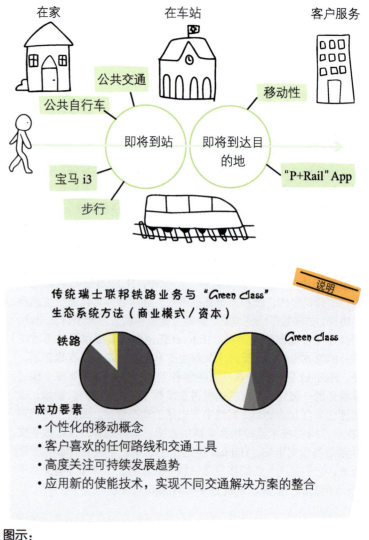

Klara

Klara 是瑞士的一个商业生态系统，自 2016 年以来，一直在承接中小企业的各种任务。商业生态系统也是 AXON 集团的一部分。Klara 作为协调者，为银行、保险公司和受托人提供服务。在 Klara 的背后有超过 100 名专家，他们在薪酬、信托服务、市场营销和领先的 IT 开发领域工作。Klara 的价值主张侧重于"不仅仅是减轻人们的行政负担——Klara 让您的办公变得轻松。"在这个价值主张的框架内，Klara 提供工资核算、员工保险、工作推荐、疾病和事故报告或商业生态系统方法的完整簿记。其重点是微型企业（Klara Business）以及越来越多的私人家庭（Klara Home），譬如，这使得轻松并依法管理家庭佣工成为可能。除了集成数字服务，Klara 还依赖混合模式。在众多选择中，其一是让 Klara 的服务专家进行所有设置，譬如，可以从一开始就进行工作核算。开放式银行可以轻松传输付款数据和账户信息。小型企业的客户关系管理等个人服务是免费的，而其他服务则可以小规模预订。通过数字助理、人工智能、数据收集和分析，实现了微型企业的大规模简化。通过开放的生态系统方法，各种服务得以整合；微计费系统对应了更为灵活的商业模式，客户界面和品牌活动由各自的参与者自行管理。Klara 使用设计思维、数据构思、精益创业以及商业和数据生态系统设计来进一步发展价值主张。满足中小企业的需求是 Klara 价值主张的核心。

Klara 的背后有一群企业家，他们坚信管理公司或私人家庭可以更容易、更快捷、更高效。

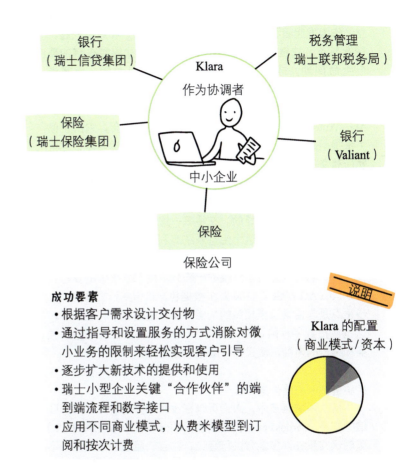

Klara 的配置
（商业模式 / 资本）

成功要素
- 根据客户需求设计交付物
- 通过指导和设置服务的方式消除对微小业务的限制来轻松实现客户引导
- 逐步扩大新技术的提供和使用
- 瑞士小型企业关键"合作伙伴"的端到端流程和数字接口
- 应用不同商业模式，从费米模型到订阅和按次计费

图示：
有形资本　金融资本　人力资本　智力资本　生态系统资本

317

Cardossier

Cardossier 生态系统于 2019 年在瑞士作为一个协会成立。作为发起者和协调者，该协会正在与客户和成员一起，开发基于区块链的解决方案，以数字化方式绘制车辆的整个生命周期。成员包括 AdNovum、苏黎世大学、卢塞恩计算机科学学院以及行业合作伙伴，如 AMAG 和 AMAG Leasing、AXA Insurance、Mobility、Audatex、auto-i-dat AG、AutoScout24、PostFinance 和瑞士租赁协会。它的价值主张很明确：为围绕车辆的生态系统带来更高透明度，并帮助所有交易伙伴建立信任。区块链等使能技术意味着车辆的数据不再以不同的程度存储在不同的地方；相反，数据将以相同的质量存储在多个市场参与者那里。在未经授权的情况下更改数据包是不可能的。在将来，这应该能够无保留地显示车辆的整个历史。这个生态系统有利于经销商和个人以及各州道路交通办公室和瑞士联邦道路办公室（FEDRO）等公共机构，后者也是生态系统的一部分。生态系统中的参与者 auto-i-dat AG 提供了 1100 万个数据包。价值主张扩展的下一步重点是与监管流程相关的功能（如车辆的进口和注册），这也包括数字保险证书。此外，Cardossier 正在研究地图服务和维修的内容，使它们可追踪并且透明。

区块链技术的优势是什么

借助区块链技术，人们可以在没有中介的情况下进行可信的交易。Cardossier 示例中所使用的分布式账本技术（DLT）可确保交易在许多地方进行登记，并且一旦经过验证几乎不可能更改。譬如，车辆的完整生命周期，包括行驶里程、车间访问、车辆驾驶员甚至位置数据，都可以记录在区块链上。这对于租赁公司和二手车购买者来说，都是很重要的信息。生态系统提供了信任。

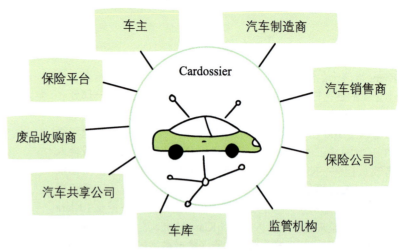

成功要素

- 使用区块链技术对实物资产进行数字化
- 在参与者众多且透明度低的生态系统中提高效率
- 新产品数据库（如按需保险、随车付费、参数保险、点对点保险）
- 为私人客户提供更高的透明度和数据安全性（如促进索赔管理、合同签订、文件交换、防伪保护）
- 基于可靠技术的无缝的客户体验的生态系统

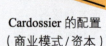

Cardossier 的配置
（商业模式 / 资本）

图示：

有形资本　金融资本　人力资本　智力资本　生态系统资本

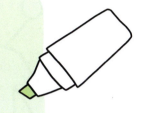

要点！

　　这些案例展示出集中式业务网络、平台和商业生态系统为实现商业增长而开发的不同成熟度和方法。

　　大型系统有获得市场支配地位的趋势。其中一些，如阿里巴巴和腾讯的支付解决方案，已经成功实施了黑海战略。

　　各个国家和地区的生态系统举措针对每个地区的具体要求。它们通常已经建立了客户访问、与客户的信任关系或商业生态系统所需的基础设施。

　　参与者通常在生态系统中扮演不同的角色。在生态系统中，发展各自的角色对于成功来说至关重要，就像各自的生态系统动态发展一样。

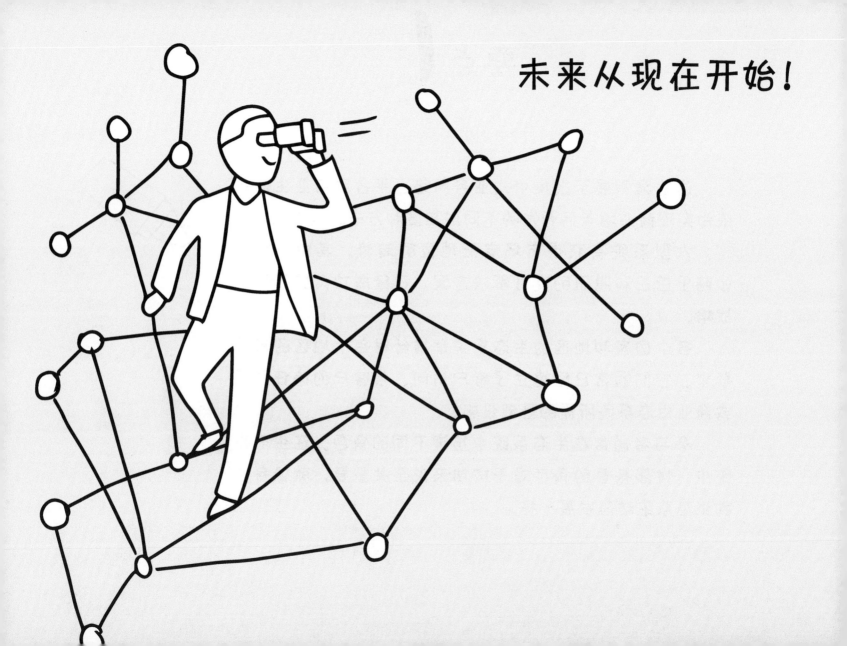

未来从现在开始！

结语

反思和前景

商业增长设计思维和商业生态系统思维具有变革性和进化性。一方面，新的生态系统将拓展现有的和已知的边界，为公司提供开拓新市场的机会。另一方面，新的系统边界和挑战也会出现。同样值得注意的是，在生态系统中的思考和行动，特别是对于未来发展的思考和行动已经在许多领域存在，但并未平等地分布在所有行业和地区。近年来，作为最终消费者，我们已经体验到媒体、电信和IT这三个原本独立的部门如何整合成一个卓有成效的系统，使我们能够随时随地在移动设备上实时阅读新闻。

在许多行业中，决策者仍然从客户/供应商关系的角度进行思考，并且最多只是在参与行业市场或类似举措方面迈出一小步。对于一些公司来说，中短期内不会发生任何变化，商业生态系统也不会是主要问题，因为现有的商业模式、线性供应链和综合公司的战略定位对这些公司来说非常有效。然而，随着近年来数字化发展的速度越来越快，并在生活的各个领域确立了自己的地位，这些公司预计也将出现类似的发展。因此，行业和能力的混合与动态发展不仅仅与希望响应不断变化的客户需求或进入以前无人占据的市场空间的公司相关。这是一种全球现象，正在加速商业模式和增长方面的范式转换。

新的"改变游戏规则"的技术允许这样的系统在没有中央单元的情况下进行组织，也就是说，越来越多的系统将发展为去中心化的商业生态系统。

与不同参与者一起形成独特的价值主张，包括有机会开辟新的市场和营销渠道，或者对自身行业、现有价值链或单个中介机构的颠覆做出反应，并积极帮助塑造这些新系统。

生态系统思维有助于跨越传统公司、价值链或网络边界系统地看待组织和技术现象。商业生态系统设计要求商业领袖以及设计和实施团队以不同的方式思考并接受即将到来的颠覆、变革和转型。随着通过商业增长设计思维出现的新系统的开发和参与，VUCA 不再只是一句流行语，而是一个可知可感的现实。

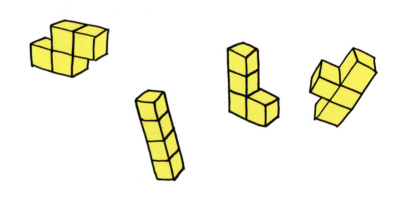

那些想用设计思维构建生态系统以促进商业增长的人首先应该问自己，他们想满足客户生活中哪些领域的需求，以及其他参与者应如何帮助以最佳方式覆盖这一价值主张。

各种增长和生态系统举措的例子表明，最先进的信息技术已成为在生态系统中提供产品、服务和体验的重要推动力。生态系统提供直接或间接销售的机会，利用客户数据定制产品，并开发额外的收入来源。生态系统的催化剂——数据，是其中的一个关键因素。在某些行业中，线上线下业务看上去尤为重要，即物理世界和数字化世界的结合。启动、构建或管理系统需要不同的资源和技能。生态系统可以在全球范围内进行扩展，也可以在一个地区或一个国家出现。现有的生态系统的例子也表明，即使是利基供应商和小型参与者也可以通过深思熟虑的方法成功地使此类举措发挥作用。

本书的主要目的是用一种关于商业模式、生态系统和增长的新思维方式来取代许多商业领袖和管理者认知中的那些根深蒂固的思维方式。

本书中描述的商业模式和增长设计的范式转换与当前的管理理论以及组织及其环境作为一个系统的观点愈发相关。商业生态系统为新方法和程序模型提供了发展空间。参与者在交付核心价值主张时的相互依赖、共同进化、非线性行为，以及针对可扩展、系统性机遇和挑战而调整的系统等特性需要灵活的模型。与经典的"市场思维"相比，商业生态系统有客户和用户、共同竞争者和参与者，它们可以扮演发起者的角色，为协调系统或为价值主张的创造做出贡献。生态系统领导力还需要一种新的协作文化，从"控制与指挥"转换为"发起与协调"。由于这些系统相当复杂，因此要在治理方面取得成功，应尽可能为跨公司边界的网络化团队提供尽可能多的自主权，以便他们可以横向工作——从确定客户需求到设计商业生态系统，再到规模化。

只有那些在商业生态系统中严格基于客户利益进行创新的公司，才会成功并实现指数级增长。

新技术是生态系统的基本驱动力和推动力。与传统经济中公司需要进行昂贵的实物投资以扩展其商业模式不同，在数字化的生态系统世界中，公司可以通过数据、软件和适当的生态系统配置的巧妙组合来快速发展。参与者之间的联系不仅产生了新的智力资本，而且最为重要的是，产生了生态系统资本！目前，物理和数字化交互的混合模型似乎特别有吸引力。最好的例子是生态系统协调者——亚马逊和阿里巴巴。

未来，商业生态系统将实现颠覆，这一点变得越来越明显。新的价值主张、商业模式和合作形式正在出现。指数级增长的远大目标和网络效应的使用，将加快此类系统的传播速度。同样，各种趋势正在影响商业生态系统的积极发展。一个是 Z 世代的人（人口比例 >25%）100% 拥有智能手机，并认为数字化交互的简单性和自动化是理所当然的。另外，新技术使我们能够分析人们的行为，并以复杂的方式来影响它。通过深入了解人类决策，可以创建更好、更具吸引力的价值主张，使客户能够过上更健康的生活、制订合适的退休计划或做出可持续的决策。通过"情感化的人工智能"，系统学会识别人类的情绪，如通过分析眼球运动、面部表情和语调。对行为与情绪的洞察为解决潜意识需求或激活客户的某些行为开辟了全新的可能性。我们还将在商业生态系统中看到新型的客户互动。

通过语音以及"人类增强"形式，虚拟现实被模拟并以有针对性的方式使用。譬如，化身为数字顾问，可以同时与数千名客户保持目光接触，同时根据每个客户的偏好数据调整其语调和词汇。所有的这些新技术也将对人们的思维方式产生影响。从机器人到自动驾驶汽车，新的人工智能浪潮将产生深远的影响。在工作与生活融合领域，商业生态系统也将出现新的市场空间。设计工作和休闲以及终身学习等主题将变得模糊，从而为不同的人和偏好提供全新的价值主张。

我们可以设想一个未来，在那里，人们可以根据自己所处的生活环境，以一种组合的方式，多次选择如何平衡上述活动。这令人兴奋，并意味着在未来可以积极参与这些发展。

各种趋势强化了在商业生态系统中思考，在设计思维的范围内与客户互动，促进业务增长的必要性。

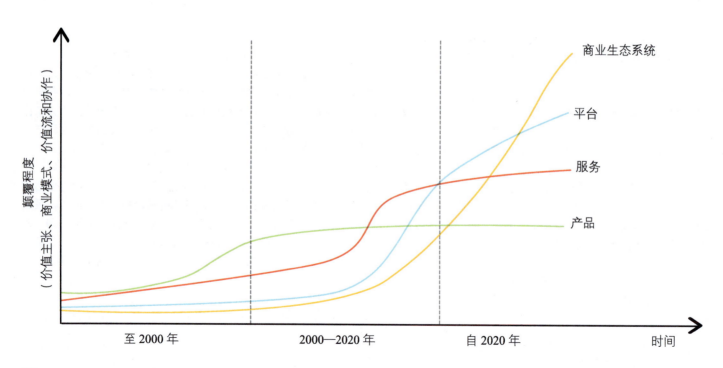

要点！

在主要的思维转换和关键因素之外，商业增长设计思维和参与商业生态系统还要求三个重要的先决条件：

- 对外开放
- 技能和价值的透明度
- 愿意改变和接受新市场角色

此外，将创新生态系统和数据、信息和知识生态系统纳入商业生态系统的设计中也很重要。今天，已经在这些生态系统中积极运营的公司通常和市场参与者有良好的关系，这有助于实现共同的价值主张。

在商业增长设计思维框架内，可以通过4个设计镜头让商业生态系统得到发展。将它们嵌入现有的战略工具中有助于将生态系统作为一项战略举措进行管理和评估。

最后的话

拉里·利弗教授

- 斯坦福大学教授
- 斯坦福设计研究中心创始主任
- 斯坦福哈索·普拉特纳设计思维研究项目创始主任

商业生态系统设计是我在斯坦福设计研究中心实验室的一个热门研究课题。在过去几年，我们对不同类型的生态系统进行了很多讨论，目前正在收集关于哪些有效、哪些无效，以及两者根因的证据。

作为对这本非常及时的关于商业增长设计思维书的最后补充，应该强调的是迈克尔·勒威克在过去几年中一直专注于设计范式的演变。通过他的研究，以及各种生态系统举措对他的程序模型产生的迭代改进，他已经能够明确一些生态系统在何处、何时、如何及为何随着时间的推移而"繁荣"，而另一些则会"凋零"。

作为商业增长设计思维的一部分，生态系统设计需要正确的思维方式、合适的方法和工具。但是，这种思维方式还需要几年时间才能在所有大学、公司和其决策者中形成，到时候才能收获成果。

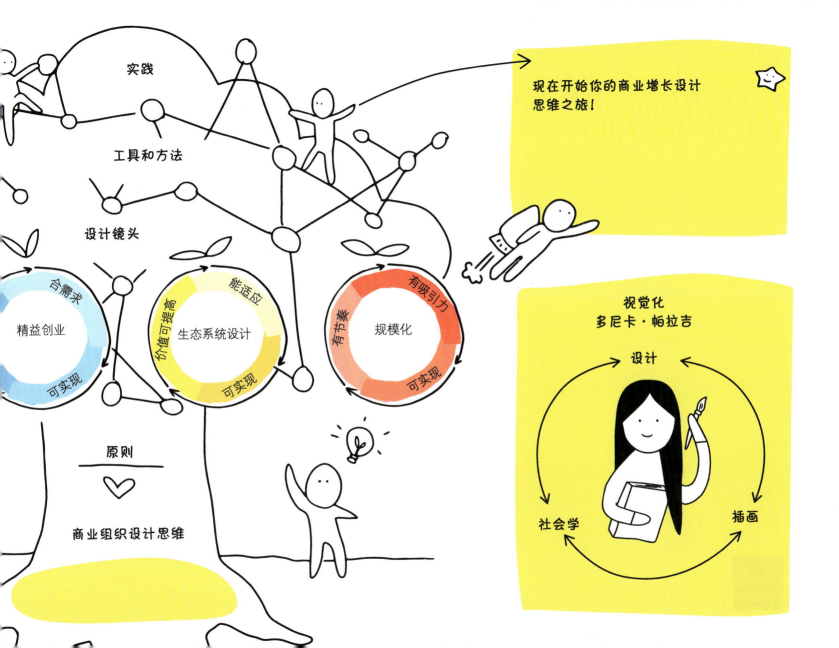

实践

工具和方法

设计镜头

合需求
精益创业
可实现

能适应
价值可提高
生态系统设计
可实现

有吸引力
有节奏
规模化
可实现

原则

商业组织设计思维

现在开始你的商业增长设计思维之旅!

视觉化
多尼卡·帕拉吉

设计

社会学

插画